PRETESTO 1 → *a pagina 216*

"Io continuerò a consumare pesto. Non perché sia sicuro che sia innocuo, ma semplicemente perché mi piace e sono ragionevolmente convinto che non sia più pericoloso di altre cose che assumo quotidianamente."

PRETESTO 2 → *a pagina 110*

"Il 99,9 per cento
delle sostanze
chimiche
che ingeriamo
sono naturali."

→ *a pagina 114-115*

"Se vi dicessi che
nella tazza di caffè
che sorseggiate
ogni mattina
ci sono delle molecole
che risultano
cancerogene per i ratti,
continuereste a berla?"

→ *a pagina 115*

"Una sostanza non è necessariamente più
benigna solo perché l'ha prodotta la natura …
Sarebbe bello che fosse così, ma purtroppo
è solo un luogo comune."

PRETESTO 3 → *a pagina 80*

"Qui non si sta discutendo
se gli OGM facciano male
o meno, ... se sia giusto
o meno brevettare dei geni.
Stiamo parlando
di raccontare la verità,
tutta la verità
e nient'altro che la verità!
È così difficile per
un giornalista controllare
le fonti?"

*A proposito dello scontro legale
Monsanto-Schmeiser.*

→ *a pagina 183*

"Che senso ha tuonare contro
il vino importato dall'Australia
e poi compiacersi per le vendite
di vino italiano negli Stati Uniti?
Forse che ci vanno a nuoto le bottiglie
di vino italiano a New York?"

→ *a pagina 44*

"Impossibile trovare
sui mass media
un confronto razionale
sui pro e i contro
delle agrobiotecnologie ...
Il consumatore non
ha sufficienti elementi
razionali per formarsi
una propria opinione."

*Osservatorio di Pavia, "Le agrobiotecnologie
nei media italiani", 2002.*

© Chiarelettere editore srl
   Soci: Gruppo editoriale Mauri Spagnol S.p.A.
   Lorenzo Fazio (direttore editoriale)
   Sandro Parenzo
   Guido Roberto Vitale (con Paolonia Immobiliare S.p.A.)
   Sede: corso Sempione, 2 – Milano

ISBN 978-88-6190-434-7

Prima edizione: marzo 2013
Decima edizione: febbraio 2018

www.chiarelettere.it
BLOG / INTERVISTE / LIBRI IN USCITA

Dario Bressanini

Pane
e bugie

chiare**lettere**

Dario Bressanini (1963) è ricercatore universitario presso il dipartimento di Scienze chimiche e ambientali dell'Università degli studi dell'Insubria a Como, dove svolge anche attività didattica. Ha pubblicato circa sessanta lavori scientifici su giornali e riviste nazionali e internazionali. Collabora con la rivista «Le Scienze», su cui tiene la rubrica mensile *Pentole e provette* dedicata all'esplorazione scientifica del cibo e della gastronomia. È anche autore del popolare blog *Scienza in cucina*, dove affronta con taglio scientifico sia temi gastronomico-scientifici sia argomenti legati alle biotecnologie agrarie, alla produzione agricola, alla percezione del rischio alimentare e alla chimica in cucina. Nel 2009 ha pubblicato per Zanichelli un libro divulgativo sugli organismi geneticamente modificati dal titolo OGM *tra leggende e realtà*.

Sommario

PANE E BUGIE

Premessa alla nuova edizione — 3

Questo libro — 7

L'informazione che non informa

Gli spaghetti radioattivi e la frutta al nucleare — 13
Una categoria di cui nessuno parla: i cibi che derivano da piante modificate con le radiazioni

Organismi giornalisticamente modificati.
La leggenda della fragola-pesce — 33
I mostri nati dall'immaginazione degli ambientalisti

Il killer invisibile — 47
Come nascono e come si propagano le bufale salutiste

Vero o falso? — 59
Un test per capire come funziona la nostra mente e perché molte teorie non dimostrate vengono credute

OGM in tribunale. Monsanto contro Schmeiser: una storia inventata — 67
Un eroe della lotta contro le multinazionali? La vera storia di Schmeiser attraverso gli atti dei processi

Il mito del mangiar sano e «giusto»

Naturale o artificiale? 87
L'idea che «naturale» equivalga a «sano» è molto diffusa. Ma è vera?

Mangiare è un'avventura pericolosa 101
I pesticidi nel cibo e il rischio di cancro: che cosa dice la scienza

A chi dobbiamo credere? 127
Una guida per orientarsi tra le informazioni che riceviamo

Gli alimenti biologici nutrono di più? 149
Prodotti dell'agricoltura a confronto

Biologico o agricoltura convenzionale per sfamare il mondo 161
Produzione del cibo e rispetto della biodiversità: due esigenze inconciliabili?

La spesa a km 0 è più sostenibile? 175
Perché non basta calcolare i chilometri

A tavola!

Non ci sono più le banane di una volta 193
Contro le malattie che attaccano le piantagioni l'unica speranza dei paesi produttori è l'ingegneria genetica

Pesto cancerogeno 209
Nel basilico c'è una sostanza sospetta. Ma quali sono i rischi reali?

La nostalgia del latte crudo 221
Nell'Ottocento ci si scontrava sulla pastorizzazione del latte, anche se salvava molte vite. Oggi ci si scontra sul «diritto» di berlo crudo

Il glutammato e la sindrome da ristorante cinese 245
Essenziale nella cucina asiatica, il glutammato è visto con sospetto in Occidente

Lo zucchero, veleno bianco 265
*Il dibattito sulle «calorie vuote», le presunte virtù dello zucchero
di canna e la crociata contro quello raffinato*

Per un'agricoltura più sostenibile

Il futuro è biologico? 291
*Un aggiornamento sulle forme di coltivazione più adatte per fare
fronte, con il minor danno per l'ambiente, alle esigenze alimentari
di una popolazione mondiale in crescita*

Epilogo 313

Appendice

Pesticidi nel cibo: alcuni dati 317

Ringraziamenti 327

PANE E BUGIE

Premessa alla nuova edizione

Circa tre anni fa consegnavo all'editore il manoscritto di *Pane e bugie*. Non sapevo se sarebbe piaciuto e quanti l'avrebbero scelto tra centinaia di altre proposte in libreria. Era un libro scientifico che parlava di pesto e manipolazioni mediatiche, di latte crudo e accettabilità sociale dei rischi alimentari, di parmigiano e glutammato di sodio, di agricoltura biologica e prodotti a km 0, di mutazioni genetiche dovute a radiazioni nucleari e di cattiva informazione, di test psicologici e disquisizioni al limite del filosofico sui concetti di naturale e artificiale. Il tutto dal punto di vista molto particolare di uno scienziato. Non uno scrittore di professione, ma un chimico stanco di imbattersi – sui giornali, sul web e in televisione – in allarmismi e trionfalismi sui temi legati al cibo.

Pane e bugie è stato scritto con lo stesso approccio che si usa per preparare un articolo destinato a una pubblicazione scientifica: tutte le affermazioni sono documentate citando le fonti, possibilmente articoli usciti su riviste qualificate di settore. Un libro scientifico, quindi, per impostazione e argomenti. Chi mai avrebbe scelto di leggerlo, in un paese in cui questo tipo di cultura è spesso considerato di serie B? Invece *Pane e bugie* ha avuto un'ampia diffusione. È stata una sorpresa quando la casa editrice mi ha comunicato che aveva raggiunto le sette ristampe. Segno forse che l'argomento, ma anche il modo che avevo scelto per trattarlo, era stato particolarmente apprezzato.

In questi tre anni ho tenuto molte conferenze su e giù per l'Italia sui temi del libro e ho riscontrato di persona che l'approccio scientifico divulgativo suscita ovunque un grande interesse. Nel contempo continuavo ad aggiornare il mio archivio con le ricerche più recenti, in particolare su uno dei temi a cui avevo dedicato più spazio nel libro e che aveva sollevato maggiori polemiche: l'agricoltura biologica. Così ho pensato di aggiungere alla nuova edizione un capitolo dedicato a due importanti studi del 2012 sull'impatto ambientale di questo metodo di coltivazione e sul confronto, dal punto di vista delle rese, con la produzione convenzionale. Si intitola *Il futuro è biologico?* e rilancia la domanda che gli scienziati si sono posti, cioè se nei prossimi decenni il cibo potrà essere prodotto in maniera sostenibile e con un basso impatto ambientale, salvaguardando i redditi di chi coltiva e le esigenze alimentari di una popolazione mondiale in crescita.

Gli altri capitoli del libro sono ancora attuali e se dovessi riscriverli oggi non cambierei una virgola. Moltissimi lettori continuano a chiedermi: «Ma è vero che il pesto è cancerogeno?», perché ricordano il clamore suscitato alcuni anni fa dai titoli di giornale allarmistici sulla famosa salsa ligure. E ci sarà sicuramente qualcuno che, abituato a comprare dadi senza glutammato di sodio aggiunto, leggerà perplesso e sorpreso il capitolo dedicato a questa sostanza chimica. Quando ho affrontato l'argomento in una trasmissione televisiva ho scatenato le lamentele di alcuni spettatori, che evidentemente avevano creduto alla disinformazione circolante sul web. Per combatterla occorre molto più tempo del normale ciclo di vita di un libro, ed è per questo che

Premessa alla nuova edizione

sono particolarmente contento della scelta di pubblicare questa nuova edizione: è anche un modo per tenere in vita la mia personale battaglia contro la cattiva informazione e per fornire adeguati strumenti critici al consumatore, che non deve per forza essere un esperto chimico, tossicologo o dietologo per sciogliere i dilemmi quotidiani come quello della mattina: nel caffè è meglio mettere lo zucchero bianco o quello di canna? E perché?

Dovendo scegliere gli argomenti da trattare, come avvertivo alla fine della prima edizione, ho dovuto lasciar fuori molti possibili temi. Il capitolo aggiuntivo sull'agricoltura biologica sarebbe potuto confluire in un futuro libro di storie legate al mondo del cibo, naturale seguito di questo. Ho pensato però che avrebbe avuto molto più senso inserirlo qui, insieme agli altri sullo stesso argomento, in modo da presentare una panoramica con i più recenti aggiornamenti, per quanto in campo scientifico la parola fine sia sempre provvisoria. Buona lettura.

Questo libro

Questo libro è una sorta di «vaccino» contro i pericoli della cattiva informazione a tavola. Ciò che mangiamo ogni giorno è al centro di messaggi contraddittori che ci lasciano confusi e talvolta persino spaventati. Cercheremo di andare oltre i luoghi comuni per rispondere all'interrogativo: «Mi stanno raccontando la verità?». Porsi la domanda è un primo passo molto importante perché, come vedremo, non è poi così difficile trovare le risposte corrette.

Paradossalmente, il problema nasce dalla grande disponibilità di alimenti. Siamo circondati dal cibo. Noi italiani non ne abbiamo mai avuto così tanto a disposizione e in tale varietà, dal fast food di massa ai prodotti gastronomici di nicchia. La capillarità della rete di distribuzione ci consente di fare la spesa nei tipici mercati rionali o in fornitissimi supermercati. Se prima della seconda guerra mondiale l'italiano spendeva per mangiare più della metà del proprio reddito, ora spende meno del 20 per cento. Dovremmo essere contenti di poter scegliere senza troppi problemi ciò che intendiamo consumare, avendo a disposizione un assortimento senza precedenti. Eppure non siamo mai stati così ansiosi rispetto al cibo.

Siamo bombardati da messaggi allarmanti rispetto a questo o a quell'alimento: il burro fa male, ma anche le uova, per non parlare dello zucchero, ma pure la farina 00. E il salame? Per carità, contiene conservanti. Il pesto? Pare sia cancerogeno. Il glutammato? Signora mia, non ne parliamo! E quelle belle fragole che ho visto al supermercato? Probabilmente sono geneticamente modificate. Aiuto! Che cosa dobbiamo mangiare? Ma ecco che arrivano anche i messaggi rassicuranti: il tale alimento fa bene, mantiene la pelle giovane, è più nutriente. Anzi, se è biologico e a km 0 è ancora più benefico e amico dell'ambiente.

Ma chi lo dice? Be', l'ho sentito in tivù, l'ho letto sul giornale e poi pure su un forum in internet, quindi è sicuramente vero, anche perché riportavano l'ultimo studio dell'università di Vattelapesca.

Ci possiamo fidare di quello che leggiamo e sentiamo sui media quando si parla di proprietà degli alimenti o di tematiche con risvolti più «politici» legati al settore agroalimentare come le coltivazioni biologiche, gli OGM, il cibo a km 0 e così via? No, non ci possiamo fidare. E per convincervi ho deciso di prendere ad esempio alcuni casi concreti di cui si è parlato sui giornali negli ultimi anni.

La disinformazione ha molte facce: si traveste da leggenda urbana che continua a propagarsi di bocca in bocca, di sito in sito, e trae credibilità proprio dall'ampia diffusione, di cui si autoalimenta. Ha la forma di una chimera mai esistita, come la fragola con i geni di un pesce, oppure di una presunta malattia inspiegabile, come il mal di testa che colpisce i clienti dei ristoranti cinesi. A volte la disinformazione nasce sui giornali, dal modo in cui i giornalisti riportano i fatti, specialmente quando riferiscono in modo scorretto i risultati di qualche studio scientifico. Ed ecco che gli spaghetti nel piatto degli italiani diventano, su qualche giornale, addirittura radioattivi e il pesto persino cancerogeno.

Sarebbe ingiusto però dare la colpa solo ai giornalisti, perché a volte il problema sta proprio in chi riceve le informazioni: il lettore o telespettatore, che reinterpreta i messaggi e le informazioni in base ai propri pregiudizi e li classifica a priori nelle caselle «buono» e «cattivo», o in due categorie estremamente subdole come «naturale» e «artificiale». L'industria alimentare ci sguazza: basta dire che una certa merce è «naturale» per incrementare le vendite o alzare i prezzi.

Troppo spesso l'informazione scientifica in questo campo è mortificata, strattonata e a volte persino piegata a fini poco nobili. Comprendere come funziona il misterioso mondo delle pubblicazioni scientifiche è uno strumento in più per valutare e giudicare le informazioni che i giornali presentano con frasi come «uno studio recente dimostra che...». Ho scritto «misterioso» perché chi non è uno scienziato raramente ha idea di quale «scala gerarchica» di importanza esista tra i vari tipi di studi, quanto siano affidabili e quale valore generale abbiano. Solamente conoscendo questo alfabeto di base possiamo proteggerci, almeno parzialmente, dalla miriade di messaggi contrastanti, anche pubblicitari, con cui veniamo bombardati ogni giorno. Le fonti citate in nota nei vari capitoli e spesso reperibili su internet consentono al lettore interessato di verificare la correttezza delle informazioni riportate e di approfondire alcuni argomenti che ho potuto solo brevemente tratteggiare.

L'informazione che non informa

Gli spaghetti radioattivi e la frutta al nucleare

Da dove arrivano le patate viola?

Mi piace andare per fiere ed esposizioni gastronomiche. Si assaggia e si scopre sempre qualcosa di interessante e di dimenticato. Tempo fa ero a una manifestazione gastronomica nel Monferrato: *La disfida della polenta*. Prima della mangiata obbligatoria con antipasti, *bagna cauda*, polente varie e i mitici krumiri Rossi con lo zabaione (se passate da Casale Monferrato fate un salto a comperare i *veri* krumiri), ho fatto un giro tra gli stand ad assaggiare vari prodotti, soprattutto biologici. Facevano mostra di sé, orgogliosamente presentati, molti «mais autoctoni», accanto a grossi cartelli con scritto «OGM no grazie». Mi veniva da sorridere al pensiero del «mais autoctono». In Piemonte! Un po' come la noce di cocco autoctona della Lombardia.

In un piccolo stand, dopo un buon assaggio di Nebbiolo, scorgo un'agricoltrice biologica che mostra tutta orgogliosa le sue patate viola. Bellissime. Sì, dalla polpa completamente violacea. «Cresciute rigorosamente in modo biologico» si affretta a spiegarmi. Le ha portate più che altro come curiosità. «Belle» le rispondo sorridendo. E in effetti queste patate, molto ricercate da alcuni cuochi per le loro caratteristiche cromatiche, sono una meraviglia. Non voglio certo fare il guastafeste instillandole il dubbio che potrebbero essere state «modificate» da scienziati in camice bianco, al pari degli OGM tanto avversati dagli agricoltori biologici.

Esistono particolari varietà di patate che sono colorate naturalmente di viola, rosso e arancione, ma altre sono frutto di alterazioni genetiche indotte.

I semi mutanti sono già sulle nostre tavole

Ogni anno arrivano sul mercato tantissime nuove varietà vegetali, frutto di selezioni mirate assistite da tecniche biotecnologiche. Anche se si tratta a tutti gli effetti di manipolazioni del DNA, gli organismi che ne risultano non sono OGM perché, secondo la definizione dell'Unione europea, sotto tale sigla sono compresi soltanto gli organismi che derivano da modificazioni *mirate* effettuate attraverso la tecnica del DNA ricombinante. Tra le manipolazioni che non ricadono legalmente sotto la categoria degli OGM ci sono quelle ottenute con le radiazioni nucleari: raggi gamma, raggi X, raggi alfa, raggi beta e fasci di neutroni lenti. Sembrano più l'armamentario di Mazinga e di Goldrake che strumenti dell'agricoltura.

Pazzi questi scienziati, vero? Ma di certo coloro che già ci «proteggono» dall'invasione degli OGM non permetteranno mai che giungano sulle nostre tavole alimenti ottenuti con mezzi così «artificiali», in «spregio» alla natura. Non possiamo certo mangiare qualcosa se prima non sono stati effettuati decenni e decenni di prove. Dove lo mettiamo il tanto declamato «principio di precauzione»?[1] Come facciamo a essere sicuri che questi prodotti non facciano male?

E poi non possiamo «contaminare» il nostro ambiente! Una volta che questi semi mutanti siano stati liberati non si potrà più tornare indietro. E come hanno ripetuto per anni politici di destra e di sinistra (e di recente il leghista Luca Zaia, ministro delle Politiche agricole) a proposito degli OGM, l'Italia non ha certo bisogno di utilizzare colture mutanti. Ottenute dalle perfide radiazioni nucleari, poi! Noi dobbiamo valorizzare i *prodotti tipici* e l'*agricoltura di qualità*. Nel mondo non siamo certo famosi per le patate viola o arancione. Noi siamo famosi per la pasta, fatta con il grano duro: spaghetti, maccheroni, fusilli, mezze penne rigate, bucatini...

Gli stessi «paladini» che ci proteggono dall'«invasione» degli OGM non esiteranno a difendere la nostra salute e l'ambiente dall'ennesimo prodotto di una scienza ormai lontana dalle capacità di comprensione dell'uomo comune. Ci potremmo sicuramente aspettare interpellanze di qualche parlamentare o una messa in scena di Greenpeace. Sicuramente qualche oscura ricercatrice russa dichiarerà che i topi nutriti con semi mutanti irradiati hanno mostrato delle degenerazioni fisiologiche. La trasmissione *Report* indagherà, chiamerà qualche «esperto» che confermerà, Slow Food non mancherà di stigmatizzare questi prodotti lontani dalla tipicità italiana, qualche associazione di consumatori chiederà il sequestro immediato di tutti i prodotti, e mentre spingete il carrello COOP ripeterà la cantilena: «Plin plon, noi non usiamo prodotti modificati da radiazioni nucleari». O no?

Se vi dico che da almeno trent'anni questi prodotti sono tranquillamente sulle nostre tavole, che cosa pensereste? No, non è uno scoop. Queste sono tutte cose note: a me, agli ambientalisti, a Greenpeace, a Slow Food, alla COOP, a *Report*, a Vandana Shiva e così via. E se cercate su qualche sito web ambientalista una «lista nera» di prodotti ottenuti da semi mutati da radiazioni nucleari dubito la troverete. Ma potete inaugurarla voi. Iniziate a scrivere: spaghetti, maccheroni, fusilli, mezze penne rigate, bucatini...

Un'idea platonica di specie vivente

La vita sulla Terra si è evoluta a partire da qualche cellula primordiale, da qualche batterio. I pomodori che abbiamo oggi non esistevano una volta, così come non esistevano le zucchine, i rinoceronti, gli abeti, gli uomini e le volpi. Tutte le diverse forme di vita che osserviamo oggi sono il risultato dell'evoluzione e dei suoi meccanismi. Una delle barriere psicologiche più forti che impediscono l'accettazione degli OGM è il fatto che molte persone pensano, detto semplicisticamente, che i pomodori siano sempre esistiti e sempre esisteranno. Che sono sempre stati diversi dai peperoni e sempre lo saranno. Ma la verità è che uomini, peperoni, topi e pomodori hanno una moltitudine di geni in comune, perché abbiamo un'unica origine, per quanto ciò sia per alcuni talvolta difficile da accettare. Forse non è un caso che nella galassia anti OGM vi siano anche oppositori di Darwin e della teoria dell'evoluzione. Per costoro il pomodoro e il peperone sono stati creati diversi, e quindi ritengono che sia «innaturale» o addirittura «immorale» intervenire nei piani di Dio.

Tutti gli esseri viventi, a seconda del loro grado di parentela, hanno numerosi geni in comune. Ciò vale in particolare per i geni fondamentali della vita, evolutisi centinaia di milioni di anni fa, necessari alle cellule per la produzione di amminoacidi, zuccheri, grassi e proteine. Geni che regolano il metabolismo, la crescita, la moltiplicazione e così via. Le specie imparentate condividono la maggior parte del genoma di un antenato comune da cui si sono separate magari decine o centinaia di milioni di anni fa. Uomini e topi, ad esempio, condividono più del 90 per cento del proprio DNA.

Moltissime persone hanno un'idea quasi platonica del concetto di «specie vivente». Come se i singoli individui di una specie, il rinoceronte ad esempio, non fossero altro che «realizzazioni di un'essenza», di una «rinocerontitudine» che esisterebbe immutabile ed eterna nel mondo delle idee. Questa visione è completamente errata, ma è di certo molto radicata, a livello quasi inconscio, in una larga fetta della popolazione, e porta a ritenere sbagliati e «innaturali» gli scambi genetici tra specie attualmente diverse. A essere sbagliata però è proprio l'idea di immutabilità di una specie. Le specie viventi sono in lenta ma continua mutazione e si trasformano attraverso vari meccanismi tra cui, in particolare nel mondo vegetale, lo scambio di materiale genetico. Il grano tenero con cui prepariamo il pane, ad esempio, è il risultato di un incrocio tra tre specie diverse: il farro e due erbe selvatiche. Il triticale è una nuova specie di cereale creata circa un secolo fa unendo i genomi della segale e del grano duro. È per questo che la battaglia per l'accettazione delle biotecnologie è anche una battaglia culturale, intimamente connessa a quella per l'accettazione e la comprensione diffusa dell'evoluzionismo. Una battaglia che gli scienziati non si possono permettere di perdere.

Le mutazioni «naturali»

Le mutazioni spontanee sono uno dei motori dell'evoluzione. Ogni tanto qualche gene viene modificato casualmente da un errore di trascrizione durante la riproduzione. Oppure viene alterato da qualche agente chimico o da radiazioni presenti nell'ambiente. La stragrande maggioranza delle mutazioni «naturali» si divide in due categorie: può risultare mortale oppure ininfluente. Se il gene era importante per il metabolismo della specie vivente, una modifica casuale ne causerà quasi sicuramente la morte. Se invece il gene aveva un'importanza secondaria, le caratteristiche fondamentali dell'organismo non vengono modificate: si passerà ad esempio da un mais bianco a un mais giallo. È molto raro, ma a volte succede che venga modificato un gene che altera, senza conseguenze mortali, una caratteristica fondamentale di una specie.

Un altro motore dell'evoluzione naturale sono i processi che portano alla fusione di due genomi di specie diverse da cui deriva una terza nuova di zecca, oppure i processi in cui porzioni del DNA di una specie si integrano in una seconda specie, e da questo punto di vista gli organismi transgenici non fanno altro che copiare quanto già avviene in natura.

Nel corso di milioni di anni questi meccanismi hanno agito e hanno trasformato i primi organismi monocellulari, composti da una sola cellula, in pomodori, uomini, peperoni, rinoceronti e volpi. Hanno creato il buonissimo fungo porcino e la mortale amanita falloide. Hanno prodotto i batteri con cui fermentiamo lo yogurt, ma anche il botulino e il colera.

Nel 1865 l'abate scienziato Gregor Mendel descrisse i meccanismi dell'ereditarietà, e poche decine di anni dopo cominciarono le indagini su come indurre quelle stesse mutazioni in laboratorio. Nel 1927 Hermann Müller mostrò come fosse possibile, mediante i raggi X, modificare geneticamente il moscerino della frutta (la *Drosophila melanogaster*). L'anno successivo il biologo americano Lewis John Stadler compì i primi esperimenti con i cereali cercando di modificarli geneticamente con radiazioni nucleari, allo scopo di ottenere piante con caratteristiche migliorate. Non ebbe molto successo, ma ormai la via era aperta.

Il pompelmo rosa non è sempre esistito

Dopo la seconda guerra mondiale iniziarono i cosiddetti «usi pacifici dell'energia atomica». Nelle nazioni più avanzate e in quelle in via di sviluppo molti giovani ricercatori cominciarono a utilizzare le radiazioni nucleari con l'obiettivo di modificare le caratteristiche delle piante esistenti. All'inizio i risultati furono piuttosto modesti: le radiazioni nucleari erano troppo devastanti e la stragrande maggioranza delle piante mutate non sopravviveva. Furono scoperte anche sostanze chimiche come la colchicina che inducevano modificazioni nel genoma. Pian piano si imparò a domare la potenza distruttiva delle radiazioni alfa, beta e gamma, a controllare i neutroni e a dosare i raggi X. L'Agenzia internazionale per l'energia atomica (IAEA) e l'Organizzazione per l'alimentazione e l'agricoltura (FAO) finanziarono e sponsorizzarono una serie di ricerche sulle mutazioni indotte allo scopo di migliorare le caratteristiche dei prodotti agricoli.

In laboratorio ad esempio si usa il Cesio 137, un elemento radioattivo, per irraggiare con raggi gamma in basse dosi piante e semi riposti a poca distanza. Gli esperimenti su larga scala però vengono effettuati all'aperto nei cosiddetti *gamma fields*, «campi gamma». Al centro di un cerchio del diametro di molte decine di metri si pone una sorgente radioattiva e nei vari settori del cerchio, a distanze variabili, vengono collocati i semi delle piantine da mutare geneticamente. L'esposizione diminuisce all'aumentare della distanza: in questo modo è più facile trovare la dose di radiazioni che genera mutazioni senza uccidere la pianta.

La FAO, che oggi sostiene l'uso delle biotecnologie agrarie, negli anni Settanta non esitò a sostenere l'utilizzo dell'energia atomica per migliorare le rese dei cereali e di altre piante. Un articolo della Divisione di tecniche nucleari in agricoltura della FAO-IAEA descrive varie colture mutate ormai diffuse e commercialmente affermate.[2] Il suo database segnala almeno 48 tipi di frutta, tra cui mele, banane, albicocche, pesche, pere e melagrane.[3] Ma la varietà di maggiore successo commerciale è sicuramente un tipo di pompelmo che tutti voi conoscete: lo Star Ruby dalla polpa rosata.

Insomma, il pompelmo rosa non è sempre esistito! La prima varietà è stato il Ruby Red, derivato da una mutazione spontanea scoperta in Texas nel 1929. Tuttavia il colore rosso sbiadiva all'avanzare della stagione e il succo non aveva un colore gradevole. I semi di pompelmo furono dunque irradiati con fasci di neutroni lenti, e nel 1970 venne introdotta in commercio la varietà Star Ruby, senza semi e dalla polpa rossastra. Ulteriori irradiazioni generarono nel 1984 la varietà Rio Red, con rese migliorate. I frutti di entrambe le varietà mutanti, vendute con il nome di Rio Star, coprono il 75 per cento della produzione texana di pompelmo.

Orzo e grano duro modificati con le radiazioni

I primi esperimenti sulla mutazione indotta furono realizzati da Stadler sull'orzo nel 1928. Quarant'anni più tardi due varietà di orzo geneticamente modificate con raggi gamma, il Diamant e il Golden Promise, avrebbero avuto un impatto profondo sull'industria della birra e del whisky in molti paesi d'Europa. La varietà Diamant fu distribuita agli agricoltori per la prima volta in Cecoslovacchia nel 1965. Le piantine erano quindici centimetri più basse della varietà da cui derivavano e avevano una resa per ettaro più alta del 12 per cento. Nel 1972 il 43 per cento della superficie di orzo della Cecoslovacchia era dedicata al Diamant, e il gene mutato si diffuse ad altre centocinquanta varietà di orzo attraverso incroci convenzionali. In Scozia fu la varietà Golden Promise, anch'essa ottenuta mediante irraggiamento gamma, ad affermarsi nell'industria della birra e del whisky. Ancora oggi, a oltre trent'anni di distanza dalla sua creazione, questa varietà è ancora molto diffusa.

Alla fine degli anni Sessanta, nei laboratori del Comitato nazionale energia nucleare (CNEN, poi trasformato in ENEA) della Casaccia, il gruppo del professor Gian Tommaso Scarascia Mugnozza irraggiò con fasci di neutroni una gloriosa varietà di grano duro detto Senatore Cappelli, che aveva avuto un ruolo da protagonista nella cosiddetta «battaglia del grano» nel Ventennio fascista.[4] Come al solito, la stragrande maggioranza dei semi irradiati morì o produsse piante abnormi. Ma una pianticella sopravvisse e mostrò caratteristiche interessanti: era più bassa, più resistente e con rese maggiori del Cappelli. Quel mutante venne incrociato con altre varietà di grano e nel 1974 fu registrato il Creso, che nel giro di pochi anni diventò il grano duro d'elezione. Ne abbiamo mangiato a quintali sotto forma di spaghetti, penne, rigatoni e maccheroni. Nel 1984 il Creso rappresentava il 53,3 per cento del mercato italiano di semi certificati di grano duro ed era coltivato su 430.000 ettari.[5]

Gli spaghetti radioattivi e i tulipani blu

Nel 2000, presentando il database disponibile sul suo sito web, la FAO-IAEA descrive in un articolo[6] gli sviluppi degli ultimi settant'anni nel campo delle mutazioni indotte sulle piante in agricoltura. L'8 maggio 2001 un giornalista del quotidiano tedesco «Frankfurter Allgemeine Zeitung» pubblica un articolo sul rapporto, citando, come ho fatto io, i casi del pompelmo texano, della birra, del whisky e altri esempi desunti dalla fonte, tra cui il grande successo del Creso. Il giornalista riferisce correttamente che la maggior parte della produzione italiana di pasta dipende da questo grano e dai suoi derivati, figli dell'era atomica.

Apriti cielo! Quando un'agenzia di stampa rilancia in Italia la notizia, nelle redazioni dei giornali si scatena il putiferio. Qualche giornalista, senza prendersi la briga di telefonare a un istituto di agraria delle nostre università per chiedere spiegazioni, legge la parola «radiazioni», la accosta agli spaghetti, ed ecco servita la pasta radioattiva.[7] Il ministro dell'Agricoltura dell'epoca, Alfonso Pecoraro Scanio, minaccia di denunciare l'ignaro giornalista tedesco, dimostrando ancora una volta come spesso i ministri non siano competenti in materia: «Non subiremo senza reagire questa offensiva contro il made in Italy. Ho incaricato l'ufficio legale di provvedere a tutelare gli interessi dei nostri produttori. La pasta italiana è sicura al cento per cento».[8]

La pasta ovviamente non è radioattiva, ma nessuno lo aveva mai messo in dubbio. Le radiazioni sono soltanto servite per indurre una mutazione nella prima pianticella.

Negli ultimi settant'anni sono state create più di 2200 varietà mutanti. Di queste, il 60 per cento è stato prodotto, immesso nell'ambiente e seminato nei nostri orti, campi e serre dopo il 1985. Così come avviene con gli OGM, alcune di queste piante mutanti sono state incrociate con altre varietà per trasferirvi le caratteristiche acquisite.

Nella lista ci sono specie importantissime quali grano, riso, girasoli, orzo, piselli, cotone, fagioli, pere, pompelmi e anche qualche patata con colori simili a quelle di cui ho parlato all'inizio del capitolo. Se vi prendete la briga di scorrere la lista troverete tantissime varietà di alimenti, anche sviluppate interamente in Italia. Il riso Fulgente ad esempio. La patata Desital. Le melanzane Floralba e Picentia e molte altre.[9] Senza contare ovviamente i fiori ornamentali: come credete che li generino i tulipani blu?

Non vorrei trasmettere l'impressione che io ritenga pericolose le piante generate per mutazione. Non è il modo con cui è stata ottenuta una pianta che può fornirci indicazioni sulle sue proprietà. Non è l'essere transgenica che porta una pianta a essere benefica o dannosa, così come non è l'origine «nucleare» delle mutazioni a rendere queste varietà buone o cattive. Allo stesso modo, non è l'origine «naturale» di una sostanza a renderla innocua, come vedremo più avanti. A mio parere chi insiste nel generalizzare o è ignorante in materia o è in malafede e ci vuole abbindolare (oppure entrambe le cose).

A differenza degli OGM, che sono molto controllati, le piante prodotte per irraggiamento possono essere coltivate senza alcuna autorizzazione specifica. Le mutazioni avvengono alla cieca, casualmente. Non è possibile sapere che cosa succederà alla pianta, e a processo avvenuto non ci si preoccupa di indagare a livello molecolare se le mutazioni abbiano modificato in qualche modo non evidente il metabolismo della pianta. Una ricerca apparsa di recente ha confrontato un riso transgenico con un riso mutato da radiazioni, concludendo che il secondo aveva subito molte più alterazioni genetiche del riso OGM.[10]

L'incoerenza di Petrini e di Realacci

Per coerenza, chi vuole bandire gli OGM in nome di una visione romantica e arcaica dell'agricoltura e rifiuta le varietà inventate da scienziati in camice bianco e mascherina dovrebbe comportarsi nella stessa maniera nei confronti dei prodotti ottenuti da semi mutati con radiazioni. Ad esempio la COOP, che è contraria agli OGM, non dovrebbe venderli. Niente più pompelmi rosa sui banconi della frutta o spaghetti di grano duro Creso sugli scaffali!

All'epoca del presunto scandalo sugli spaghetti radioattivi Ermete Realacci di Legambiente, ora esponente del Partito democratico, ha dichiarato:

> La notizia diffusa dalla stampa tedesca risulta alquanto strumentale. Non esiste nel nostro paese la possibilità di coltivare grano duro transgenico. L'allarme si basa esclusivamente sulla confusione generata dall'informazione non corretta relativa ad alcuni procedimenti utilizzati da molti anni per assicurare certe caratteristiche qualitative della pasta, che niente hanno a che vedere con la produzione di alimenti transgenici. Un conto è intervenire tecnicamente, altro è manipolare geneticamente un ingrediente vegetale.[11]

Ma chi mai ha parlato di grano transgenico? E che diavolo significa la frase «un conto è intervenire tecnicamente, altro è manipolare geneticamente un ingrediente vegetale»? È un tentativo di nascondere l'ignoranza in materia o c'è il desiderio di sviare dal fatto ovvio che sia per gli OGM sia per i mutati da radiazioni nucleari l'intervento umano c'è e quindi si usano in modo illogico due pesi e due misure?

In un'altra intervista, Realacci ribadisce il concetto: «L'ingegneria genetica permette di saltare i confini tra una specie e l'altra, e perfino tra regno vegetale e regno animale. Invece *trattando con i raggi un seme si accelera la produzione di individui mutanti: è un processo naturale* [corsivo mio]».[12] Naturale, quindi non pericoloso, nella logica semplice e ingenua di chi ha una visione disneyana della natura benigna.

Sulla stessa lunghezza d'onda Carlo Petrini, fondatore di Slow Food: «Il grano Creso è un ibrido ottenuto accelerando un processo di mutazione naturale, si tratta di incroci di varietà diverse di grano: ben diverso dal mais con dentro il gene di un batterio o di uno scorpione».[13] Nell'intento di rassicurare il lettore-consumatore si contrappone il grano Creso al «cattivo» OGM con lo scorpione dentro, una delle creature dell'immaginario ambientalista su cui ci soffermeremo nel prossimo capitolo. Non una parola sulle radiazioni, né sul fatto che gli scienziati abbiano esposto i semi a raggi gamma e neutroni lenti per ottenere dei mutanti. Viene invece ancora una volta usato a sproposito l'aggettivo «naturale», come se in questo contesto avesse qualche significato. Ma soprattutto va notato che non c'è il minimo tentativo di spiegare se queste piante ottenute da irraggiamento nucleare possano essere o meno pericolose. L'importante è distanziarle dagli organismi transgenici.

Nel caso degli OGM poi si fa leva sull'«innaturalità» del processo di generazione di nuove varietà contrapposto alla «naturalità» dell'evoluzione lasciata a se stessa, mentre nel caso della mutagenesi da radiazioni la stessa argomentazione viene usata a favore dell'intervento umano. Ci sarebbe una modificazione genetica cattiva (quella degli OGM) perché effettuata in modo mirato dall'uomo, e una modificazione genetica buona (quella delle radiazioni) perché casuale e incontrollata.

Le zanzare mutanti

Così come si possono far mutare i vegetali, allo stesso modo si può intervenire sugli animali: ecco dunque la «zanzara mutante». Al Centro agricoltura ambiente «Giorgio Nicoli» di Crevalcore, in provincia di Bologna, è in corso un esperimento per sviluppare un sistema di lotta contro la zanzara mediante maschi resi sterili dalle radiazioni,[14] come ci racconta Anna Meldolesi su «Il Riformista» del 1° luglio 2008:

> Mentre i villeggianti della riviera romagnola cercano di proteggersi con gli spray repellenti, a un centinaio di chilometri di distanza il Centro agricoltura e ambiente sta liberando centinaia di migliaia di giovani zanzare. Non si tratta di *Anopheles* [...] ma di *Aedes albopictus*. Questa specie è nota a tutti come zanzara tigre e può veicolare alcuni virus patogeni per l'uomo, dal chikungunya alla dengue. L'entomologo responsabile del progetto, Romeo Bellini, ha cominciato in aprile a rilasciarne 40.000 alla settimana spartendole in egual misura tra due piccole località della regione (Boschi di Baricella in provincia di Bologna e Budrio di Correggio in provincia di Reggio Emilia) e andrà avanti fino a settembre. Non si tratta di esperimenti in serre confinate, [...] ma di veri e propri rilasci in aperta campagna. Il bello è che non è la prima volta – negli anni passati è toccato a Desenzano, Rimini e Santa Monica di Misano – e non ha dovuto chiedere il permesso a nessuno. I suoi insetti infatti godono di una sostanziale deregulation perché non risultano OGM davanti alla legge. Il buon senso però dice che sono anch'essi geneticamente modificati, perché sono stati irraggiati con radiazioni gamma che hanno messo a soqquadro il loro genoma al punto da renderli sterili al 99 per cento. E nessuno sa quali mutazioni si porti a spasso quell'1 per cento che sterile non è e potrebbe contenere anche qualche sparuto esemplare di sesso femminile.[15]

La cosa paradossale è che l'iniziativa non ha suscitato alcuna opposizione da parte degli ambientalisti. Ma c'è di più: tra gli sponsor del progetto ci sono addirittura alcune organizzazioni ferocemente contrarie agli OGM, ad esempio il WWF e Coldiretti. Curioso, vero?

Perché nessuno è contro le radiazioni?

Quindi le piante modificate dalle radiazioni sono OGM? Dipende dall'interlocutore a cui rivolgete questa domanda: dal punto di vista legale no, non lo sono. I burocrati di Bruxelles hanno definito con precisione le tecniche di modifica del genoma che qualificano gli OGM.[16] Tuttavia, volendo badare più alla sostanza che alla forma, sì, queste piante sono OGM, nel senso che indubbiamente sono state «geneticamente modificate» dall'uomo. Certo, non in modo preciso come accade con le tecniche per produrre gli organismi transgenici, ma il DNA di queste piante è stato effettivamente trasformato. In modo solitamente sconosciuto, tra l'altro.

Provate a rivolgere alle piante mutate le stesse obiezioni che spesso vengono mosse agli OGM: deve valere anche per loro il «principio di precauzione»? Dobbiamo aspettare di essere sicuri al 100 per cento prima di utilizzarle? Come facciamo a essere certi che non facciano male? Possono essere dannose? Sappiamo come è stato modificato il genoma di una pianta bombardata con raggi gamma o raggi X? Sono un pericolo per la biodiversità? Vi basta la spiegazione un po' imbarazzata che «le radiazioni sono naturali»? Grazie tante. Anche il colera lo è.

La domanda che invece mi faccio è perché gli attivisti anti OGM non si battano anche contro queste tecniche. La risposta è banale: perché non c'è la «cattiva multinazionale americana» da combattere, perché una tale battaglia non accrescerebbe il consenso politico, non sarebbe utilizzabile come tecnica pubblicitaria e di marketing, non attrarrebbe fondi e firme ai banchetti, non aiuterebbe nessuno a sentirsi in lotta «per la causa» e quindi non alimenterebbe quel senso di autocompiacimento che è uno dei motori psicologici di un certo attivismo fine a se stesso.

Se questa opposizione ci fosse stata negli anni Settanta non avremmo avuto il grano Creso, il pompelmo rosa e forse neanche quella birra che vi piace tanto. Quante innovazioni in agricoltura stiamo impedendo con questi atteggiamenti irrazionali guidati dall'emotività mista all'ignoranza, invece che dalla razionalità?

Ma soprattutto, credete ancora che le varie organizzazioni avversino gli OGM per proteggere la vostra salute e quella dell'ambiente? Nel prossimo capitolo esamineremo nel dettaglio alcune delle loro battaglie per capire su quali argomenti si basano.

---

[1] Apparso in forma esplicita per la prima volta nella Dichiarazione di Rio de Janeiro su ambiente e sviluppo del 1992, il «principio di precauzione» afferma che «qualora esista il pericolo di danni seri o irreversibili all'ambiente o alla salute, la mancanza di piena certezza scientifica non può costituire una ragione per posporre misure di prevenzione». Viene maldestramente declinato da politici e ambientalisti nostrani e applicato agli OGM nella versione: «Non possiamo permettere l'utilizzo degli OGM sino a quando non avremo la certezza che questi siano sicuri al 100 per cento». Questa formulazione è priva di senso scientifico perché non esiste nessun prodotto, transgenico o meno, che sia sicuro al 100 per cento. Vedremo in un prossimo capitolo esempi espliciti di prodotti naturali in commercio che presentano rischi per la salute.

[2] B. S. Ahloowalia, M. Maluszynski, *Induced mutations. A new paradigm in plant breeding*, in «Euphytica», vol. 118, 2001, pp. 167-173.
[3] http://mvgs.iaea.org
[4] Forse a qualcuno di voi sarà capitato di trovare, in un cesto gastronomico natalizio da gourmet, dei pacchi di pasta prodotta con questo grano duro dal nome curioso: Senatore Cappelli. Sappiate che avete tra le mani la testimonianza del lavoro di uno dei più grandi genetisti agrari che il nostro paese abbia mai avuto, Nazareno Strampelli, e che purtroppo ancora pochi, in Italia e nel mondo, conoscono. Nato nel 1866 a Castelraimondo, in provincia di Macerata, e laureatosi in Agraria a Pisa, cominciò agli inizi del Novecento, senza conoscere le scoperte di Mendel, a studiare il frumento con l'obiettivo di migliorarne sia la qualità sia la produttività. Strampelli si concentrò soprattutto sul miglioramento genetico del grano tenero attraverso incroci con semi provenienti da ogni parte del mondo, contrariamente all'opinione prevalente del tempo che suggeriva invece una lenta selezione dei frumenti autoctoni. Uno dei primi successi fu il grano Ardito, ottenuto incrociando il Rieti originario con il Wilhelmina Tarwe, una varietà olandese, e il risultato con il grano giapponese Akakomughi. Fu grazie ai grani di Strampelli che il regime fascista, in quella che venne chiamata retoricamente «battaglia del grano», riuscì ad aumentare la produzione italiana di frumento dai 44 milioni di quintali del 1922 agli 80 milioni di quintali del 1933, senza quasi accrescere la superficie coltivata. Nel 1907 un deputato del Regno, Raffaele Cappelli, permise a Strampelli di effettuare delle semine sperimentali su campi di sua proprietà vicino a Foggia, essendo lui stesso interessato all'agricoltura. Come già aveva fatto per il grano tenero, Strampelli selezionò e incrociò grani duri autoctoni sia del Sud d'Italia e delle isole sia provenienti da altri paesi del Mediterraneo. Nel 1915 selezionò una varietà autunnale con buone qualità di adattabilità e idonea alla pastificazione, ottenuta da una selezione della varietà autoctona tunisina Jean Rhetifah. Il grano fu messo in commercio nel 1923 con il nome di Cappelli, nel frattempo divenuto senatore. Strampelli rilasciò anche altre varietà di grano duro come il Milazzo e il Tripolino, ma fu il Senatore Cappelli a ottenere il maggior successo tra gli agricoltori italiani, nonostante

fosse alto di stelo e tendesse a ripiegarsi fino a terra in caso di vento o di pioggia. La sua diffusione si spiega con il fatto che era molto più produttivo dei grani utilizzati in precedenza: le rese passarono dalle 0,9 tonnellate per ettaro del 1920 a 1,2 della fine degli anni Trenta. La varietà Senatore Cappelli soppiantò molti grani autoctoni sino a raggiungere, nei decenni successivi, un'estensione pari al 60 per cento della superficie italiana coltivata a grano duro. Molte varietà di frumento tenero furono spazzate via dall'arrivo dei semi di Strampelli, ottenuti con incroci da varietà di tutto il mondo. Per questo motivo sino all'inizio della «battaglia del grano», nel 1925, i frumenti ad alta resa (per l'epoca) di Strampelli furono considerati con molto sospetto se non con aperta ostilità in alcune zone d'Italia perché contrastavano con l'uso tradizionale dei grani locali. Negli anni Sessanta le varietà di Strampelli furono a loro volta sostituite da altre più produttive, ottenute quasi sempre da mutazioni o da incroci a partire dalle varietà da lui selezionate. Strampelli fu senza dubbio un precursore dell'agronomo Norman Borlaug, l'artefice della Rivoluzione verde e premio Nobel per la pace nel 1970, ignaro dell'operato dell'italiano. La tradizione non è altro che un'innovazione riuscita, ed è curioso che ora sia proprio il Senatore Cappelli, a quasi un secolo dalla sua creazione, a essere considerato «tradizionale». Per questo motivo c'è chi si sforza di ridiffonderlo dopo che varietà più produttive, ma non sempre di migliore qualità, lo hanno sostituito quasi totalmente.

[5] C'è chi accusa il grano Creso e i suoi derivati, per il loro elevato contenuto di glutine, di essere responsabili dell'aumento della celiachia (intolleranza al glutine) negli ultimi decenni, ma sono accuse prive di fondamento e non supportate da ricerche scientifiche. Prima di tutto la celiachia ha una base genetica e quindi non può essere «causata» dal grano Creso. Inoltre, esistono molte altre varietà di grano che hanno un contenuto di glutine ancora superiore.

[6] http://www-pub.iaea.org/MTCD/publications/PDF/Newsletters/MB-REV-12.pdf

[7] http://ricerca.repubblica.it/repubblica/archivio/repubblica/2002/04/11/lo-spaghetto-radioattivo.html

[8] http://www.repubblica.it/online/cronaca/spaghetti/spaghetti/spaghetti.html

[9] Nella lista troviamo il già citato grano Creso e i suoi parenti Castel del Monte, Augusto, Castelfusano, Castelporziano, Febo, Giano, Peleo, Ulisse e altri. Le ciliegie Burlat C1, e la varietà Nero II C1. I piselli Esedra, Navona, Trevi, Paride, Priamo e Pirro. Il fagiolo Montalbano e il Mogano. L'elenco completo si trova in http://mvgs.iaea.org

[10] R. Batista, N. Saibo, T. Lourenço, M. M. Oliveira, *Microarray analyses reveal that plant mutagenesis may induce more transcriptomic changes than transgene insertion*, in «Proceedings of the National Academy of Sciences of the United States of America», vol. 105, 2008, pp. 3640-3645.

[11] http://web.archive.org/web/20060112062429/http://www.verdi.it/econews/2001/010509.htm

[12] http://www.osservatorio.it/download/Report_OGM.pdf, p. 26.

[13] http://web.archive.org/web/20080117075043/http://www.aiabsicilia.it/carlo_petrini.htm

[14] http://www.caa.it/content/entomologia/sitEMV.asp

[15] http://annameldolesi.italianieuropei.it/perch%C3%A9%20le%20zanzare%20s%C3%AC%20e%20il%20mais%20no.pdf

[16] *Direttiva 2001/18/CE del Parlamento europeo e del Consiglio del 12 marzo 2001 sull'emissione deliberata nell'ambiente di organismi geneticamente modificati* (http://europa.eu/legislation_summaries/agriculture/food/l28130_it.htm).

Organismi giornalisticamente modificati. La leggenda della fragola-pesce

Il pomodoro-pesce e i mostri dell'immaginario ambientalista

In un suo spettacolo a Roma del 5 maggio 2000, Beppe Grillo spiega come gli scienziati abbiano fatto «accoppiare» un merluzzo con un pomodoro per creare il pomodoro antigelo:

> Quante possibilità ci sono che un merluzzo si accoppi con un pomodoro? Eppure la biogenetica lo fa! Aggiunge il DNA del merluzzo al pomodoro per creare dei pomodori sempre duri. Sono morti sessanta ragazzi di shock anafilattico perché erano allergici al pesce e hanno mangiato il pomodoro.

Nel luglio 2007 Mario Capanna, leader del Movimento studentesco negli anni Settanta e oggi presidente della Fondazione diritti genetici, alla trasmissione *Uno Mattina* su Rai Uno parla di «una fragola cui viene immesso il gene di un pesce artico».[1]

Queste chimere genetiche sono molto diffuse nell'immaginario ambientalista: forse sarà capitato anche a voi di vedere, dal vivo o in televisione, qualche attivista anti OGM travestito da un improbabile incrocio tra un pesce e un pomodoro. Ecco un brano tratto dal sito di Greenpeace:

> L'ingegneria genetica prende uno o più geni da un organismo, per esempio un pesce, e li inserisce a caso nel DNA di un'altra specie, anche molto diversa. Per esempio nel DNA di un pomodoro, per fare un pomodoropesce. In questo modo avremo un organismo creato artigianalmente, che non esisterebbe in natura (un organismo ingegnerizzato). Un pesce non si accoppierebbe mai con un pomodoro. Chi è allergico al pesce si mangia il pomodoro in tutta tranquillità, ma se il pomodoro contiene i geni del pesce?[2]

Il messaggio di Greenpeace, volutamente emotivo, è spesso rafforzato dall'immagine di un pomodoro con all'interno un feto. Si tratta però di un approccio per nulla scientifico perché ipotizza che gli esseri viventi siano separati l'uno dall'altro da compartimenti stagni. Parla di «gene del pesce» contrapposto al «gene del pomodoro», come se le svariate decine di migliaia di geni presenti fossero identificati uno per uno da un'etichetta con su scritto «100 per cento animale» o «vegetale» o ancora peggio «100 per cento merluzzo». Ci si dimentica che il codice genetico è universale e che tutti gli organismi viventi hanno moltissimi geni in comune. A rigore, non ha senso parlare di «geni del pomodoro» o di «geni del pesce».

Il DNA di tutte le specie viventi è composto dalle stesse molecole e funziona più o meno nella stessa maniera. Tra il DNA umano e quello di uno scimpanzé, per esempio, c'è solo il 2 per cento di differenza. Ma anche specie molto diverse contengono geni simili o uguali: condividiamo il 60 per cento dei geni del moscerino della frutta, il 75 per cento del DNA del verme nematode, il 90 per cento di quello del topo e un rispettabile 30 per cento di quello del comune lievito. Siamo forse per il 30 per cento lievito o per il 90 per cento topi? Vi sentite topi un giorno sì e nove no? In realtà, ha poco senso parlare di gene «del pomodoro».

È scientificamente più corretto dire che esistono dei geni che, assemblati nei cromosomi di un organismo vivente, vanno a costituire di volta in volta il patrimonio genetico del pollo, del lievito, del pomodoro e dell'uomo.

Ed è ovvio che un pomodoro non si accoppierebbe mai con un pesce! Neanche noi siamo il risultato di un accoppiamento tra esseri umani e mosche, eppure ne condividiamo il 60 per cento dei geni. L'accostamento riesce però a evocare qualcosa di mostruoso, come nel film *La mosca*, in cui nel corso di un esperimento il DNA di uno scienziato si combina con quello dell'insetto.

Le allergie

Quanto alla questione delle allergie citata da Greenpeace e da Grillo, in tutti gli alimenti esistono proteine che possono scatenare reazioni allergiche. Anche la frutta o la verdura normalmente in commercio possono risultare letali per alcune persone. Fragole, soia, arance, kiwi e molti altri vegetali sono allergenici. Alcuni possono essere pericolosi per chi soffre di particolari patologie, basti pensare alle fave e al favismo. Nessuno però si sogna di ritirare le fave dal commercio.

Prima di approvare un OGM viene fatto uno screening sull'allergenicità della proteina espressa dal gene inserito. Se è «potenzialmente» allergenica, l'OGM non viene approvato. Punto. Se la stessa procedura venisse seguita per i normali cibi dovremmo ritirare dal mercato fragole, soia, arance, kiwi, cioccolato, noci, uova e molti altri prodotti che sappiamo essere non «potenzialmente», ma *sicuramente* allergenici. Questo è uno dei motivi per cui si dice che gli OGM sono più sicuri degli alimenti tradizionali. Attraverso controlli di questo tipo è stato possibile scoprire in anticipo che una proteina della noce brasiliana inserita nella soia era potenzialmente allergenica, e subito si è bloccato lo sviluppo di questa varietà transgenica. Kiwi e fragole invece continueranno (per fortuna, direi) a essere venduti anche se causano problemi a qualcuno.

Si enfatizzano insomma i particolari «pericoli» potenziali degli OGM, quando questi sono in realtà comuni a tutto ciò che mangiamo. Non ha senso distinguere il modo con cui è stato introdotto un allergene. Se sono in preda a uno shock anafilattico, mi è di magra consolazione sapere che il cibo che me lo ha causato era biologico e non OGM.

Il pomodoro antigelo

Ma veniamo al pomodoro antigelo. Resiste veramente al gelo? È mai stato in commercio? In breve, no. Ma non è difficile risalire all'origine della vicenda.

Nel 1991 alcuni ricercatori della DNA Plant Technology, una delle prime aziende attive nel settore delle piante transgeniche, stavano tentando di rendere il comune pomodoro più resistente alle gelate.[3] Fin dagli anni Sessanta si sapeva che nei pesci artici sono presenti «proteine anticongelanti» che resistono bene alle basse temperature.[4] Negli anni Novanta si scoprì che proteine analoghe esistono in alcuni batteri, funghi, insetti e piante, e hanno la funzione di proteggere la struttura cellulare prevenendo la formazione di cristalli di ghiaccio dentro la cellula.[5] I ricercatori della DNA Plant Technology hanno identificato il gene responsabile della proteina antigelo in un pesce artico. La loro speranza era di riuscire a conferire al pomodoro una superiore resistenza al freddo che l'avrebbe protetto dalle gelate e dalle basse temperature dei magazzini di stoccaggio.

Come si aggiunge il gene di un pesce a un pomodoro? In sintesi, si seguono i seguenti passaggi:

1) Il pesce artico ha un gene che produce una proteina che protegge dal gelo. Questo gene viene estratto da un cromosoma del pesce.
2) Il gene antigelo viene inserito in un pezzo di DNA di forma circolare, chiamato plasmide. Questo DNA, proveniente da due diversi organismi, è chiamato DNA ricombinante.
3) Il DNA ricombinante contenente il gene antigelo viene inserito in un batterio particolare, che viene fatto riprodurre.
4) Il batterio viene utilizzato per attaccare delle cellule di pomodoro. Questo batterio ha la proprietà di riuscire a inserire il gene desiderato dentro l'organismo attaccato. Ecco fatto: ora il gene antigelo è inserito nel DNA del pomodoro.
5) Le cellule di pomodoro con il gene inserito vengono stimolate a crescere e a creare un embrione.
6) Gli embrioni di pomodoro vengono piantati.

A questo punto si deve verificare se la pianta di pomodoro ha davvero le caratteristiche desiderate. È resistente al gelo? No, in effetti non lo è, l'esperimento è stato un fallimento. Il pomodoro ottenuto non era per nulla resistente al freddo. Ma nonostante questo, la storia del pomodoro-pesce ha iniziato a circolare come se l'esperimento avesse funzionato.

Dopo l'iniziale insuccesso, gli scienziati hanno provato a inserire geni antigelo di varia provenienza, ma con scarso successo.[6] Solo di recente qualche passo avanti è stato fatto utilizzando una proteina contenuta nelle carote.[7]

Nello spettacolo citato, Beppe Grillo dice che «sono morti sessanta ragazzi di shock anafilattico perché erano allergici al pesce e hanno mangiato il pomodoro». Questo è falso perché il pomodoro antigelo non è mai esistito e nessuno è mai morto. Lo spettacolo è esilarante, ma non è certo un esempio di correttezza scientifica.

La fragola-sogliola

Veniamo ora all'OGM più citato della storia, la fragola-pesce. L'accenno più recente, come ho detto, è forse quello di Mario Capanna. Ma in rete si trovano innumerevoli citazioni. Sul sito de «la Repubblica delle Donne», per esempio, si legge:

> La fragola con il gene di una sogliola del mar Baltico che doveva renderla resistente al freddo è stata un disastro: il risultato è una fragola che sa di antigelo. Gli esperimenti sono stati subito interrotti, e la fragogliola è finita sullo scaffale dei «cibi Frankenstein».[8]

La rivista dei parchi della Regione Piemonte riferisce la stessa notizia con particolari diversi:

> In campo agricolo, lo scopo degli OGM è modificare una pianta inserendo nel suo DNA uno o più geni che le conferiscano le caratteristiche desiderate. Il caso dell'introduzione di geni di passera di mare nelle fragole per aumentarne la conservabilità è un tipico esempio.[9]

In una puntata della popolare trasmissione *Report* un sedicente «esperto» affermava:

> Si è prodotta, per esempio, una fragola che è stata resa resistente al gelo inserendo dei geni di pesci che vivevano in zone

fredde. Questa fragola ha cominciato a produrre un prodotto secondario che era il glicoletilenico, il comune liquido antigelo dei radiatori. Quindi sono diventate immangiabili.[10]

Nessun *vero* esperto avrebbe mai fatto queste affermazioni, soprattutto perché una pianta è geneticamente modificata per produrre una proteina, non il «liquido antigelo dei radiatori».

Ma la citazione più bella l'ho trovata in un dossier su biotecnologie e prodotti alimentari del 1999 della COOP. Eccola:

> Un gene prelevato dal pesce artico inserito in fragole e patate conferisce la resistenza al freddo e permette la coltivazione di questi prodotti in zone caratterizzate da bassissime temperature. È il caso della Finlandia, che ormai ha interrotto quasi del tutto le importazioni di fragole, consumando quelle coltivate sul proprio territorio, per lunghi periodi dell'anno costantemente coperto da spessi strati di ghiaccio.[11]

La Finlandia ha interrotto quasi del tutto le importazioni di fragole! Lo sapevate?

A volte il pesce in questione è una sogliola, a volte una passera di mare, a volte un merluzzo, a volte ancora è il rombo. Ma la verità è che la fragola-pesce non esiste. Non è mai esistita. Nessuna multinazionale biotech ha mai annunciato lo sviluppo di un prodotto del genere. Nessuna università l'ha mai studiato. Nessuno scienziato ha mai pubblicato degli studi su questa chimera. Nessuna azienda ha mai neanche lontanamente suggerito che sarebbe stata interessata a sviluppare fragole antigelo.

Eppure la *fishberry* è ormai leggendaria. Insomma, è diventata una leggenda urbana diffusa in tutto il mondo attraverso le «catene» di email, come la vicenda dei gatti bonsai,[12] l'allarme sul sodiolaurilsolfato che renderebbe cancerogeno lo shampoo o la storia dell'uomo che, dopo una notte passata con una donna appena conosciuta, si ritrova scritto con il rossetto sullo specchio del bagno «benvenuto nel mondo dell'Aids». E come ogni leggenda urbana che si rispetti, non è possibile risalire all'origine della storia anche se pare essere in circolazione almeno dagli anni Novanta. (Tra parentesi, quello delle leggende urbane è un campo di studi sociologici e psicologici molto serio. È interessante cercare di capire perché la gente ci crede e come fanno a diffondersi così rapidamente.)[13]

Pro o contro gli OGM per partito preso: non ha senso

È possibile inserire nella fragola un gene per produrre una proteina capace di proteggerla dal freddo? Probabilmente sì, ma è anche probabile che se si tentasse di sviluppare la fragola antigelo si andrebbe incontro allo stesso fallimento riscontrato nel caso del pomodoro, almeno allo stato attuale delle conoscenze.

Ma il punto non è questo: il fatto è che l'immagine della fragola-pesce è troppo evocativa per lasciarsi scappare l'occasione di usarla. È un'invenzione mediatica geniale che ha avuto una fortuna immediata, come spesso è accaduto ad altre invenzioni linguistiche del variegato mondo «ambientalista». Il termine *Frankenfood*, il «cibo di Frankenstein», per esempio, è efficace anche se filologicamente scorretto, visto che Frankenstein era il medico, non il mostro. Parimenti, non esiste il «mais OGM con lo scorpione dentro» a cui accennava Carlo Petrini.

Spesso i gruppi ambientalisti mostrano gravi lacune nella conoscenza delle tematiche scientifiche di cui si occupano, ma possiedono ottime capacità di comunicazione che consentono loro di creare slogan efficaci, doti di cui gli scienziati sono purtroppo drammaticamente carenti. All'ambiente però servirebbe forse qualche esperto di comunicazione in meno e qualche chimico, fisico o biologo in più. (Piccolo inserto pubblicitario: ragazzi, se volete aiutare l'ambiente, iscrivetevi a una facoltà scientifica!)

Il fatto che la *fishberry*, la fragola-pesce, non sia mai esistita non ha impedito il diffondersi della storia, che si è arricchita via via di nuovi particolari, come nella migliore delle leggende urbane: era immangiabile, sapeva di antigelo, produceva «glicoletilenico, il comune liquido antigelo dei radiatori». A questo punto sarebbe il caso di avvisare *Report*, Mario Capanna, la COOP ma soprattutto i finlandesi che le fragole antigelo non sono mai esistite. Tra l'altro, queste affermazioni campate in aria forniscono facili argomenti al «partito» pro-OGM, che ha avuto buon gioco a chiedere a Mario Capanna dove mai avesse avuto modo di assaggiare questa mitica fragola, visto che nella trasmissione ne illustrava il sapore.

A questo proposito, voglio precisare che a mio parere non ha senso schierarsi per partito preso a favore o contro gli OGM. Parlare di OGM in generale è fuorviante. Sarebbe come dire «i funghi fanno male» oppure «i funghi sono buoni». Ma vogliamo distinguere tra i porcini e le amanite? Spesso le prese di posizione più drastiche derivano da una convinzione di fondo, purtroppo molto diffusa, secondo cui ciò che è «naturale» è buono, mentre ciò che è creato o modificato dall'uomo è cattivo. È la filosofia della «natura benigna», su cui torneremo più avanti, fondata sull'idea (sbagliata) che si possa distinguere chiaramente ciò che è «naturale» da ciò che è «artificiale». Questa visione non ha molto fondamento scientifico ma è estremamente radicata in una vasta parte della popolazione, e orienta preventivamente il giudizio finale sugli OGM.[14]

Pur con le dovute proporzioni, è lo stesso tipo di meccanismo psicologico che compare nel dibattito sull'aborto o sulle cellule staminali embrionali: indipendentemente da cosa dice la scienza, è ciò che pensiamo dell'embrione a influenzare la nostra scelta di campo. Argomentare razionalmente di ovociti, zigoti e gameti non porta di solito a nulla.

Il rapporto dell'Osservatorio di Pavia

Uno dei motivi che mi spingono a dubitare che qualcuno nell'immediato futuro si dedichi a sviluppare una fragola-pesce è il peso di quello che mi piace definire «fattore bleah!». In fondo, non c'è nulla di più schifoso dell'idea di una fragola mista al pesce. Ricorda certi alimenti dai sapori improbabili che possiamo divertirci a immaginare, ma che non vorremmo mai assaggiare: il gelato all'acciuga, lo yogurt al fagiano, il barbera salato o le caramelle all'aglio. Forse è per questo che la storia della fragola-pesce viene continuamente ripetuta dalla letteratura anti OGM. L'esempio del mais transgenico che produce la stessa proteina utilizzata anche dall'agricoltura biologica e che consente di ridurre l'uso di insetticidi non è abbastanza efficace: non colpisce lo stomaco, non spaventa, e quindi non serve allo scopo. Molto meglio usare un esempio completamente inventato ma di sicuro impatto per creare una repulsione profonda nei confronti degli OGM.

Siete ancora convinti di aver ricevuto informazioni corrette su questo argomento da stampa e televisione? È mai possibile che nessuno nei media si preoccupi di controllare le fonti?

In alcuni casi basterebbe una telefonata a un qualsiasi istituto universitario specializzato in biotecnologie per appurare la falsità di certe affermazioni. Si preferisce invece contravvenire ai doveri del buon giornalismo e della corretta informazione, intervistando un falso esperto che magari sostiene un punto di vista ideologicamente congruente con le posizioni di chi scrive o cura il programma televisivo.

Gli esempi di cattiva informazione sono numerosi. Uno dei miti più frequentemente riportati dai media è che gli OGM siano sterili e dunque non consentano a chi li utilizza di ricavarne sementi per il successivo raccolto. In realtà nessun OGM in commercio è sterile. Da tempo gli agricoltori comprano semi certificati da seminare ogni anno, anche in Italia dove è vietato coltivare OGM, per mantenere alta la qualità del raccolto. Ciò è vero specialmente per i semi ibridi come quelli del mais. La presunta sterilità degli OGM è una leggenda urbana tanto persistente quanto quella della fragola-pesce, ed è spesso riportata sui media da giornalisti che non si sono presi la briga di controllare le fonti e di distinguere i fatti dai miti.

L'Osservatorio di Pavia, ente indipendente che si occupa tra le altre cose di monitorare la correttezza dell'informazione italiana, ha diffuso nel biennio 2001-2002 un rapporto sullo stato dell'informazione sugli OGM in Italia. Il documento, intitolato *Le agrobiotecnologie nei media italiani*, ha messo in luce che

> l'informazione, che dovrebbe essere scientifica e quindi obiettiva per definizione, si riduce invece a essere mera portavoce dello scontro ideologico tra opposte «fazioni» pro o contro le agrobiotecnologie. Un'informazione che non informa sul tema, ma soltanto sulle opinioni intorno al tema, senza peraltro che queste vengano adeguatamente motivate. La prima

vittima di questo modo di fare informazione è il lettore/telespettatore-consumatore, sempre più disorientato e impaurito, sempre meno informato. [...]
Troppo spesso infatti il dibattito sul tema OGM che, per essere chiaro, dovrebbe avere riferimenti scientifici, si riduce a puro resoconto di un conflitto ideologico, che si alimenta di toni aspri e di termini fortemente suggestivi. Per altro, dall'analisi compiuta risultano sorprendentemente assenti o esclusi dal confronto mediatico gli esponenti del mondo scientifico e gli esperti, assenti i politici con la sola eccezione dei Verdi e dei ministri dell'Agricoltura e della Salute. Questi ultimi risultano schierati su fronti opposti (i primi tendenzialmente negativi, i secondi rassicuranti) nel corso di tutto l'anno, a prescindere dal cambio di governo. Impossibile quindi trovare sui mass media un confronto razionale sui pro e i contro delle agrobiotecnologie, sulla valutazione del rischio o sul rapporto costi-benefici. Con la conseguenza che il fruitore dell'informazione, che è poi il consumatore, non ha sufficienti elementi razionali per formarsi una propria opinione.[15]

Non a caso l'Osservatorio di Pavia nel presentare il rapporto ha coniato una nuova ed efficace definizione dell'acronimo OGM, ossia «organismi giornalisticamente modificati». Il documento, praticamente ignorato dai media nostrani, aiuta a capire come spesso i mezzi di informazione abbiano manipolato la realtà. E sinceramente non mi pare che dal 2002 a oggi le cose siano molto migliorate.

---

[1] http://www.liberidaogm.org/liberi/capannaunomattina.php
[2] http://www.greenpeace.org/italy/campagne/ogm/supermercato-virtuale
[3] R. Hightower, C. Baden, E. Penzes, P. Lund, P. Dunsmuir, *Expression of antifreeze proteins in transgenic plants*, in «Plant Molecular Biology», vol. 17, 1991, pp. 1013-1021.

[4] A. L. DeVries, D. E. Wohlschlag, *Freezing resistance in some Antarctic fishes*, in «Science», vol. 163, 1969, pp. 1073-1075.

[5] P. L. Davies, B. D. Sykes, *Antifreeze proteins*, in «Current Opinion in Structural Biology», vol. 7, 1997, pp. 828-834.

[6] K. D. Kenward, J. Brandle, J. McPherson, P. D. Davies, *Type II fish antifreeze protein accumulation in transgenic tobacco does not confer frost resistance*, in «Transgenic Research», vol. 8, 1999, pp. 105-117.

[7] Y. Fa, B. Liu, H. Wang, S. Wang, J. Wang, *Cloning of an antifreeze protein gene from carrot and its influence on cold tolerance in transgenic tobacco plants*, in «Plant Cell Reports», vol. 21, 2002, pp. 296-301.

[8] http://dweb.repubblica.it/dweb/1999/05/18/attualita/scienza/158mai151158.html

[9] http://www.regione.piemonte.it/parchi/ppweb/rivista/speciali/ott_04/ogm.htm

[10] Puntata di *Report* dal titolo *Il gene sfigurato* trasmessa da Rai Tre il 24 settembre 1998. La trascrizione è disponibile su http://www.report.rai.it/R2_popup_articolofoglia/0,7246,243%255E90072,00.html

[11] http://web.archive.org/web/20071104133726/http://www.coopinforma.it/include/download_doc.php?ID=1

[12] Nel 2000 uno studente del Mit ha aperto per provocazione il sito bonsaikitten.com (gatti bonsai) dove fingeva di vendere dei kit per la creazione di «gatti imbottigliati». Secondo l'autore si potevano crescere dei gattini bonsai rinchiudendoli appena nati in appositi contenitori in modo che il loro corpo ne assumesse la forma. Nonostante fosse evidente che si trattava di uno scherzo, molte persone hanno ritenuto credibile il sito e hanno avviato catene di email di denuncia che ancora oggi girano su internet. Il sito è stato chiuso a seguito delle proteste. Ogni tanto la storia dei gatti bonsai, presa per vera, riappare su qualche quotidiano. La versione italiana del sito, gattibonsai.com, ha avuto una sorte analoga. Una denuncia della presentatrice televisiva Licia Colò ne ha causato la chiusura da parte della polizia postale.

[13] http://www.snopes.com

[14] Sugli organismi transgenici si veda D. Bressanini, OGM *tra leggende e realtà. Chi ha paura degli organismi geneticamente modificati?*, Zanichelli, Bologna 2009.

[15] http://www.osservatorio.it/cont/presscom_apr2002.php

Il killer invisibile

Una sostanza pericolosa

Nel nostro paese ancora non se ne parla molto. Le associazioni ambientaliste nostrane forse lo ritengono un argomento secondario rispetto ai pericoli ben maggiori rappresentati dall'elettrosmog e dagli OGM, ma all'estero la consapevolezza riguardo ai pericoli di questa sostanza, ribattezzata «il killer invisibile», sta montando rapidamente. Sto parlando del monossido di diidrogeno (non è un errore di stampa: si scrive proprio così). Come il suo cugino, il terribile monossido di carbonio, questa sostanza è incolore, inodore e insapore, e uccide, spesso per eccessiva inalazione ambientale, svariate migliaia di persone ogni anno. Le informazioni riguardanti questo pericoloso composto sono apparse sinora solo sporadicamente sugli organi di stampa italiani, quindi mi è sembrato opportuno dedicargli un capitolo apposito, anche nella speranza che coloro che si battono per l'ambiente e la salute pubblica inizino a considerare seriamente i pericoli rappresentati da questa sostanza chimica e a inserirli nella loro agenda politica.

Un libro recente, *Chemistry, health and environment*,[1] riassume bene il problema, spiegando che il monossido di diidrogeno o DHMO, usato ampiamente nelle centrali nucleari e impiegato come solvente industriale, è il componente principale delle piogge acide, è uno dei responsabili dell'effetto serra, contribuisce all'erosione del suolo e dei paesaggi naturali. È presente nelle falde acquifere, dove penetra tramite la pioggia, arriva nelle nostre case, entra nelle nostre cucine dai rubinetti e finisce nei nostri cibi. È molto difficile evitare la contaminazione perché, a differenza di altre molecole che possono essere filtrate, il DHMO si miscela completamente con l'acqua. Può causare ustioni anche gravi e ne è stata trovata traccia all'interno delle cellule tumorali.

Ecco le informazioni riportate dal *Material safety data sheet*, una raccolta autorevole di dati sulla tossicità di moltissime sostanze chimiche:

> Il monossido di diidrogeno è un prodotto non regolamentato, ma reagisce violentemente con alcuni metalli, come il sodio e il potassio. Con il fluoro e con alcuni agenti disidratanti come l'acido solforico. Forma un gas esplosivo con il carburo di calcio. Si raccomanda di evitare il contatto con materiali di cui non si sia prima verificata la compatibilità.[2]

Il testo omette di dire che, a contatto con il sodio, il DHMO sviluppa gas idrogeno, elemento di cui è ricco, con il forte rischio di esplosioni. Ricordo che al liceo, durante le lezioni nel laboratorio di chimica, ci divertivamo (incoscienti!) a incendiare l'idrogeno prodotto dalla reazione. Il DHMO diventa molto pericoloso se viene in contatto con l'olio bollente. Possibile, vi chiederete, che nessuno faccia nulla per fissare almeno una soglia di tolleranza generalizzata?

Il monossido di diidrogeno ebbe un'importanza fondamentale per i nazisti. Durante la seconda guerra mondiale la Germania non poteva accedere alle normali fonti di petrolio e aveva il grosso problema di produrre carburanti. Perfezionando un processo chimico chiamato «Fischer-Tropsch», dal nome dei due chimici inventori, si tentò di produrre sostanze convertibili in benzina a partire dal monossido di diidrogeno e dal carbone, una materia prima di cui la Germania era ricca.

Perché nessuno fa nulla?

Oggi alcuni economisti sostengono che bandire dal commercio il monossido di diidrogeno avrebbe conseguenze gravissime per l'economia mondiale, ma c'è chi insinua che questi esperti siano troppo vicini alle posizioni dell'Organizzazione mondiale del commercio e del Fondo monetario internazionale per essere credibili. Addirittura alcuni di loro hanno contratti di consulenza per grandi multinazionali.

Forse la situazione risulta più chiara se consideriamo che questa sostanza viene ampiamente utilizzata nella produzione di Coca-Cola e di altre bevande gassate. È ovvio che le multinazionali alimentari, specialmente americane, non possono permettere che sia messa al bando. Tra l'altro, è una molecola comunemente presente in natura, anche se i chimici hanno trovato il modo di sintetizzarla artificialmente.

Tornando agli alimenti, viene a volte addizionata al vino, secondo una pratica che risale all'antica Roma. La storia delle sofisticazioni alimentari è molto lunga: i romani già mescolavano il vino con l'acetato di piombo per renderlo più dolce. Aggiungendovi il monossido di diidrogeno creavano una miscela tossica.

Per fortuna alcuni alimenti come l'olio extravergine di oliva ne sono privi, ma è presente nel latte che comperiamo dalla grande distribuzione. L'industria però ha cominciato a produrre latte senza monossido di diidrogeno per l'alimentazione dei neonati. Il burro è uno dei pochi alimenti in cui la presenza di questa sostanza è regolamentata da una soglia massima fissata per legge, mentre la panna da cucina a lunga conservazione venduta nei supermercati ne contiene sicuramente. Poiché è presente nel latte, il monossido di diidrogeno si ritrova in tutti i latticini, anche nelle mozzarelle di bufala campana DOP. I formaggi stagionati ne contengono una quantità inferiore.

Che cosa può fare il cittadino informato? Può cominciare segnalando il pericolo alle persone che conosce e che gli sono più care. In altri paesi si stanno già muovendo. Nel 2001 lo staff del deputato al parlamento Sue Kedgley del partito dei Verdi della Nuova Zelanda, sollecitato da chi si batteva contro il monossido di diidrogeno, si dichiarò «assolutamente d'accordo con la campagna per bandire questa sostanza tossica dalla Nuova Zelanda».[3]

La verità sul DHMO

È una burla, ovviamente. Il monossido di diidrogeno è volgarmente chiamato... acqua. Ma ripensandoci, è giusto scrivere «ovviamente»? Può essere ovvio per me che sono un chimico, o per chi ha una formazione scientifica. Se avessi usato una molecola dal nome più complicato, come 1,3,7-trimetil-1H-purin-2,6(3H,7H)-dione – che identifica una sostanza letale per l'uomo ad alte concentrazioni – sarebbe stato ancora più difficile per il lettore non specializzato valutare criticamente le affermazioni riportate nei paragrafi precedenti.

Confesso di aver voluto scrivere a bella posta un pezzo di «terrorismo alimentare». Ho esagerato volutamente con il «complottismo» e ho attinto con gusto alla varia letteratura «anti-qualcosa», citando alla rinfusa l'Organizzazione mondiale per il commercio, le multinazionali, la Coca-Cola, i nazisti e pure la panna da cucina, che è diventata il bersaglio preferito di alcuni gourmet insieme alla margarina e al dado da brodo. Ho esagerato, certo, ma volevo dimostrare con quanta facilità l'informazione possa essere manipolata a fini politici, di consenso o di marketing per creare un allarme artificiale anche sulla sostanza più benefica che esista: l'acqua, appunto. E così quella che può essere una innocua burla per un chimico può diventare fonte di ansia e preoccupazione per chi non sa che cosa è il DHMO.

Ciò che intendo sottolineare è che le notizie riportate nell'articolo sono vere. Non c'è una sola affermazione falsa. L'acqua contribuisce all'effetto serra, è un solvente industriale, è usata nelle centrali nucleari, è presente nelle cellule tumorali così come in tutte le altre cellule. Migliaia di persone muoiono ogni anno a causa dell'acqua: affogate, ustionate e così via.

Tuttavia il testo è ingannevole perché è stato costruito in modo da presentare solo alcuni fatti e nasconderne altri, con il preciso scopo di fuorviare. Moltissima informazione pseudoveritiera è costruita in questo modo, omettendo alcuni elementi ed evitando di contestualizzare le affermazioni in un ambito più ampio. Quando ad esempio vi dicono con fare allarmato che «il microonde in qualche modo altera la struttura cellulare dei cibi»[4] non vi stanno mentendo: è un fenomeno che si chiama cottura, durante il quale le cellule vengono danneggiate, le proteine denaturate, gli enzimi disattivati e così via. E questo avviene in padella, nel microonde, in casseruola, alla brace e sulla piastra. Ma quanti ancora oggi sono convinti che il cibo cotto al microonde sia in qualche modo pericoloso? Mescolare notizie vere, ma esposte in modo non corretto e fuori contesto, con altre palesemente false è una tecnica di disinformazione molto comune. Confesso che l'accenno ai nazisti mi è stato ispirato da alcuni articoli molto citati sul web, per esempio *Forno a microonde, la ricetta per ammalarsi di cancro*: questo testo, che si trova facilmente su internet, è un piccolo compendio delle varie tecniche che ho utilizzato parlando del DHMO.[5] Non mancano neppure i personaggi fondamentali caratteristici di questo genere letterario molto in voga, come lo scienziato svizzero perseguitato, l'Unione Sovietica e le multinazionali cattive: *isso, essa e o' malamente*.

Vediamo qualche altro esempio. In un passaggio relativo alla soia geneticamente modificata contenuto in un pieghevole sugli OGM distribuito dai Verdi si legge: «Test allergologici dimostrarono che bastava una sola proteina della noce (inserita nel DNA della soia) per scatenare una reazione in coloro che sono allergici alla noce brasiliana».[6]

Vero? Verissimo! E infatti quella soia non venne mai messa in commercio perché potenzialmente allergenica. Io lo interpreto come un segno che i controlli sugli Ogm funzionano a dovere. L'idea che il volantino vuole far passare è invece che «gli OGM possono essere allergenici» mentre la realtà è che in commercio esistono moltissimi alimenti allergenici potenzialmente pericolosi molto meno controllati degli OGM.

Percezioni del rischio e bisogno di semplificare

È molto difficile confrontare i vari rischi e agire razionalmente di fronte a percezioni del rischio notevolmente diverse. Pensate a chi fuma ma insiste nel comperare cibi biologici perché crede che siano più salubri. Oppure a chi ha paura di volare ma non ha timore di viaggiare in macchina, anche se statisticamente il rischio di morire in un incidente d'auto è ben maggiore.

In più è molto diffuso il bisogno di ottenere una risposta semplice alla domanda «la sostanza X è pericolosa?». L'esempio del DHMO dimostra come l'interrogativo sia privo di senso se non definiamo il contesto, il termine di paragone e il livello di rischio accettabile.

Nel volantino dei Verdi a cui ho fatto prima riferimento sono mescolate anche affermazioni false. Oltre all'inesistente fragola-pesce di cui ho già parlato, è citato questo passaggio:

> L'impiego di OGM in agricoltura non ha comunque diminuito l'uso di pesticidi, come promesso dalle aziende biotecnologiche, poiché nei campi con piantagioni geneticamente modificate si sono sviluppati, per un processo di selezione naturale, supererbacce e superinsetti, resistenti ai pesticidi tradizionali.

Il che è falso. Anche la FAO ha riconosciuto che i quantitativi di insetticidi utilizzati sono diminuiti in seguito all'adozione di colture OGM di tipo Bt resistenti agli insetti.[7] Chiunque abbia davvero a cuore l'ambiente dovrebbe seriamente rivedere la propria posizione contro questi OGM. Non c'è stata per ora nessuna invasione di superpiante o superinsetti. In ogni caso si omette di dire che l'insorgenza di resistenze è un problema di qualsiasi pesticida, naturale, di sintesi o OGM che sia.

Tecniche collaudate di allarmismo

La burla del DHMO gira su internet da molti anni. Ha anche un sito web ufficiale (http://www.dhmo.org, in italiano http://www.l-d-x.com/dhmo). Non è uno scherzo fine a se stesso, ma una provocazione che pone l'accento sul problema dell'informazione corretta in campo scientifico e su come questa possa essere facilmente manipolata. Se visitate il sito web citato, vedrete che cerca di imitare, riuscendoci benissimo, lo stile di molti siti allarmistici anti qualcosa di cui il web è pieno, con tanto di banner pubblicitari, vendite di gadget e inviti a sostenere «la causa» con una donazione tramite carta di credito.

Ci sono vari aspetti che meriterebbero di essere approfonditi. Pensate all'affermazione (vera): «È il componente principale delle piogge acide». Cosa vuole instillare nel lettore questa frase? Che il DHMO è una brutta cosa. D'altra parte il DHMO è il componente principale delle piogge acide, le piogge acide sono una brutta cosa, quindi il DHMO è una brutta cosa. È un cattivo sillogismo, ovviamente, ma l'informazione si rivolge alla parte non razionale del pensiero allo scopo di scatenare le nostre emozioni.

L'artificio di associare una cosa da screditare a qualche pericolo è un'altra tecnica spesso utilizzata. Così il normale saccarosio purificato, lo «zucchero bianco», viene associato alla calce, all'anidride carbonica e al «velenosissimo acido solforico».[8] È una stupidaggine, ma chi di noi vorrebbe aggiungere calce e acido solforico al caffè? Nel dubbio, scegliamo magari lo zucchero bruno di canna. Ne parleremo più avanti in un apposito capitolo.

Insomma, il nostro scherzo sul DHMO è un esempio di come viene costruita la cattiva informazione. In particolare si evita di menzionare gli aspetti positivi del DHMO, e di conseguenza manca una corretta analisi dei costi e dei benefici. Citando solamente i possibili effetti negativi si vuole «sbilanciare» l'opinione del lettore, non fornendogli le informazioni necessarie perché possa decidere da solo.

Questo è il «trucco» comunemente utilizzato da molti ambientalisti e politici, ma non solo, quando parlano di OGM, di energia nucleare, di petrolio, di effetto serra, di inceneritori e discariche e così via. Esiste naturalmente anche la versione speculare: citare solamente gli aspetti positivi. Se visitate qualche sito pro-OGM direttamente finanziato dalle multinazionali biotech[9] vi sembrerà che gli Ogm possano eliminare la fame nel mondo, togliere la CO_2 in eccesso dall'atmosfera, e *en passant* curare l'unghia incarnita e la calvizie incipiente. Per non parlare della recente ondata di messaggi salutistici orchestrata dall'industria agroalimentare nella pubblicità di vari alimenti. Insomma, la cattiva informazione ha tante facce e non è così semplice da smascherare. Purtroppo sempre più spesso i media fanno solo da cassa di risonanza senza prendersi la briga di controllare la veridicità e la correttezza delle «veline» che ricevono quotidianamente da organizzazioni ambientaliste, uffici stampa di aziende alimentari, multinazionali del farmaco, associazioni dei consumatori e così via.

Chemofobia e catene di sant'Antonio

Uno dei motivi per cui la burla risulta veritiera è l'uso di un termine tecnico, monossido di diidrogeno, per indicare l'acqua. Lo scherzo è tanto più credibile quanto più il lettore soffre di quella che possiamo chiamare chemofobia, la paura e il pregiudizio verso le «sostanze chimiche». Ho messo le virgolette appositamente, perché ogni cosa che ci circonda – anche l'acqua – è una sostanza chimica, ma di solito questa fobia si manifesta solo per le sostanze chimiche sintetizzate dall'uomo. Come vedremo, la distinzione tra «molecole naturali» e «molecole di sintesi» non ha molto significato dal punto di vista scientifico: «naturale» non significa necessariamente «migliore» o «innocuo», così come «sintetico» non significa necessariamente «pericoloso» o «peggiore». Tuttavia la chemofobia è ormai largamente diffusa a causa di terribili incidenti industriali come quello di Seveso o di Bhopal, dove la fuoriuscita di grandi quantità di sostanze chimiche dagli impianti ha provocato effetti devastanti sull'ambiente e sulla popolazione.

La psicosi è anche alimentata da un uso troppo disinvolto del termine «chimico» sui giornali e in tv, o addirittura nelle pubblicità di alimenti e prodotti di bellezza, dove la demonizzazione della chimica va di pari passo con l'esaltazione delle proprietà – spesso tutte da dimostrare – dei prodotti «naturali». Gli scaffali dei supermercati sono pieni di prodotti ricchi di presunte proprietà benefiche derivanti dall'aloe, dal tè verde, dalla papaya o dal prodotto vegetale di moda in un certo momento.

Quando ho pubblicato sul mio blog la burla del DHMO come pesce d'aprile qualcuno ci è cascato. Il giorno successivo ho spiegato lo scherzo, e un lettore mi ha scritto arrabbiato perché ormai aveva «inviato ad altri l'articolo dicendo di farlo girare»! Ecco come cominciano le catene di sant'Antonio. La prossima volta che ricevete un messaggio allarmistico sul sodio laurilsolfato nello shampoo o i «gatti bonsai», cestinatelo senza problemi.

Ovviamente queste paure si diffondono meglio in società come la nostra, dove l'alfabetizzazione scientifica del consumatore medio è purtroppo piuttosto bassa. Quanti di voi di fronte all'etichetta di un alimento reagiscono in modo differente se leggono «contiene vitamina C», oppure «contiene acido L-Ascorbico» o ancora la sigla E300? Eppure le tre denominazioni si riferiscono esattamente alla stessa molecola.

Cocaina nell'aria di Roma

Come se non bastasse, un fattore che contribuisce alla chemofobia arriva dall'avanzamento stesso della chimica analitica. Le moderne tecniche di analisi sono in grado di rivelare tracce infinitesimali di una data sostanza potenzialmente tossica dispersa nell'aria, nell'acqua o in un alimento. E benché si tratti spesso di quantitativi innocui, la notizia viene «sparata» sui giornali senza mettere in evidenza il livello di concentrazione a cui la sostanza in esame può iniziare a causare problemi. Il bisogno di semplificare impone di classificare ogni sostanza in due sole categorie: tossica o benefica. Questo dal punto di vista scientifico è privo di senso, e non è certo da oggi che lo sappiamo: è stato Paracelso a dire che «è la dose che fa il veleno». Esistono sostanze chimiche che addirittura sono essenziali per l'organismo in piccole quantità, ma tossiche a dosaggi superiori.

Nel giugno del 2007 i giornali pubblicarono sulle prime pagine la notizia, ripresa da uno studio del CNR, che nell'aria di Roma era stata trovata della cocaina. «Cocaina nell'aria di Roma» strillarono i giornali. «Per sniffare, nella capitale, basta respirare» e via di questo passo, con tanto di allarme per la salute dei bambini.

La bufala si sgonfiò solo dopo che Marco Cattaneo, fisico e direttore del mensile «Le Scienze», si prese la briga di fare due calcoli e di spiegare sul suo blog che gli 0,05 nanogrammi di cocaina medi per metro cubo ritrovati nell'aria della capitale rappresentavano una quantità assolutamente microscopica e senza nessun interesse sanitario.[10] È l'equivalente, grosso modo, di un ottantesimo di un cucchiaino da caffè distribuito per tutta l'aria di Roma. Il problema è che il nanogrammo, misura di uso comune in chimica analitica, non è un concetto familiare ai cittadini (e ai cronisti). Prima di «sbattere il mostro in prima pagina», i giornalisti avrebbero dovuto fare qualche conto o, in alternativa, chiedere il parere di qualche esperto sui possibili rischi sanitari per gli abitanti di Roma. A dire il vero il ricercatore del CNR che aveva svolto l'analisi aveva provato a dire che non c'era «nessun allarme», ma evidentemente il desiderio di sbattere la notizia in prima pagina è stato troppo forte. Per le smentite c'è sempre tempo. In un trafiletto a pagina trentadue in basso, ovviamente.

Dimenticavo di dirvi che il 1,3,7-trimetil-1H-purin-2,6(3H,7H)-dione – sostanza letale per l'uomo ad alte concentrazioni – è... la caffeina.

---

[1] O. Sterner, *Chemistry, health and environment*, Wiley-VCH Verlag, Weinheim-New York 1999.
[2] http://www.stcloudstate.edu/osh/msds/documents/Dihydrogen-Monoxide.pdf
[3] http://www.scoop.co.nz/stories/PA0110/S00444.htm
[4] Un'idea del genere viene diffusa attraverso il testo che circola su internet, *Forno a microonde: la ricetta per ammalarsi di cancro* (http://www.laleva.cc/ambiente/microonde.html).
[5] http://www.laleva.cc/ambiente/microonde.html
[6] http://www.marcellosaponaro.it/home/documenti_1?page=4
[7] http://www.fao.org/docrep/006/Y5160E/Y5160E00.htm
[8] http://www.alberosacro.org/lo-zucchero-bianco.htm
[9] Ad esempio http://www.whybiotech.com
[10] http://cattaneo-lescienze.blogautore.espresso.repubblica.it/2007/06/04/la-bufala-della-cocaina

Vero o falso?

Quali carte voltare?

Prestate attenzione: tengo nascoste in mano quattro comuni carte da gioco. Il dorso può essere chiaro o scuro e l'altro lato riporta una figura o un numero. Niente jolly (figura 1).

Figura 1. Il test di Peter Wason (1966).

Ora dispongo le quattro carte davanti a voi, due coperte e due scoperte e faccio la seguente affermazione: «Se una di queste quattro carte ha il dorso scuro, allora è una figura».

Voi non sapete se la mia affermazione è vera o falsa. Di due carte non conoscete il colore del dorso, mentre delle altre due non conoscete il valore. Il vostro compito è verificare la mia affermazione voltando le carte strettamente necessarie (e solo quelle). Potete voltare sia una carta di cui vedete il dorso per scoprire che valore ha, sia una carta di cui vedete il valore e volete conoscere il dorso.

Quali tra le quattro carte voltate per dimostrare la verità o la falsità della mia affermazione? No, non preoccupatevi, state leggendo sempre lo stesso libro che parla di cibo, OGM e agricoltura. Volevo solo proporvi un gioco per parlare di come, nella scienza, si devono verificare le teorie e le ipotesi.

Allora, quali carte voltate per verificare se la mia affermazione è vera o falsa? La risposta viene considerata sbagliata sia che giriate una carta che non era necessario voltare, sia che non voltiate una carta invece necessaria. Pensateci un attimo prima di leggere la risposta esatta qui di seguito.

Le risposte più comuni

Questo test è stato inventato nel 1966 dallo psicologo cognitivo Peter Wason[1] (in realtà la versione originale era con lettere e numeri, io ho solo cambiato un poco la forma del gioco senza modificarne la struttura). Wason lo ha sottoposto a un gruppo di 128 adulti con un'istruzione universitaria. Il 46 per cento delle persone ha risposto che avrebbe girato la carta con il dorso scuro e la donna di cuori. La seconda risposta più frequente è stata data dal 33 per cento delle persone intervistate. Queste ritenevano sufficiente voltare solo la carta con il dorso scuro. Solamente il 5 per cento degli intervistati ha dato la risposta corretta.

Praticamente tutti concordano nel voltare la carta con il dorso scuro: se la mia affermazione è vera, mi debbo infatti aspettare che ci sia una figura, se non la trovo la mia affermazione è sicuramente falsa. Il 33 per cento degli intervistati da Wason riteneva sufficiente fermarsi qui. Questa risposta tuttavia è sbagliata perché se sul retro della carta a dorso scuro trovassi una figura, avrei solo parzialmente verificato la mia affermazione, ma ancora non potrei essere sicuro che sia vera o falsa.

Il 46 per cento delle persone riteneva importante voltare anche la donna, presumibilmente per controllare che avesse il dorso scuro. Tuttavia questo è completamente inutile! Pensateci: se invece del dorso scuro trovaste quello chiaro, potreste forse concludere che la mia affermazione è falsa? Assolutamente no: non ho mai detto che le figure si trovano *solamente* sulle carte a dorso scuro!

Allo stesso modo è perfettamente inutile girare la carta dal dorso chiaro, ma questo solitamente nessuno lo propone.

L'importanza di verificare se un'ipotesi è falsa

La risposta esatta è che, insieme alla carta a dorso scuro, si deve girare il sette: affinché la mia affermazione sia vera, sul retro del sette devo trovare un dorso chiaro. Se voltandola trovo un dorso scuro ho *falsificato* la mia teoria. Ho dimostrato che è falsa perché ho trovato almeno un caso che contraddice la mia teoria: una carta con il dorso scuro che *non* è una figura.

Come vi dicevo, la risposta corretta nell'esperimento originale è stata scelta solo da una piccola minoranza di persone. La maggioranza delle persone trova assolutamente controintuitivo voltare il sette. Voi che cosa avete risposto?

Gli psicologi hanno inventato molte varianti a questo test, e hanno scoperto che mantenendo la stessa struttura logica ma cambiando la descrizione e il contesto si possono ottenere risposte diverse.[2]

La cosa interessante è chiedersi come mai così tante persone diano la risposta sbagliata. Secondo alcuni psicologi il motivo è da ricercarsi nel cosiddetto *confirmation bias* (la preferenza verso la conferma): il nostro cervello si fa un'idea di come funziona un certo fenomeno, e poi cerca degli esempi che avvalorino quell'interpretazione. Cerchiamo una «conferma». Dal punto di vista logico invece è fondamentale anche cercare di *falsificare* un'ipotesi: provare a vedere se è falsa.

A quanto pare il cervello umano ha molte difficoltà ad accogliere questo punto di vista come «naturale», ed è anche per questo, credo, che il modo di procedere della scienza e del metodo scientifico risulta di difficile comprensione ai più. Ci dobbiamo sforzare per utilizzare dei modelli logici rigorosi che non sono quelli che il nostro cervello adopererebbe (il perché lo lascio spiegare agli psicologi evoluzionisti). Imparare a fare scienza non vuol dire solamente imparare formule e teorie, ma anche imparare a far funzionare il nostro cervello in modo forse controintuitivo ma logicamente corretto. Quante volte ad esempio mi è capitato di vedere questo «desiderio di conferma» (girare la carta con il dorso scuro) nei fautori delle medicine cosiddette «alternative», i quali però non sentono mai la necessità di falsificare le loro teorie, cioè di provare a dimostrare che non funzionano. Questo atteggiamento ovviamente genera un'immediata levata di scudi da parte di chi invece ha imparato, anche faticosamente, a maneggiare il metodo scientifico. Siccome si critica il modo di procedere senza neanche entrare nel merito, si viene spesso accusati di voler «aderire ai dogmi» o cose del genere.

Nulla di più errato: ogni scienziato degno di questo nome quando propone una nuova teoria deve prima di tutto cercare di dimostrare che è falsa. Figurarsi poi se non proviamo a dimostrare false le teorie proposte da altri. Altro che «aderire ai dogmi»: non vi è scienziato che non sogni di distruggere in modo clamoroso una teoria affermata. Se dimostrassi in modo inoppugnabile che il principio di conservazione dell'energia è falso diventerei famoso. Così come sono diventati famosi, e magari hanno anche preso il premio Nobel, scienziati che hanno dimostrato come certi principi una volta ritenuti intoccabili in realtà non lo erano per nulla. Tuttavia questo va fatto sempre nei binari stretti e rigorosi della logica.[3]

È anche importante distinguere due situazioni differenti: un conto è voler trarre delle conclusioni imparziali prive di pregiudizio (inteso come un giudizio deciso a priori) raccogliendo osservazioni e raggiungendo una conclusione non predeterminata. Un altro conto invece è chi vuole dimostrare una tesi già precostituita e raccoglie solo le osservazioni che vanno a proprio vantaggio.

Un esempio ovvio si può trovare in un tribunale: solitamente la difesa parte dall'assunto che il proprio cliente sia innocente e cerca di dimostrarlo. Al contrario l'accusa o il pubblico ministero partono dall'ipotesi che l'accusato sia colpevole e cercano di dimostrarlo.

Ma possiamo anche trovare altri esempi: il rapporto di un'organizzazione che cura gli interessi dell'agricoltura biologica partirà dal presupposto (non dimostrato) che il cibo biologico sia migliore, più sano, nutriente e gustoso, e costruirà il documento per sostenere questa tesi. Viceversa un documento di un'associazione che rappresenta le industrie biotech cercherà magari di selezionare ad hoc documenti e prove per sostenere la tesi (non dimostrata) che gli OGM possano risolvere il problema della fame nel mondo. Chi «parteggia» per il latte crudo cercherà di dimostrare la sua superiorità rispetto al latte pastorizzato mentre chi produce latte pastorizzato cercherà di fare l'opposto.

La scienza però non funziona così (o per lo meno non dovrebbe funzionare così, in un mondo ideale). Certo può sembrare strano chiedere ad esempio ai sostenitori dell'agricoltura biologica o alle multinazionali biotech di provare a dimostrare qualcosa che va contro i loro interessi e le loro assunzioni di fondo. Questo però è lo scotto da pagare se si vuole che gli studi e i rapporti elaborati vengano considerati degni di nota e non carta da macero.

Come mettere alla prova le credenze popolari

Il test che abbiamo illustrato ci torna utile per verificare se una credenza popolare è vera o falsa. C'è chi sostiene, ad esempio, che per preservare l'effervescenza di una bottiglia di champagne già aperta si debba inserire nel collo della bottiglia il manico di un cucchiaino, preferibilmente d'argento. Questa pratica garantirebbe anche la conservazione delle bollicine della birra o di altre bevande gassate.

È vero o è falso? Molte persone giurano e spergiurano di averlo provato e che funziona. Ma è come girare la carta con il dorso scuro. Se voglio verificare l'affermazione «per mantenere frizzante lo champagne devo metterci il cucchiaino» non basta prendere una bottiglia, infilarci un cucchiaino e aspettare ventiquattr'ore. Anche se ripetessi l'esperimento cento volte e per cento volte trovassi che il giorno dopo lo champagne è ancora frizzante non avrei ancora dimostrato nulla. Allo stesso modo, se prendo una pillola omeopatica e dopo un paio di giorni mi passa il raffreddore non ho dimostrato nulla. Questo è esattamente il bisogno della conferma che ci suggerisce il nostro cervello.

Quello che devo fare è cercare di falsificare la teoria: mi aspetto che non mettendo il cucchiaino l'effervescenza svanisca oppure sia molto ridotta, quindi provo a lasciare una bottiglia aperta senza cucchiaino. E per meglio verificare l'effervescenza la confronto con la bottiglia con il cucchiaino. È solo questa prova che ci permette di dimostrare che la teoria è falsa. È logica! (E per la cronaca, il detto popolare è falso.)

---

[1] P. C. Wason, *Reasoning*, in B. M. Foss, *New horizons in psychology*, Penguin, Harmondsworth 1966.

[2] Per approfondire l'argomento potete partire dalla pagina di Wikipedia http://en.wikipedia.org/wiki/Wason_selection_task

[3] Utilizzando il linguaggio della logica matematica è possibile razionalizzare i ragionamenti prima esposti. Chiamiamo P la frase *la carta ha il dorso scuro* e Q la frase *la carta è una figura*. La mia affermazione *Se una carta ha il dorso scuro, allora è una figura* possiamo formalizzarla con la formula «Se P allora Q», o in simboli $P \Rightarrow Q$ dove $\Rightarrow$ si legge «implica». In logica si dimostra che la frase «Se P allora Q» è completamente equivalente alla frase «Se $\sim Q$ allora $\sim P$» o $\sim Q \Rightarrow \sim P$. Il simbolo $\sim$ è la negazione *non*. In altre parole, affermare *Se una carta ha il dorso scuro (P), allora è una figura (Q)* è completamente equivalente a dire *Se una carta non è una figura ($\sim Q$) allora ha il dorso chiaro ($\sim P$)*. È questo il punto dolente: molte persone trovano completamente controintuitivo che queste due affermazioni siano equivalenti: se una è vera lo è anche l'altra, e se una è falsa allora lo è anche la seconda. Pare invece che alcune persone, almeno inconsciamente, ritengano erroneamente che $\sim P \Rightarrow \sim Q$ sia equivalente a $P \Rightarrow Q$ cioè *Se una carta ha il dorso chiaro ($\sim P$), allora non è una figura ($\sim Q$)* e forse per questo motivo scelgono di girare la donna.

OGM in tribunale.
Monsanto contro Schmeiser: una storia inventata

Davide contro Golia?

Chi di voi non ha mai sentito, magari di straforo o raccontata dall'amico del cugino dello zio, la storia del povero agricoltore canadese che si è trovato il campo «contaminato» dalla colza OGM della Monsanto? Per aggiungere al danno la beffa, il perfido colosso delle biotecnologie agrarie ha poi persino denunciato il povero contadino chiedendo il pagamento delle *royalties*.[1] Novello Davide contro la multinazionale-Golia, l'agricoltore ha combattuto strenuamente in tribunale fino alla fine, in rappresentanza di tutti gli agricoltori che potrebbero vedere il proprio campo confiscato dalla rapace Monsanto per la contaminazione casuale del polline Ogm. Rullo di tamburi. Inquadratura lunga. Tramonto rosseggiante. In sottofondo la marcia di Elgar o, a scelta, il *Degüello*. Titoli di coda a sfumare.

Sembra un film di John Ford, dove i buoni vincono sempre. O no? Siete proprio sicuri che le cose siano andate in questo modo?

Nel 2009 Percy Schmeiser, questo il nome dell'agricoltore canadese citato in giudizio dalla multinazionale agrobiotech Monsanto, ha effettuato un tour in Italia e i media hanno così annunciato il suo arrivo:

La storia di Percy e Louise, contadini nel Saskatchewan (Canada) dal 1947, è nota. Nel 1998 si sono ritrovati i campi di colza contaminati da polline di piante OGM brevettate da Monsanto. La multinazionale, invece di risarcirli, li ha portati in tribunale chiedendo loro 120.000 dollari per violazione di brevetto. Dopo sei anni di battaglie legali, Schmeiser è stato condannato, ma l'ultima vertenza (19 marzo 2008) si è chiusa con l'ammissione di colpevolezza di Monsanto.[2]

Il tour è stato organizzato da COOP, NaturaSì, CIA (Confederazione italiana agricoltori) e dalla Commissione internazionale per il futuro dell'alimentazione e dell'agricoltura, associazione nata nel 2003 per iniziativa di Claudio Martini, presidente della Regione Toscana, e Vandana Shiva, attivista indiana anti OGM. La COOP ha presentato così l'evento:

> Percy e Louise Schmeiser sono una coppia di anziani agricoltori del Saskatchewan (Canada). Nel 1998 nei loro campi sono state trovate piante di canola (la colza da olio canadese) geneticamente modificata per la resistenza all'erbicida Roundup. Infastidita dall'evento (da decenni selezionava proprie varietà di alta qualità e resistenti ai forti venti che spazzano le *prairies* canadesi), la coppia si attendeva scuse e una qualche forma di indennizzo. Al contrario, si è vista chiedere da Monsanto 120.000 dollari per la violazione del brevetto di cui la casa biotech è titolare esclusiva. La causa, con ingenti spese legali per i due plurisettantenni (con figli e nipotini, del tutto privi del *physique du rôle* dei contestatori), si è trascinata per anni e si è conclusa nel 2004 con la loro condanna.
> Anche se con una risicata maggioranza di cinque giudici a quattro, la Corte suprema canadese ha infatti sentenziato che non importava che la violazione di brevetto (o contaminazione, a seconda dei punti di vista) fosse non solo non voluta dagli Schmeiser, ma addirittura sgradita, e che non aveva assolutamente rilievo il modo in cui fosse accaduta. Il solo

fatto che sui loro campi si trovasse Dna sotto brevetto era sufficiente a imporre il pagamento dei diritti di proprietà intellettuale a favore di Monsanto.[3]

Questa è più o meno la storia che circola sui siti anti OGM (per esempio sul giornale di Legambiente «La Nuova Ecologia»[4] o sul sito di Greenpeace[5]) e che è stata ripresa poi dai quotidiani, ad esempio «il manifesto»[6] o il «Corriere della Sera»,[7] senza che nessuno si sia preoccupato di controllare le fonti. Cosa che invece io ho fatto. Vi racconterò dunque la vera storia di Percy Schmeiser, ovvero Davide contro Golia.

I fatti sono quelli riportati nelle tre sentenze dei vari giudici che si sono succeduti nei tre gradi di giudizio del processo «Monsanto contro Schmeiser». In tutti e tre i processi, sino ad arrivare alla sentenza della Corte suprema canadese, il signor Schmeiser è risultato colpevole. Vediamo perché.

L'importanza di controllare le fonti

Alcuni anni fa, prima di iniziare a interessarmi alle biotecnologie per la rivista «Le Scienze» con cui collaboro, ero moderatamente sospettoso e scettico nei confronti degli OGM. Ne avevo una conoscenza distratta, non approfondita, basata sull'informazione fornita dai giornali e dalla televisione. Avevo letto che era stata creata una fragola incrociata con un pesce, che l'utilizzo di pesticidi era aumentato a causa degli OGM e che, appunto, un agricoltore canadese aveva avuto il campo contaminato da polline transgenico ed era stato denunciato. Quando poi mi sono documentato sull'argomento, leggendo direttamente le fonti e i documenti originali, ho cominciato a mettere in dubbio molti dei fatti che mi erano stati riferiti e nei quali avevo passivamente creduto.

La costruzione di una posizione, a favore o contro, passa anche attraverso un'assunzione di fiducia verso i media che utilizziamo per informarci. Più acquisiamo fiducia verso il nostro «fornitore di informazioni» più ne accettiamo acriticamente le notizie e le opinioni. È per questo che per me è stato un colpo inaspettato scoprire che i miei «fornitori di informazioni» fino ad allora mi avevano mentito. O forse, più semplicemente, mi avevano presentato la faccenda omettendo alcuni fatti cruciali, in modo da «orientare» la mia posizione. Allora ho voluto vederci chiaro. E siccome, come si dice, le sentenze «parlano», facciamole parlare.

I fatti salienti, parola per parola

Nell'introduzione alla sentenza della Corte suprema, il giudice J. Fish mette subito in chiaro che il caso

> riguarda un'attività agricola commerciale su larga scala che ha coltivato canola contenente un gene e delle cellule brevettate senza ottenere una licenza o il permesso. La questione principale è se abbia quindi violato la legge sui brevetti [...]. Noi crediamo che lo abbia fatto.
> Nel raggiungere questa conclusione, sottolineiamo come non ci occupiamo qui della scoperta innocente da parte di alcuni agricoltori di piante brevettate «soffiate dal vento» sulla loro terra o sui loro campi coltivati. E neanche ci dobbiamo occupare qui del grado di validità del brevetto o della saggezza o utilità sociale delle modificazioni genetiche di cellule e geni, una pratica autorizzata dal Parlamento mediante la legge sui brevetti e i suoi regolamenti. Ci compete esclusivamente l'applicazione di principi consolidati della legislazione brevettuale ai fatti indiscussi di questo caso.[8]

OGM in tribunale. Monsanto contro Schmeiser

Vediamoli allora questi fatti indiscussi. Non mi invento nulla: è tutto preso dalle tre sentenze.

> Percy Schmeiser svolge da più di cinquant'anni la sua attività agricola nella provincia canadese del Saskatchewan. [...] Coltiva frumento, piselli e una grande quantità di canola. Negli anni Novanta molti agricoltori, tra cui cinque che vivono nella zona del signor Schmeiser, iniziano a coltivare la canola Roundup Ready, una varietà contenente geni e cellule geneticamente modificate brevettate da Monsanto.
> La colza Monsanto Roundup Ready contiene un gene che la rende resistente all'erbicida Roundup, che uccide le altre piante, rendendo più agevole il controllo delle erbacce.[9]

Tutte le colture resistenti agli erbicidi, siano OGM o meno, contengono un gene che conferisce loro questa proprietà. In realtà l'erbicida Roundup è fuori brevetto dal 2000, ed esistono degli equivalenti generici, esattamente come per i farmaci. Nonostante l'opinione diffusa, le colture resistenti agli erbicidi non sono necessariamente transgeniche: in commercio si trovano varietà che, a differenza della colza Monsanto, sono resistenti a erbicidi di altre marche, sono state sviluppate in altro modo e non sono minimamente avversate dagli ecologisti. Ma andiamo avanti nella lettura della sentenza:

> [La presenza del gene resistente al Roundup, *nda*] elimina la necessità di arare o di utilizzare altri erbicidi. Elimina anche i ritardi nella semina dovuti alla necessità di spruzzare erbicidi preventivamente. Monsanto concede agli agricoltori la licenza di utilizzare la colza al costo di 15 dollari per acro.[10]

In pratica, gli agricoltori pagano alla Monsanto il diritto di utilizzare un seme che darà origine a una pianta resistente al glifosate, il principio attivo dell'erbicida Roundup, che normalmente inibisce un enzima essenziale per la sopravvivenza della pianta. La maggior parte delle piante spruzzate con glifosate non sopravvive: così si eliminano le erbacce e la colza cresce senza infestanti.

Il corpo del reato

La colza Roundup Ready si è diffusa rapidamente in Canada. Nel 1996 l'avevano scelta seicento agricoltori e la sua coltivazione copriva cinquantamila acri. Quattro anni dopo, nel 2000, gli agricoltori erano saliti a ventimila e gli acri a cinque milioni: la Roundup Ready rappresentava circa il 40 per cento di tutta la colza coltivata in Canada.

> Il signor Schmeiser è un agricoltore convenzionale, non biologico. Per anni ha utilizzato la pratica di conservare e selezionare i propri semi. I semi oggetto della querela Monsanto si possono far risalire al campo n. 1 del signor Schmeiser – 370 acri – nel quale nel 1996 Schmeiser coltiva la colza. Nel 1996 cinque altri coltivatori nell'area del signor Schmeiser piantano la canola Roundup Ready. Nella primavera del 1997 Schmeiser semina i semi provenienti dal campo n. 1.
> Le piante crescono. Schmeiser spruzza una zona di tre acri vicino alla strada con del Roundup, e si accorge che approssimativamente il 60 per cento delle piante sopravvive. Questo indica che contengono il gene brevettato dalla Monsanto.[11]

In Canada, a differenza di quanto avviene negli Stati Uniti o nell'Unione europea, è vietato brevettare organismi viventi. È però permesso brevettare singoli geni, in quanto si possono considerare un «procedimento» per produrre una certa sostanza chimica. Soltanto le piante che contengono il gene brevettato dalla Monsanto sono in grado di sopravvivere all'erbicida Roundup. Dunque le piante di Schmeiser provengono da quei semi.

> Nell'autunno del 1997 il signor Schmeiser raccoglie la colza Roundup Ready dai tre acri spruzzati in precedenza con l'erbicida. Non la vende: la tiene invece da parte e la immagazzina per l'inverno su un camion coperto con un telo catramato.[12]

Si tratta di un passaggio chiave: in pubblico Schmeiser ha spesso sostenuto di non avere mai utilizzato il Roundup, e attribuiva all'impollinazione naturale la presenza della colza Monsanto nei suoi campi. Schmeiser parla addirittura di elicotteri che di nascosto lanciavano «bombe al Roundup» (*sic!*) sui campi di colza.[13] Probabilmente Schmeiser è un appassionato, come me d'altronde, di *X-Files*, dove abbondano elicotteri senza insegne. Inutile dire che Schmeiser si guarda bene dal sostenere queste cose in tribunale. Di fronte a un giudice si dicono evidentemente cose diverse rispetto a quando si viene intervistati da un giornalista compiacente.

Entra in scena la Monsanto

A questo punto entra in scena la multinazionale. La Monsanto riceve una soffiata da un'anonima «gola profonda», probabilmente un vicino agricoltore che pagava regolarmente la *royalty* di 15 dollari all'acro. Scattano così i controlli:

> Nel 1997 un investigatore della Monsanto prende dei campioni di colza dalla strada pubblica che circonda due dei campi del signor Schmeiser. Tutti i test confermano la presenza della colza Roundup Ready.

Nel marzo 1998 la Monsanto si presenta da Schmeiser e gli comunica la sua convinzione che egli stia coltivando colza Roundup senza licenza. Nonostante ciò Schmeiser prende i semi custoditi sul camion e li porta a un impianto di trattamento per prepararli alla semina [i semi devono essere mescolati a fertilizzante e trattati preventivamente, *nda*].
Dopo il trattamento i semi non possono avere altro uso. Il signor Schmeiser li semina in nove campi, per un totale di 1030 acri. Dai campi in questione vengono prelevati diversi campioni, alcuni dei quali per ordine del tribunale. Anche l'impianto di trattamento dei semi, all'insaputa del signor Schmeiser, ne trattiene un campione e lo consegna alla Monsanto. Una serie di test indipendenti effettuati da esperti diversi confermano che una percentuale tra il 95 e il 98 per cento della colza piantata da Schmeiser era resistente al Roundup. L'unico test che non confermava questi risultati era quello effettuato sui semi forniti dallo stesso Schmeiser.[14]

Qui non si sta parlando affatto di una «contaminazione casuale», dovuta al soffio del vento o a qualche ape birichina: nessuna contaminazione casuale giustifica una percentuale vicina al 100 per cento, soprattutto se si tiene presente, come scritto nella sentenza, che il campo OGM più vicino si trovava a cinque miglia di distanza, cioè circa otto chilometri. Uno dei campi di Schmeiser, il numero 6, confinava con quello di un vicino che coltivava OGM, ma i semi transgenici incriminati non provengono dal campo numero 6 ma dal numero 2, distante appunto otto chilometri.

Nella stragrande maggioranza degli articoli che riportano la storia, di questo aspetto non si parla. Anzi, la versione più diffusa sostiene che il polline transgenico «invade» il campo dell'agricoltore: a questo punto arriva la cattiva Monsanto che se ne appropria, secondo le clausole del brevetto. Niente di tutto ciò, come avete visto.

Il processo non è riuscito a stabilire con certezza l'origine dei semi di Schmeiser: si prende in considerazione l'ipotesi che l'impollinazione sia dovuta «al vento o a insetti, a semi caduti da camion di passaggio o da apparecchiature agricole, o a semi falciati e volati da campi adiacenti».[15] Un agricoltore vicino di Schmeiser ha testimoniato che una volta gli è caduto sulla strada un sacco di canola Roundup Ready che si è rotto, spargendo una parte del suo contenuto. Tuttavia il giudice del primo processo non crede che episodi di questo tipo possano spiegare l'origine dei semi di Schmeiser. Nessun fattore causale può dare conto della «concentrazione o ampia presenza di colza di qualità commerciale evidenziata dai risultati dei test sulle coltivazioni di Schmeiser».

Un esperto della Monsanto sostenne al processo che la purezza della colza coltivata da Schmeiser si poteva spiegare solamente con la semina diretta di semi di qualità commerciale: escludeva dunque che l'agricoltore avesse attinto al raccolto precedente. In pratica accusava Schmeiser di aver ottenuto illegalmente i semi commerciali e di averli seminati. In mancanza di prove, però, il giudice del primo processo non perseguì quella pista. L'origine dei semi non gli era apparsa affatto rilevante:

> Dove l'imputato abbia preso la canola resistente al Roundup che è stata ritrovata nei campi del 1997 non è rilevante ai fini del reato di infrazione di brevetto, che riguarda la coltura del 1998. Lo stesso Schmeiser ha ammesso di aver conservato i semi del 1996 del campo numero 1 per la semina del 1997. Nel 1997 egli era consapevole che le piante nel campo numero 2 mostravano un'alta tolleranza all'erbicida Roundup, e da questo campo i semi sono stati raccolti e conservati per essere usati nel 1998.[16]

Tre processi, tutti conclusi con una condanna

Il giudice della Corte federale che aveva esaminato il caso in primo grado era giunto a queste conclusioni:

> Nel 1998 il signor Schmeiser ha seminato piante di canola provenienti dal raccolto del 1997 [...], che sapeva o avrebbe dovuto sapere che erano resistenti al Roundup, e quei semi furono la fonte principale della semina successiva di tutti i nove campi di colza del 1998. [...]
> Quei semi furono coltivati e alla fine il raccolto venduto.
> La sua infrazione non nasce semplicemente da una contaminazione limitata e occasionale della sua canola, non resistente al Roundup, con piante resistenti al Roundup. Egli ha piantato le piante nel 1998 con semi che egli sapeva o avrebbe dovuto sapere essere resistenti al Roundup.[17]

Quindi sono stati la coltivazione, la raccolta e la vendita di quella colza, in quelle circostanze, che hanno reso Schmeiser passibile di un'azione legale.

Questi sono i fatti stabiliti dal giudice e non contestati dall'agricoltore. Poi occorreva verificare se ci fosse stata una violazione del brevetto. Il punto principale della difesa di Schmeiser è che, nonostante l'uso incontestato dei semi Roundup Ready di Monsanto, poiché in Canada non è possibile brevettare organismi viventi, non vi sarebbe alcuna violazione. Il giudice della Corte federale la pensa diversamente e condanna Schmeiser, poiché Monsanto detiene il brevetto della pianta con il gene che codifica la resistenza al glifosate.

Schmeiser ricorre alla Corte d'appello, che lo condanna nuovamente.[18] Allora si rivolge alla Corte suprema, che rivede il processo e conferma la sentenza con una votazione a maggioranza di cinque contro quattro. Il brevetto Monsanto sulla colza OGM è valido in Canada. I quattro giudici di minoranza concordano con gli altri cinque sui fatti esposti, ma danno un'interpretazione restrittiva della legislazione sui brevetti.

In nessuno degli appelli sono emersi elementi nuovi, e i fatti che ho riportato non sono mai stati contestati in tribunale, anche se in varie interviste Schmeiser ha fornito una versione molto diversa da quella che ha sostenuto in aula. Ma, come si dice, «carta canta».

Nelle sue dichiarazioni alla stampa Schmeiser lamenta che il suo campo sarebbe stato «contaminato» dai vicini che coltivavano colza OGM. Ma, come è stato appurato in tribunale, questi «vicini» stavano a otto chilometri dal campo incriminato dove Schmeiser avrebbe «trovato» la canola di Monsanto.

La Corte suprema è, se vogliamo, ancora più esplicita e schietta sulle intenzioni di Schmeiser:

> Il signor Schmeiser si è lamentato che le piante, originariamente, sono arrivate sul suo campo senza il suo intervento. Tuttavia egli non ha spiegato per nulla perché ha spruzzato il Roundup per isolare le piante Roundup Ready trovate sul suo campo, perché ha coltivato e raccolto le piante, messo da parte e isolato i semi, perché li ha in seguito seminati e come ha fatto infine a ottenere 1030 acri di colza Roundup Ready, che gli sarebbero altrimenti costati 15.000 dollari.[19]

È importante rimarcare che la Corte mette anche ben in chiaro che il semplice «possesso» di semi brevettati non è sufficiente per intentare una causa legale. Non esiste nessuna possibilità che una multinazionale possa appropriarsi della terra altrui soltanto perché nei campi sono presenti tracce di geni brevettati soffiati dal vento, come si legge spesso in molti articoli e siti web, forse per terrorizzare gli agricoltori.

78 *Pane e bugie*

Il giudice nota infatti che «gli agricoltori possono benissimo dimostrare che non hanno mai avuto l'intenzione di coltivare colza contenente il gene brevettato. Possono ad esempio provare che la loro presenza è accidentale, o dimostrare che hanno operato per eliminare la colza indesiderata, o mostrare che la concentrazione è compatibile con una contaminazione casuale».[20] Ma non certo quando raggiunge il 95-98%.

Come il colpevole è diventato un eroe

Nonostante sia stato giudicato colpevole in tre processi sulla base di prove che attestano senza ombra di dubbio che Schmeiser ha seminato deliberatamente colza OGM, l'agricoltore canadese è diventato un eroe delle organizzazioni anti biotech e gira il mondo invitato a destra e a manca. A Terra Madre, manifestazione organizzata da Slow Food, ad esempio, ha impersonato il ruolo della vittima della Spectre biotecnologica. Ha addirittura aperto un sito web dove raccoglie donazioni per la sua «causa».[21]

La vulgata comune è che il gene Monsanto abbia «contaminato» il campo di Percy. Ma dal processo è emerso che quando altri agricoltori hanno trovato delle piante di colza «estranee» hanno chiamato la Monsanto che a sue spese le ha rimosse: non hanno di certo salvato i semi per riutilizzarli.

Leggete invece come Greenpeace presenta il caso, e confrontate questa versione con le parole delle sentenze:

Nel 1998, uomini della Monsanto arrivarono alla fattoria degli Schmeiser accusandoli di coltivare colza brevettata Roundup Ready. Monsanto sosteneva di averla trovata nei loro campi senza che avessero pagato i dovuti diritti brevettuali per coltivarla. Percy Schmeiser rispose che i semi erano giunti sul loro campo per caso. Monsanto voleva risolvere il caso bonariamente al di fuori del tribunale, ma il signor Schmeiser rifiutò. Una corte federale sentenziò nel marzo 2001 che era improbabile che colza brevettata fosse finita per caso nei campi degli Schmeiser. Furono dichiarati colpevoli di aver violato la legge sui brevetti e fu intimato loro di pagare una multa, più le spese legali per un totale di circa 400.000 dollari. Per pagare, ipotecarono la loro terra e spesero tutti i loro risparmi.[22]

Insomma, permettetemi di pensare che questo Percy è un furbacchione. Come ha detto il senatore a vita Giulio Andreotti, «a pensar male si fa peccato, ma spesso ci si azzecca».

La cosa che più mi diverte è che Schmeiser viene a volte descritto addirittura come un «coltivatore biologico», ad esempio nella rivista di Slow Food,[23] ed è diventato un'icona per i gruppi anti OGM. Proprio lui, che spargeva erbicidi a manetta e che ha trovato la colza transgenica della Monsanto così buona e conveniente da volerla piantare a tutti i costi, senza voler pagare per i semi.

Quello che mi preme illustrare, al di là delle opinioni che ciascuno può avere sugli OGM, è il fatto che i media italiani abbiano dato una visione distorta, al limite della falsificazione, di come è andata veramente la vicenda.

A chi fa comodo la disinformazione?

Ai vari incontri del tour di Schmeiser in Italia hanno partecipato diversi «attori» chiaramente interessati per motivi commerciali a demonizzare gli OGM: produttori e distributori di prodotti biologici come NaturaSì, Rapunzel e FederBio, e la catena di distribuzione COOP che ha puntato, dal punto di vista del marketing, sull'OGM *free*. Sono strategie commerciali. Ci stanno e posso capirlo. Non mi piacciono ma non sarò certo io a ribaltare il mondo del marketing e del branding. Se instillo nei consumatori l'idea che gli OGM fanno male è più probabile che vogliano acquistare prodotti OGM *free* o biologici. Non mi piace che si distorca la realtà ma lo comprendo: lo si fa continuamente nella pubblicità di ogni genere. L'industria agroalimentare è maestra nel vantare presunte proprietà salutistiche o benefiche dei propri prodotti senza preoccuparsi di dimostrarle.

Qui però, badate bene, non si sta discutendo se gli OGM convengano o meno, se facciano male o meno, se siano adatti all'agricoltura italiana o meno, se sia giusto o meno brevettare dei geni. Stiamo parlando di raccontare la verità, tutta la verità e nient'altro che la verità! È così difficile per un giornalista controllare le fonti?

Lo so, ci si può sentire a disagio a stare «dalla parte» del gigante Monsanto, con il suo fatturato di svariati miliardi di dollari. Viene «naturale» stare dalla parte del più debole, che in questo caso è indubbiamente l'agricoltore. Ma non è una buona ragione per fare disinformazione.

Personalmente ritengo che la scelta di Monsanto di citare in giudizio Schmeiser sia stata dannosa dal punto di vista dell'immagine. La multinazionale ha vinto la causa ma ha perso di fronte a milioni di agricoltori, che sicuramente non apprezzano il fatto che gli «investigatori genetici» vadano in giro per i campi a prelevare campioni. La Monsanto che cosa ci ha guadagnato? Praticamente nulla. Che cosa ha perso? Molto. È anche grazie a queste azioni che è diventata il «grande Satana» per gli oppositori del cibo biotech.

Al pari di Monsanto, la Bayer vende una canola resistente a un erbicida di sua proprietà: la Liberty Link Canola. In questo caso il gene della resistenza all'erbicida è stato inserito in una varietà ibrida. Da quasi un secolo gli agricoltori acquistano ogni anno semi ibridi, non essendo conveniente accantonare parte del raccolto per la semina dell'anno successivo. Bayer quindi non ha bisogno di usare ispettori o di far firmare contratti odiosi: gli agricoltori riacquistano ogni anno i suoi semi perché ogni tentativo di riutilizzare gli ibridi porterebbe a una diminuzione della qualità del raccolto. E infatti Bayer non viene quasi mai citata nel dibattito sugli OGM, mentre la Monsanto è al centro delle critiche. Un'altra azienda, la Pioneer, ha sviluppato colture resistenti agli erbicidi (dal nome commerciale Clearfield) che dal punto di vista legale non sono OGM e non sono brevettate. Anche per lei niente odiose ispezioni. Insomma, Monsanto flette i muscoli senza usare il cervello.

Post scriptum: l'autore del presente libro dichiara di non avere conflitti di interesse, di non possedere azioni Monsanto, di non ricevere donazioni o finanziamenti da istituzioni pubbliche o aziende private per parlare e scrivere di OGM, e di non avere in generale nulla da guadagnare, o da perdere, dalla coltivazione e dal commercio di organismi transgenici.

---

[1] La colza OGM della Monsanto è brevettata. Un agricoltore che la voglia seminare in realtà non la acquista: Monsanto concede agli agricoltori la licenza di utilizzare la colza al costo di 15 dollari per acro. È una situazione analoga alle licenze del software: spesso non lo acquistiamo ma paghiamo una licenza per utilizzarlo, e quindi non lo possiamo copiare.

[2] L. Fazio, *Mr. Schmeiser, I suppose*, "il manifesto", 27 febbraio 2009, reperibile su http://www.ilmanifesto.it/archivi/terra-terra/nocache/1/pezzo/49a823025bc65

[3] http://new.suoloesalute.it/public/SUOLOESALUTE_uploads/INCONTRIOGM.pdf

[4] http://www.lanuovaecologia.it/view.php?id=2892&contenuto=Notizia

[5] http://www.greenpeace.org/usa/press-center/releases2/farmer-percy-schmeiser-finds

[6] http://www.ilmanifesto.it/archivi/terra-terra/nocache/1/pezzo/40ddd49388fe0

[7] http://archiviostorico.corriere.it/2009/febbraio/27/Lui_anni_lei_coppia_anti_co_7_090227025.shtml

[8] Supreme Court of Canada, *Monsanto Canada Inc. v. Schmeiser*, sentenza del 21 maggio 2004, punti 1-3. La sentenza è disponibile su http://csc.lexum.umontreal.ca/en/2004/2004scc34/2004scc34.html

[9] *Ivi*, punti 4 e 5 della sentenza.

[10] *Ivi*, punto 5.

[11] *Ivi*, punti 60 e 61.

[12] *Ivi*, punto 62.

[13] http://www.gmfreeireland.org/interviews/schmeiser.php

[14] Supreme Court of Canada, *Monsanto Canada Inc. v. Schmeiser* cit., punti 63 e 64.

[15] La citazione è tratta dal punto 117 della sentenza di primo grado emessa dalla Corte federale di Ottawa il 29 marzo 2001, reperibile su http://decisions.fct-cf.gc.ca/en/2001/2001fct256/2001fct256.html

[16] *Ivi*, punto 119.

[17] *Ivi*, punto 120.

[18] Il processo di appello è disponibile su http://www.percyschmeiser.com/AppealDecision.pdf

[19] Supreme Court of Canada, *Monsanto Canada Inc. v. Schmeiser* cit., punto 87. La Corte suprema accetta parzialmente le tesi di Schmeiser su un punto: Monsanto aveva chiesto il pagamento di 15.000 dollari per la licenza, più il ricavo della vendita del raccolto del 1998, più una «punizione esemplare» di 25.000 dollari. La Corte decide invece che Monsanto non ha diritto al ricavo del raccolto, ma solo all'eventuale guadagno «aggiuntivo» derivante dall'utilizzo di colza OGM invece di colza normale. Sul raccolto del 1998 Schmeiser non ha spruzzato il Roundup. La Corte suprema suggerisce che questo possa

essere stato fatto da Schmeiser per poter argomentare di non aver «sfruttato» il brevetto Monsanto. In questo modo infatti Schmeiser non ha avuto benefici aggiuntivi e quindi la richiesta di Monsanto non viene avallata. Rimangono da pagare le spese legali, che Schmeiser dichiara essere di più di 230.000 dollari, per sette anni di battaglie legali.

[20] *Ivi*, punto 86.
[21] http://www.percyschmeiser.com
[22] http://www.greenpeace.it/ogm/new/dittatori.pdf
[23] http://editore.slowfood.it/editore/riviste/slow/IT/47/slow47_12.pdf

Il mito del mangiar sano e «giusto»

Naturale o artificiale?

Buono, sano, sicuro

«Se è fatto dalla natura è naturale. Se è fatto dall'uomo è artificiale»: nell'estate del 2009 questa frase appariva sulle prime pagine di molti quotidiani nazionali come slogan di Aboca, un'azienda che produce prodotti erboristici. Il riquadro pubblicitario proseguiva: «Oggi che conosciamo l'importanza del vero naturale e lo possiamo distinguere dall'artificiale si potrà non ingannare il consumatore con falsi messaggi».

E che cosa sarebbe il *vero* naturale? Siamo sicuri che sia facile distinguerlo dall'artificiale? Di più, siamo assolutamente certi che esista una separazione così netta, come suggerisce il messaggio pubblicitario? E che il naturale sia migliore dell'artificiale?

Nel suo libro *Perché gli scienziati non sono pericolosi* (Longanesi, 2009), il filosofo e storico della medicina Gilberto Corbellini scrive: «È stato detto, dimostrato e ribadito in quasi tutte le salse che non c'è niente di più culturale dell'idea di natura». Eppure, continua lo studioso, «non c'è niente di più difficile da sradicare dell'idea che esistano situazioni che sono per definizione naturali o più naturali di altre». Questa idea viaggia in compagnia «del pregiudizio per cui ciò che è considerato "naturale", in quanto tale viene giudicato più "buono", più "giusto", più "sano" e più "sicuro"». Si tratta di un pregiudizio fortemente radicato nella nostra cultura:

> Il sistema di implicazioni semantiche «naturale = sicuro = innocuo = moralmente buono» è diventato una sorta di «mantra» ideologico che tiene in stato di ipnosi una buona parte della società occidentale. Si tratta di una equazione che viene acriticamente utilizzata sul versante della bioetica medica dalle confessioni religiose, e su quello della bioetica applicata alle biotecnologie agroalimentari dai movimenti ambientalisti. Quasi nessuno sembra più consapevole che la civiltà occidentale è riuscita a progredire sino ai livelli che esperiamo quotidianamente assumendo come vero, fino a pochi decenni fa, l'esatto contrario! Se nel mondo occidentale la speranza di vita alla nascita è raddoppiata durante l'ultimo secolo è perché la medicina e varie tecnologie hanno consentito di mettere sotto controllo una serie di rischi «naturali» che minacciavano l'esistenza umana, tra cui fondamentalmente le infezioni. Inoltre va da sé che i prodotti cosiddetti naturali non sono tutti per forza innocui, visto che una significativa parte dei cancerogeni che assumiamo vengono dalle piante, che li sintetizzano per la loro difesa.[1]

Molti fautori del «naturale» sottovalutano questi aspetti in nome dei mitici «bei tempi andati», quando a loro dire si stava molto meglio di oggi.

Gli atomi non hanno memoria

Uno dei fatti più sorprendenti della natura è che tutti gli atomi di uno stesso elemento sono perfettamente uguali e assolutamente indistinguibili: gemelli identici.

Prendiamo per esempio un atomo di ossigeno[2] dell'aria che respiriamo: lo possiamo trovare legato a un secondo atomo di ossigeno (i chimici usano il simbolo O_2) oppure nella molecola di anidride carbonica, unito a un atomo di carbonio. Ma anche nel saccarosio, il comune zucchero da tavola, nell'alcol etilico e in varie altre molecole.

Se potessimo con un incantesimo strappare dalle molecole a cui appartengono tutti gli atomi di ossigeno dell'universo (con otto elettroni che orbitano intorno a un nucleo composto di otto neutroni e otto protoni), rimescolarli alla rinfusa e ridistribuirli scambiati nelle molecole di partenza, nessuno sarebbe in grado di scoprire che abbiamo effettuato lo scambio. E lo stesso vale per qualsiasi altro elemento chimico.

Questo fatto, che può sorprendere, contrasta con l'esperienza quotidiana: una copia di un quadro eseguita da un falsario, per quanto accurata, sarà sempre diversa dall'originale. Una pennellata sarà magari più accentuata, un rosso carminio un poco più intenso, un dettaglio di un fiore leggermente diverso e così via. Anche negli oggetti prodotti in serie con macchinari industriali sono presenti alcune differenze, anche se a volte piccole e ben nascoste. Una scatola di viti sembra contenere copie identiche di uno stesso oggetto, ma se le osservassimo al microscopio noteremmo scalfitture diverse o imprecisioni sulla punta, e con una bilancia molto accurata potremmo verificare che ogni pezzo ha un peso leggermente diverso dagli altri.

In altre parole, il modo in cui è stato prodotto un certo oggetto si ripercuote sul suo aspetto e sulle sue proprietà finali. È una cosa che consideriamo assolutamente scontata e che teniamo in considerazione quando, per esempio, acquistiamo beni di consumo o alimenti. La qualità di un paio di pantaloni dipende sicuramente dalla bontà della materia prima, ma anche dall'accuratezza del taglio, dall'attenzione con cui vengono confezionati, dalla precisione delle cuciture e così via. In alcuni casi, per esempio nel processo di produzione di alcuni formaggi, esistono i cosiddetti «disciplinari», regole molto precise che riguardano per esempio la temperatura di lavorazione del latte o il periodo di stagionatura a cui i produttori di un determinato formaggio devono attenersi se vogliono poter commercializzare il loro prodotto con un nome come Parmigiano Reggiano o Castelmagno. Ma poiché le regole non possono scendere fino nei dettagli più minuscoli, può accadere che tra un formaggio e l'altro si riscontrino differenze qualitative.

In altre parole, nella vita quotidiana diamo per scontato che il «metodo di produzione» sia determinante per le caratteristiche di un certo oggetto. Invece – ritornando ora agli elementi chimici – per l'ossigeno non è così: i suoi atomi sono tutti identici, così come sono assolutamente identici tra loro una coppia di atomi che abbiano un ugual numero di elettroni, protoni e neutroni.

Questo fatto ha una conseguenza rilevante: non ha assolutamente importanza da dove vengano gli atomi che costituiscono una molecola. Potremmo dire, in qualche modo, che gli atomi non hanno memoria: non ricordano, *e non potrebbero farlo in alcun modo*, da dove provengono né in quale altra molecola si trovassero prima di legarsi nella configurazione attuale. Gli atomi continuano a legarsi in molecole, e le molecole si trasformano in altre molecole, o si scindono negli atomi costituenti, in un balletto senza fine. Forse nell'aria che ora state respirando c'è qualche atomo di ossigeno che ieri si trovava legato in un potente veleno, e il giorno prima nell'acqua di una goccia di pioggia.

Ogni giorno che passa, il nostro corpo rimpiazza una quantità incredibile di atomi con altri, acquisendoli attraverso la respirazione e l'alimentazione, ed eliminandone alcuni come scorie. È stato stimato che in un anno un uomo rimpiazza il 98 per cento dei propri atomi. Forse è esagerato, ma ciò che conta sono soltanto i legami tra gli atomi, non la loro provenienza. Saremmo sempre noi stessi anche se nessun atomo del nostro corpo fosse lo stesso dell'anno prima.

Un esempio ancora più spettacolare viene dal comune sale da cucina, il cloruro di sodio. I suoi cristalli sono formati da ioni di sodio e di cloro. Il sodio è un metallo che quando viene a contatto con l'acqua produce idrogeno ed esplode. Il cloro invece è un gas verdognolo velenoso. Ma non per questo dovete temere un'esplosione o un avvelenamento ogni volta che salate l'acqua per la pasta. Gli atomi, quando si legano in modo diverso, formano molecole che hanno proprietà diverse. Così un atomo di cloro legandosi a un altro atomo di cloro forma la molecola del gas tossico, legandosi al sodio invece forma l'innocuo sale da cucina. Sciogliendo il sale in acqua otteniamo dell'acqua salata, ovviamente. Potremmo anche ottenerla facendo reagire, nelle dosi corrette (i chimici le sanno calcolare) due sostanze solitamente non utilizzate in cucina: acido cloridrico (a volte chiamato in gergo acido muriatico) e idrossido di sodio (detto anche soda caustica). Questo è uno degli aspetti della chimica che più colpisce il profano. E tutto perché gli atomi dello stesso tipo sono indistinguibili. Le proprietà dell'acqua salata dipendono solamente dalla concentrazione degli ioni sodio e cloro presenti,[3] non da dove si trovassero in precedenza.

Le molecole di acqua sono tutte uguali

Prendiamo ora una molecola di ossigeno, formata da due atomi di ossigeno legati tra loro, e facciamola reagire con due molecole di idrogeno. La reazione è esplosiva e il risultato è... acqua. Tuttavia esistono moltissime altre reazioni chimiche che producono acqua. Bruciando metano, ad esempio, produciamo acqua. La cosa forse per alcuni sorprendente è che l'acqua è sempre acqua, e non è possibile in alcun modo distinguere una molecola d'acqua prodotta da un'esplosione da quella prelevata in un torrente. Certo, in un bicchiere raccolto da un torrente non troviamo soltanto molecole di acqua, ma anche tante altre sostanze. Potrà sembrare paradossale, ma l'acqua prodotta in laboratorio dalla reazione tra idrogeno e ossigeno è addirittura più pura di quella del torrente.

Ma se una molecola di acqua non può «ricordare» dove fossero in precedenza i suoi atomi di ossigeno e idrogeno, significa che tutte le molecole di acqua dell'universo sono identiche *indipendentemente da come si sono formate*.[4]

Non vi è dunque distinzione tra una molecola d'acqua sintetizzata in laboratorio – quindi per qualcuno «artificiale» – e una «naturale». Ha senso allora usare questa categoria per classificare le molecole? No, non ha senso.

Noi chimici parliamo comunemente di «sostanze naturali» senza però associarvi troppi significati. Per un chimico una «sostanza naturale» è una molecola che in natura viene prodotta da qualche processo o organismo. Esiste già in natura da qualche parte, ma non per questo è automaticamente benefica o meno tossica di una molecola sintetizzata da un chimico e mai esistita in natura. Se io poi ne faccio la copia identica in laboratorio, è ancora la stessa «sostanza naturale». In altre parole, il fatto che la molecola sia stata costruita da un chimico in laboratorio o dal complesso ciclo metabolico di una pianta non ha assolutamente influenza sulle sue proprietà. Ed è una fortuna che sia così, perché molte sostanze chimiche utili che si trovano in natura sono di difficile estrazione, o molto rare, o troppo costose da separare dalle altre molecole.

Per molte persone invece una molecola è «artificiale» se *proprio quella molecola lì* è stata sintetizzata in laboratorio, anche se un chimico la classificherebbe come «naturale».

Pasticche dal mais

Certamente conoscete le pasticche di vitamina C che si masticano quando si ha un po' di mal di gola. Si comperano in farmacia, hanno un sapore di arancia, sono spesso di colore arancione e la confezione riporta quasi sempre l'immagine di un'arancia o di un limone. Gli agrumi, e in particolare i limoni, sono infatti ricchi di vitamina C. I vegetali sono importanti per noi come fonte primaria di vitamina C, visto che il nostro corpo non è in grado di sintetizzarla. Sappiate però che l'unico legame tra la vostra pasticca e l'arancia è l'immagine sulla confezione.

Quella vitamina C, o acido L-ascorbico come direbbe un chimico, o E300 secondo la legislazione vigente, non proviene da una spremuta di agrumi, come vorrebbe suggerire la pubblicità: è stata invece sintetizzata in un impianto industriale. E non ha importanza da dove siano arrivati gli atomi di idrogeno, ossigeno e carbonio di cui è composta. Le sue proprietà dipendono solamente dal modo con cui sono disposti questi atomi nello spazio, e non da dove fossero in precedenza. Nonostante questo c'è chi prova a vendere la vitamina C «naturale», a costo maggiorato ovviamente, cercando subdolamente di suggerire che l'altra è «artificiale» e in qualche modo meno efficace, il che è una colossale stupidaggine. Ovviamente in un bicchiere di succo d'arancia sono presenti molte altre sostanze chimiche oltre alla vitamina C (tra l'altro, nella spremuta la vitamina si degrada molto in fretta, per cui è importante berla appena preparata).

La vitamina C industriale si produce a partire dal glucosio, uno degli zuccheri semplici che formano il saccarosio. Il processo, piuttosto complicato, è suddiviso in vari stadi e uno di questi consiste nella fermentazione causata da un microrganismo, un po' come avviene nella produzione del vino o della birra.

Da dove viene il glucosio usato dall'industria? Solitamente dall'amido di mais. Come quello che si acquista al supermercato, chiamato maizena e utilizzato in alcune ricette. L'amido infatti è un polimero di glucosio: è composto da moltissime molecole di glucosio legate le une con le altre. E anche in questo caso si utilizza un microrganismo per spezzare i legami tra le molecole di glucosio nell'amido. Tra l'altro, l'amido utilizzato nella produzione della vitamina C può anche derivare da mais OGM, ma non vi affannate a cercare sulla confezione delle pasticche la dicitura relativa all'eventuale origine transgenica. La legge non la impone e comunque non avrebbe senso metterla, visto che l'amido è amido, indipendentemente dalla sua origine transgenica o meno.

A questo punto dovrebbe essere chiaro che la nostra vitamina C non ha più alcuna memoria della sua provenienza. Che derivi da un limone o lontanamente da una pannocchia di mais (OGM o meno) non fa infatti nessuna differenza.

Da dove arriva la vitamina C

La filiera del mais, specialmente negli Stati Uniti, produce una quantità enorme di amido a causa delle grosse sovvenzioni statali di cui gode. L'amido poi viene utilizzato in moltissimi modi dall'industria, alimentare e non. Quindi non soltanto la vitamina C della pasticca, ma anche moltissimi altri prodotti alimentari contengono amido proveniente da mais OGM.

L'amido è, per un chimico, un prodotto di partenza incredibilmente versatile. Lo si può trasformare in tantissime altre sostanze: basta usare il giusto processo, chimico o fermentativo. Un altro esempio, sempre da supermercato, lo abbiamo nel settore zuccheri e dolcificanti. Avete presente i barattoli di fruttosio, lo «zucchero della frutta», spesso illustrati graficamente con uva, limoni e mele? Se si chiama così lo avranno estratto dalla frutta, no? Invece no. Non sarebbe economicamente sensato. Anche in questo caso si parte dal mais per ottenere il glucosio. Poi, per effetto di un enzima, il glucosio viene trasformato in fruttosio. Vi sentite un poco truffati? Non dovreste. Il fruttosio del barattolo è esattamente identico a quello contenuto nell'uva. Caso mai dovremmo riflettere sul fatto che questa moderna infatuazione per il «naturale» viene ampiamente sfruttata a fini commerciali.

Dal mais si ottengono l'etanolo (il cosiddetto bioetanolo), l'acido citrico, alcuni amminoacidi quali la lisina, l'acido glutammico e il triptofano, e molte altre sostanze che spesso troviamo negli alimenti. La filiera del mais è ormai così estesa che qualcuno ha stimato che la maggioranza degli alimenti confezionati, anche quelli che mangiamo in Italia, contiene almeno un ingrediente proveniente, anche se alla lontana, dal mais transgenico. E non possiamo dimenticare che dalla soia, che è in gran parte geneticamente modificata, si ottengono prodotti come l'olio e la lecitina, largamente utilizzata come emulsionante dall'industria alimentare. Anche in questo caso non è obbligatorio dichiararne in etichetta l'eventuale origine transgenica, perché la lecitina di soia è lecitina di soia. A volte si trovano prodotti con la scritta «lecitina OGM-free» in etichetta. La molecola della lecitina è ovviamente sempre la stessa, ma in questo caso l'informazione è un chiaro strumento di marketing per raggiungere il consumatore che si oppone all'uso degli organismi geneticamente modificati o a chi crede che le molecole possano essere diverse a seconda della provenienza.

Vale la pena anche di accennare al fatto che non soltanto le materie prime possono provenire da OGM, ma anche i microrganismi utilizzati nei vari processi di trasformazione possono essere stati modificati geneticamente per ottenere i prodotti desiderati.

Nel caso della vitamina C il processo originale (detto «Reichenstein») si svolge in sei stadi. È stato però sviluppato un microrganismo geneticamente modificato che permette di effettuare la trasformazione in soli due passaggi, con una notevole riduzione dei costi. È probabile che venga utilizzato in particolare negli impianti in Cina, grande produttrice mondiale di vitamina C. Tuttavia, non essendo obbligatoria la segnalazione in etichetta, non è possibile saperlo con certezza. E comunque, ancora una volta, non ha la benché minima importanza perché le proprietà della vitamina C sono indipendenti dal modo con cui viene prodotta.

Ha senso allora distinguere tra vitamina C «naturale» – o addirittura «vero naturale», come recita la pubblicità descritta all'inizio, qualsiasi cosa significhi – e «artificiale»? No. Certo che no.

La vanillina deriva dal legno (o dal petrolio)

Piacerebbe molto ai chimici essere in grado di sintetizzare e duplicare qualsiasi sostanza esistente in natura. Purtroppo non è così facile. Moltissime sostanze sono troppo complicate da sintetizzare in modo che sia economicamente vantaggioso produrle in laboratorio. In alcuni casi poi a interessare non è una singola molecola, ma una miscela complessa. È il caso della vaniglia.

L'aroma di questa preziosa pianta è il risultato di un insieme di molecole aromatiche. Fortunatamente per il chimico – e per l'industria alimentare – un singolo componente fa la parte del leone: infatti la maggior parte dell'aroma della vaniglia è dovuto a una singola molecola, la vanillina, e questa sostanza si può sintetizzare in laboratorio attraverso vari processi chimici. Ovviamente non a partire dalla vaniglia, ma da materie prime molto meno costose: per esempio la lignina, un sottoprodotto dell'industria della lavorazione del legno. Un altro possibile produttore di vanillina è l'industria petrolchimica, ed è comprensibile che il solo associare la vanillina a qualcosa di sgradevole come i residui del petrolio possa generare perplessità, diffidenza e anche repulsione nel consumatore. Tuttavia, per quanto strano possa sembrare, la magia dell'indistinguibilità degli atomi fa sì che la vanillina estratta dalla vaniglia sia identica alla vanillina sintetizzata a partire dal petrolio e abbia esattamente lo stesso aroma.

La vaniglia è molto più costosa della vanillina. Dunque, perché usarla? Be', per quella piccola differenza tra la vanillina e l'aroma completo di vaniglia che può essere percepito da un naso allenato. L'aroma è più strutturato, più complesso, e in alcune preparazioni gastronomiche può valere sicuramente la pena utilizzare un bel baccello di vaniglia «naturale».[5] Ma non sempre è così. Qualche anno fa ha fatto scalpore un test effettuato da una rivista di cucina statunitense. Hanno sottoposto torte aromatizzate con vanillina sintetica oppure con vaniglia naturale ad alcuni assaggiatori, ignari del tipo di prodotto utilizzato. Il risultato è stato che la maggioranza degli assaggiatori ha preferito le torte aromatizzate con la vanillina. Quest'ultima, infatti, può essere usata in concentrazioni molto superiori a quelle normalmente presenti in un baccello di vaniglia, fornendo quindi un aroma più intenso. Ovviamente la vanillina sintetica deve essere di buona qualità, cioè purificata, altrimenti le impurezze possono rilasciare anche aromi indesiderati. Ma questo è vero anche per l'estratto di vaniglia.

Vi possono essere poi anche ragioni di sostenibilità ambientale, oltre che economica, per utilizzare la vanillina sintetica invece che quella estratta dalla vaniglia. Ogni anno si utilizzano dodicimila tonnellate di vanillina, di cui soltanto centoventi provengono dai baccelli di vaniglia. Il restante 99 per cento è sintetizzato chimicamente. Sarebbe ambientalmente insostenibile cercare di produrre tutta la vanillina richiesta a partire dalla pianta di vaniglia.

Gli aromi «naturali»

Anche un esame della legislazione europea fa capire quanto l'indicazione dell'origine naturale delle sostanze aromatizzanti sia considerata importante dai consumatori. Una direttiva del 1988 distingueva le sostanze aromatizzanti ammesse nell'industria alimentare in tre categorie:

1) gli aromi naturali
ottenuti con opportuni procedimenti fisici (comprese la distillazione e l'estrazione con solventi) oppure con procedimenti enzimatici o microbiologici a partire da una materia di origine vegetale o animale allo stato naturale o previa trasformazione per il consumo umano con procedimenti tradizionali di preparazione di prodotti alimentari (comprese l'essiccazione, la torrefazione e la fermentazione);

2) gli aromi naturali identici
ottenuti per sintesi chimica o isolati a mezzo di procedimenti chimici e chimicamente identici a una sostanza naturalmente presente in un prodotto di origine vegetale o animale descritto al punto 1;

3) gli aromi (artificiali)
ottenuti per sintesi chimica, ma non identici chimicamente a una sostanza naturalmente presente in una materia di origine vegetale o animale.

L'Unione europea però ha cambiato di recente la classificazione, in considerazione del fatto che

> il termine «naturale identico» viene considerato fonte di confusione dal consumatore. L'uso del termine «naturale» quindi dovrebbe essere riservato a quegli aromatizzanti che sono ottenuti unicamente da fonti naturali.
> Per i tossicologi non c'è ragione di aspettarsi una differente tossicità tra aromi naturali, naturali identici e artificiali, e tutti devono essere valutati secondo le stesse procedure, indipendentemente da come sono stati prodotti.[6]

Il nuovo regolamento europeo, approvato nel dicembre del 2008, distingue quindi soltanto tra «aromi naturali» e i generici «aromi», che includono sia sostanze identiche a quelle presenti in natura sia quelle inventate dai chimici. La vanillina sintetica dunque, pur essendo chimicamente indistinguibile da quella presente nella vaniglia, è classificata in una categoria diversa.[7]

La distinzione delle molecole in naturali e non naturali è quindi basata su criteri culturali, economici, filosofici, anche psicologici se vogliamo, ma non certo chimici.

Il chimico è in grado di sintetizzare molecole che non sono mai esistite in natura. Se alzate gli occhi da questa pagina e guardate un po' in giro non avrete difficoltà a individuare sostanze sintetiche mai esistite in natura: dalla plastica a certi coloranti alle fibre di alcuni capi di vestiario. Tuttavia non esiste alcun motivo per considerare queste molecole come «innaturali» e, in qualche modo, più pericolose o da guardare con sospetto. La tossicità di una molecola non dipende assolutamente dal procedimento utilizzato per sintetizzarla ma solo dalle sue caratteristiche intrinseche.

---

[1] G. Corbellini, *Perché gli scienziati non sono pericolosi*, Longanesi, Milano 2009, p. 52.

[2] Per essere più precisi, stiamo considerando un particolare isotopo dell'ossigeno, specificando il numero di protoni e di neutroni presenti nel nucleo dell'atomo di ossigeno. Esistono anche (rari) atomi di ossigeno, dalle proprietà chimiche identiche, che hanno un diverso numero di neutroni.

[3] Gli ioni sono atomi che hanno acquistato una carica elettrica, positiva o negativa. Lo ione cloro viene indicato con Cl^-, lo ione sodio con Na^+, come potete leggere su qualunque etichetta di acqua minerale.

[4] Vale qui lo stesso discorso degli isotopi. Se in una molecola di acqua sostituiamo gli atomi di idrogeno con un suo isotopo, il deuterio, otteniamo una molecola di acqua pesante. Le sue proprietà sono leggermente diverse da quelle dell'acqua contenente l'idrogeno, di gran lunga più comune del deuterio. Analogamente, una coppia di molecole di acqua pesante sarà assolutamente identica.

[5] Più correttamente si dovrebbe utilizzare il termine «capsule» invece che «baccelli» come è consuetudine.

[6] http://ec.europa.eu/food/food/chemicalsafety/additives/ia427.pdf p. 6.

[7] *Regolamento 1334/2008/CE del Parlamento europeo e del Consiglio del 16 dicembre 2008* (http://eur-lex.europa.eu/LexUriServ/LexUriServ.do?uri=OJ:L:2008:354:0034:0050:IT:PDF).

Mangiare è un'avventura pericolosa

Pesticidi sulla buccia

Mentre scrivo sto mangiucchiando una mela (ricordate il detto? «Una mela al giorno toglie il medico di torno». Non so se sia vero per le mele in particolare, ma consumare molta frutta fresca è sicuramente benefico, come vedremo). La mangio senza sbucciarla. Forse sulla buccia, nonostante l'abbia lavata, sono ancora presenti residui di pesticidi e altre sostanze chimiche utilizzate per la sua coltivazione. Mi dovrei preoccupare? Si sente e si legge di tutto al riguardo: che non si dovrebbe comperare frutta «trattata», e che addirittura i pesticidi utilizzati sono cancerogeni. La paura dei residui di pesticidi nel cibo è abbastanza diffusa, e probabilmente è anche per questo che negli ultimi anni gli alimenti da agricoltura biologica hanno aumentato le loro quote di mercato e godono del favore di molti consumatori. Ma si tratta di una preferenza fondata?

L'agricoltura moderna fa largo uso della chimica per proteggere le colture da infestanti e parassiti. Le sostanze impiegate sono collettivamente identificate dal termine «pesticidi» e comprendono gli erbicidi per eliminare le piante infestanti, gli insetticidi, i fungicidi e così via. Queste sostanze sono strettamente regolamentate. Alcune si possono usare solamente per determinate colture e in dosi ben specificate. In più l'agricoltore deve rispettare i cosiddetti «tempi di carenza», ossia un intervallo di sicurezza tra l'ultimo trattamento e la raccolta. Il rispetto dei tempi di carenza serve a garantire la salubrità delle derrate alimentari in commercio, lasciando il tempo al pesticida di degradarsi e di ridurre la propria concentrazione sul prodotto destinato al consumo.

La gran parte di queste sostanze non può essere utilizzata da chi coltiva alimenti biologici, la cui produzione è disciplinata in Europa da un regolamento del Consiglio della CEE.[1] Secondo i principi enunciati in quel documento, la protezione delle colture da insetti, piante infestanti, funghi o altro deve avvenire senza l'ausilio di pesticidi di sintesi ma solo utilizzando quelli di origine naturale (ad esempio la famiglia di molecole chiamate piretroidi, il batterio *Bacillus thuringiensis* o il rotenone) oppure alcune sostanze usate tradizionalmente quali il solfato e l'idrossido di rame, lo zolfo, la paraffina, alcuni oli minerali e così via. Abbiamo già discusso del fatto che «naturale»» non significa necessariamente «innocuo». L'impatto ambientale di alcune di queste sostanze è tutt'altro che trascurabile. Il rotenone ad esempio, per via della sua tossicità, è in via di eliminazione dai protocolli di coltivazione biologica mentre i sali di rame, ampiamente utilizzati ad esempio nella coltivazione della vite, sono sostanze tossiche che non vengono eliminate facilmente dal terreno. Esistono prodotti di sintesi meno dannosi di alcune sostanze ammesse in agricoltura biologica, ma poiché sono contrari alla «filosofia» del biologico non si possono utilizzare, anche se il loro impatto ambientale è minore.

In alcuni rari casi l'agricoltore biologico può fare uso di sostanze normalmente non permesse, ad esempio quando vi è un incombente pericolo per le coltivazioni, oppure quando le autorità nazionali impongono la cosiddetta «lotta obbligatoria» a particolari parassiti.

È indubbio tuttavia che l'agricoltore biologico disponga di «armi» più ridotte (e meno efficaci) per proteggere le proprie piante rispetto a chi coltiva in modo tradizionale, ed è anche per questo che il metodo biologico è considerato da molti «amico dell'ambiente». Di questo aspetto in relazione alla biodiversità ci occuperemo in un prossimo capitolo.

Il consumatore di cibi biologici non si aspetta di trovare residui di pesticidi di sintesi (quanto a quelli naturali, non è detto che sappia che si possono usare) e ritiene, per questo motivo, che questi alimenti siano più «sicuri». Un sondaggio di Eurobarometro riporta che il 28 per cento dei cittadini europei si ritiene «molto preoccupato» per i residui di pesticidi nella verdura, nella frutta e nei cereali. Il 42 per cento si dichiara «abbastanza preoccupato». In Italia queste percentuali sono rispettivamente addirittura del 37 cento e del 49 per cento.[2]

La legislazione (sia europea sia nazionale) stabilisce che i residui presenti nei prodotti in commercio non debbano superare un certo limite[3]. Questi valori sono spesso interpretati dal consumatore come soglie di sicurezza. In realtà, come ci ricorda l'Autorità europea per la sicurezza alimentare (EFSA), «nella maggior parte dei casi queste soglie sono ben al di sotto dei livelli tossicologicamente accettabili»: anche quando «i residui eccedono i limiti di legge, non significa necessariamente che la salute del consumatore sia a rischio. In questo caso è necessario fare una stima dell'esposizione probabile e confrontare questi dati con i valori di riferimento tossicologici, al fine di stabilire se il cibo pone un rischio sanitario al consumatore».[4]

Limiti per il biologico

È importante chiarire che le colture biologiche non sono sottoposte a livelli più restrittivi di pesticidi rispetto a quelle tradizionali. Ovviamente ci si aspetta che ce ne siano meno, o che non ce ne siano del tutto, ma la certificazione non è sul prodotto finale bensì sul *metodo* di produzione. Questo è uno degli equivoci di fondo che l'agricoltura biologica si porta dietro sin dalla nascita. I controlli a cui le aziende del settore sono periodicamente sottoposte accertano che la produzione non si avvalga, ad esempio, di sostanze non autorizzate. Questo però non implica che non si possano trovare nel prodotto finale, perché potrebbero provenire da una contaminazione del suolo o dell'acqua, o essere stati aggiunti nelle fasi di trasporto o di stoccaggio. Non c'è nulla nei regolamenti che obblighi i prodotti finali ad avere determinate caratteristiche, proprio perché la legislazione si occupa solo del metodo di produzione. Vi ricordate quando, nel capitolo precedente, abbiamo discusso di come si dia spesso molta importanza ai «metodi di produzione» mentre si dovrebbe più correttamente spostare l'attenzione verso i prodotti finali? Ecco, questo è un caso da manuale.

I controlli sulla salubrità dei prodotti venduti in Italia vengono effettuati dal ministero della Salute attraverso vari laboratori autorizzati sparsi sul territorio. Vengono monitorati, con controlli a campione, i livelli massimi accettati di residui di pesticidi, i livelli di tossine dovute a funghi e muffe, i livelli di contaminazione microbiologica e così via. I prodotti biologici e quelli convenzionali debbono sottostare agli stessi limiti di legge, non essendo previsti valori specifici per il biologico.

Le ricerche svolte negli ultimi anni dimostrano che gli alimenti convenzionali con residui di pesticidi oltre i limiti sono una piccola percentuale (nell'Unione europea il 3,99 per cento). Per i prodotti biologici il dato è ancora inferiore (l'1,24 per cento). Nel caso degli alimenti per bambini, che hanno vincoli più restrittivi, solo lo 0,6 per cento non era conforme alla legge.[5]

I campioni fuori norma solitamente non rappresentano una minaccia per la salute. Nel caso di rischi potenziali considerati inaccettabili si agisce riducendo i livelli permessi e/o revocando il permesso d'uso di alcune sostanze.

In Europa il continuo monitoraggio degli alimenti che assumiamo ne garantisce la sicurezza e rende i rischi sanitari derivanti dai residui di pesticidi estremamente piccoli (non possono essere nulli perché nessuna attività umana è esente da rischi, per quanto ridotti). Sono molto più elevati, a volte anche con esito fatale, ad esempio i rischi da avvelenamento e intossicazione microbiologica.

L'uomo tuttavia non è un essere perfettamente razionale e spesso basa le sue decisioni e il suo agire non sui rischi effettivi ma sulla loro percezione. Nel caso dei pesticidi il rischio percepito è sicuramente molto superiore a quello effettivo. Ecco perché alcune persone si rivolgono ai prodotti biologici, anche se sono più costosi. C'è chi fuma, ad esempio, ma acquista prodotti biologici per ridurre il rischio da pesticidi. Una delle paure più diffuse è che queste sostanze possano provocare il cancro. Per capire che cosa c'è di vero dobbiamo esaminare che cosa si intende con la parola «cancerogeno».

Gli agenti cancerogeni

L'Agenzia internazionale per la ricerca sul cancro (IARC) classifica gli agenti cancerogeni – sostanze chimiche, muffe, virus, batteri, radiazioni e altri elementi che potrebbero causare il cancro negli esseri umani – in cinque categorie.

Il Gruppo 1, «cancerogeni per l'uomo», comprende gli agenti sicuramente cancerogeni per gli esseri umani. Potrà stupire sapere che sono sorprendentemente pochi gli agenti di cui è dimostrata senza ombra di dubbio la cancerogenicità in determinate dosi e circostanze. Accanto ai ben noti benzene, amianto, cadmio, fumo e formaldeide, abbiamo agenti biologici come il virus di Epstein-Barr, i virus dell'epatite B e C e il papilloma virus. Ma abbiamo anche la radiazione solare e i raggi X, alcune aflatossine (tossine prodotte da alcune muffe che possono attaccare gli alimenti) e le bevande alcoliche, l'arsenico presente in tracce anche nell'acqua che beviamo e le esposizioni professionali all'alluminio, al catrame per pavimentare le strade e così via. Sono in tutto 108 agenti.

Il Gruppo 2A, «probabili cancerogeni per l'uomo», comprende quegli agenti per cui vi sono prove sufficienti di cancerogenicità sugli animali in laboratorio e prove limitate che lo siano anche per l'uomo, perché ad esempio mancano delle indagini epidemiologiche specifiche. Questo gruppo comprende 66 agenti, tra cui i gas esausti dei motori diesel, le radiazioni ultraviolette, i composti del piombo, il tricloroetilene, alcune nitrosammine che si generano anche dai nitriti e nitrati che assumiamo dai cibi, un parassita come il *Clonorchis sinensis*, e il cloramfenicolo, un antibiotico.

Il Gruppo 2B, «possibili cancerogeni per l'uomo», comprende agenti sui quali esistono prove limitate di cancerogenicità sia sull'uomo sia sugli animali. La lista comprende 248 agenti. Oltre a molte sostanze chimiche che conosciamo, composti clorurati, aniline e così via, troviamo anche prodotti curiosi o inaspettati come i vegetali sottaceto preparati alla maniera asiatica, il caffè, il fenobarbital, il biossido di titanio usato in vari cosmetici «naturali» e il safrolo contenuto nella noce moscata, nel pepe, nello zafferano e in molte altre spezie.

Il Gruppo 3, «non classificabili come cancerogeni per l'uomo», comprende 515 agenti la cui cancerogenicità per l'uomo o per gli animali non è comprovata da dati sufficienti. Insomma, sono solo «sospettati». Anche qui molti nomi noti: ci sono alcune aniline (sono una classe di molecole), l'atrazina, la caffeina, la polvere di carbone, alcuni coloranti, la cumarina presente nella cannella e in molti altri vegetali, il diazepam, l'aciclovir, i campi elettrici a bassa frequenza, i fluoruri nell'acqua potabile, il paracetamolo, il tè, le tinture per capelli e molti altri agenti.

Nel Gruppo 4, «probabilmente non cancerogeni per l'uomo», c'è una sola sostanza, il caprolattame, da cui si ricavano varie fibre sintetiche, tra cui il nylon.

Insomma, sappiamo con certezza che 108 agenti sono cancerogeni per l'uomo, e abbiamo fondati sospetti che lo siano altri 66. Altri 248 potrebbero esserlo ma non ne siamo sicuri, mentre 515 agenti non hanno dato prove certe neppure sugli animali. In tutto, meno di mille agenti.

E tutti gli altri? Nel campo delle sostanze chimiche, naturali o di sintesi, conosciamo milioni di diversi composti chimici, in grande maggioranza sostanze naturali. Che cosa sappiamo del loro effetto sull'uomo? Quasi nulla di certo. Eppure non passa giorno che una certa sostanza o molecola non venga bollata come cancerogena sui giornali. Come è possibile?

I test sui roditori

Solamente per poche sostanze incluse nei gruppi dello IARC descritti sopra si sono accumulate indagini epidemiologiche sufficienti per poterle classificare con sicurezza come cancerogene o probabilmente cancerogene per l'uomo. Alcune categorie professionali, per esempio, vengono a contatto durante il loro lavoro con determinate sostanze per tempi prolungati, per cui si sono potute condurre indagini epidemiologiche sugli effetti a lungo termine dell'esposizione. Tuttavia non è possibile effettuare le stesse indagini per sostanze chimiche per cui si hanno esposizioni molto piccole e brevi, come appunto i residui di pesticidi sulla mia mela. Un eventuale effetto nocivo non emergerebbe chiaramente perché verrebbe nascosto da moltissimi altri fattori quali la dieta e le abitudini di vita.

In linea di principio potremmo scoprire se una determinata sostanza è cancerogena per l'uomo effettuando sperimentazioni sugli esseri umani, somministrando volutamente in modo controllato e continuativo delle sostanze sospette, e verificare poi quanti soggetti a lungo andare sviluppano il cancro. Ma è ovvio che un tale esperimento non sarebbe eticamente accettabile.

Come si comporta allora chi deve regolamentare l'utilizzo di sostanze come i pesticidi, gli additivi alimentari, i prodotti che finiscono nei cosmetici e così via? Vista la mancanza di studi epidemiologici, normalmente ci si basa sui test di cancerogenicità sugli animali, i roditori in particolare. L'assunzione di fondo è che le sostanze chimiche che inducono il cancro nei roditori sono anche potenziali cancerogeni per l'uomo. «Potenziale» però non significa «certo».

In un test standard sui roditori si somministrano in modo continuativo per un certo periodo dosi elevate della sostanza che si vuole valutare, fino alla massima dose tollerata. Si osserva poi l'eventuale insorgenza di patologie, nel nostro caso i tumori.

A questo punto, attraverso modelli matematici che di solito assumono che la probabilità di sviluppare un cancro sia direttamente proporzionale alla dose somministrata, si stabilisce una «dose virtualmente sicura», che corrisponde, secondo il modello, a un massimo rischio ipotetico sugli esseri umani, solitamente l'insorgenza di un cancro ogni milione di persone.

Un database sulle sostanze cancerogene

Andiamo dunque a vedere che cosa dicono questi test. Il Carcinogenic Potency Database (CPDB)[6] è un archivio sviluppato all'Università di Berkeley da molti scienziati tra cui Lois Swirsky Gold e Bruce N. Ames, e comprende i risultati di 6540 test a lungo termine di 1547 sostanze chimiche di varia natura testate su animali.

Bruce Ames è un tossicologo molto autorevole e famoso, docente di biochimica e biologia molecolare all'Università di Berkeley, autore di più di 450 pubblicazioni scientifiche e ventitreesimo nella classifica degli scienziati di ogni campo più citati negli articoli specializzati. È l'inventore del famoso test di Ames, che consente di valutare in modo veloce la mutagenicità dei composti chimici, cioè la loro capacità di indurre mutazioni genetiche. Insomma, è uno scienziato rispettato e serio.

Esaminando i 193 pesticidi commerciali inseriti nel database si scopre che 79 di questi causano il cancro nelle condizioni specifiche dei vari test.[7] Ciò corrisponde al 41 per cento dei pesticidi testati. I prodotti in commercio sono molti di più di 193, ma è probabile che la percentuale totale di positivi al test non si discosti molto da quella ottenuta con il campione più piccolo.

Questo dato, apparentemente allarmante, dovrebbe preoccuparmi (sto ancora mangiucchiando la mela mentre scrivo:

nonostante il dato di Ames non ho smesso). Analizzando il database emerge un fatto ancora più interessante. Se invece di limitarci ai pesticidi consideriamo in generale le sostanze chimiche di sintesi presenti nell'archivio e non esistenti in natura ma «inventate» dall'uomo, scopriamo che il 60 per cento di queste sostanze è positivo ai test: sono cancerogene per i ratti e i topi.

L'opinione pubblica generalmente tende erroneamente a identificare le «sostanze chimiche» solo con le molecole sintetizzate in laboratorio, e in più associa mentalmente questa «artificialità» a una potenziale tossicità. L'analisi del database di Ames e Gold parrebbe confermare tale visione. O no?

La maggior parte dei pesticidi che ingeriamo è «naturale»

Da chimico però non posso fare a meno di pormi alcune domande: cosa ci sarebbe di «intrinsecamente cancerogeno» nelle molecole create dai chimici e non esistenti in natura? Sono talmente varie come struttura e proprietà che è difficile immaginare una caratteristica che le accomuni tutte se non, appunto, quella di non esistere in natura. E poi perché mi dovrei preoccupare solo delle molecole di pesticidi sintetici eventualmente presenti sulla buccia e non anche delle molecole naturali che mi sto ingoiando con la mela?

E questo non vale solo per la mia mela, ma per ogni cibo e bevanda: il 99,99 per cento delle sostanze chimiche che ingeriamo sono naturali.[8] Certo, ci sono le vitamine, le proteine e altre sostanze che normalmente non associamo a pericoli. Ma i vegetali ad esempio producono anche una serie enorme di «pesticidi naturali» per proteggersi dagli attacchi dei funghi, dagli insetti e da altri predatori. Dovrei considerarli innocui solo perché sono naturali? Dopo tutto assolvono lo stesso compito dei pesticidi sintetici: proteggere la pianta dalle «pesti», gli organismi nocivi. Gli studi del gruppo di ricerca di Bruce Ames hanno stimato che l'americano medio ingerisce ogni giorno circa 1,5 grammi di pesticidi naturali (e stiamo parlando di migliaia di molecole diverse), contro 0,09 milligrammi al giorno di pesticidi di sintesi usati in agricoltura: una dose almeno diecimila volte più bassa.[9] Insomma, la stragrande maggioranza dei pesticidi che ingeriamo è di origine naturale. Come dobbiamo interpretare questo dato? È sensato preoccuparci dei pesticidi sintetici e non di quelli naturali? C'è una qualche differenza tra le due classi? Il nostro corpo non ha certo modo di sapere se una sostanza l'ha prodotta la natura da qualche parte o un chimico in un laboratorio.

Le nostre difese sono quelle dei cacciatori-raccoglitori

Ci sono motivi per pensare che le sostanze di sintesi debbano essere, a causa della loro origine «non naturale», intrinsecamente più pericolose? Qualcuno ne è convinto, e l'argomento è più o meno il seguente: le sostanze naturali esistono da migliaia o addirittura milioni di anni, e l'uomo si è evoluto in loro presenza, in qualche modo adattandosi e producendo delle difese, che invece non ha potuto sviluppare per le sostanze di sintesi che esistono solo da meno di un secolo. Potremmo chiamare questa argomentazione «l'equilibrio uomo-sostanze naturali». Potrebbe sembrare ragionevole a prima vista. In realtà non lo è, per vari motivi che ora andiamo a esaminare.

Prima di tutto l'uomo, come gli animali, ha sviluppato delle «linee di difesa» piuttosto generali, che non dipendono dalla particolare struttura di una molecola, e quindi funzionano altrettanto bene sia con le molecole naturali sia con quelle di sintesi. Ad esempio, una linea di difesa è costituita dalle cellule superficiali della bocca, dell'esofago, dell'intestino, dello stomaco e così via, che intrappolano le sostanze dannose per il nostro organismo impedendone l'ingresso e l'assimilazione. Il nostro corpo poi scarta e rimpiazza queste cellule periodicamente. Se, nonostante le difese esterne, qualche agente estraneo (molecola o microrganismo) riesce a penetrare in una cellula e a danneggiare il DNA, allora si mettono in funzione gli enzimi che cercano di ripararlo. Anche qui, non ha molta importanza quale sia l'agente che ha causato il danno. Forse una radiazione, forse una molecola contenuta in una tazzina di caffè o nella tisana alla menta, oppure un pesticida di sintesi o una tossina prodotta da una muffa sul mais biologico.

Abbiamo poi degli altri meccanismi di difesa «chimica» piuttosto generali, che agiscono su famiglie di composti piuttosto che su singole molecole. E meno male che è così. Dal punto di vista evoluzionistico è sensato che gli animali (uomini compresi) si siano sviluppati in questo modo: avere difese generali invece che molto specifiche ha permesso loro di sopravvivere anche quando l'ambiente circostante e quindi il cibo cambiavano. I nostri avi cacciatori-raccoglitori migravano per cercare territori migliori e trovavano nuovi frutti a cui non erano abituati, ma le loro difese funzionavano comunque. Da allora sono passate poche decine di migliaia di anni, un tempo troppo breve per raggiungere un «equilibrio» con i pesticidi naturali. L'evoluzione e la selezione naturale hanno bisogno di tempi molto più lunghi. I nostri geni sono ancora praticamente quelli del nostro antenato cacciatore-raccoglitore, solo che, rispetto a lui, noi mangiamo in modo completamente diverso.

Pensate a tutti quegli alimenti che abbiamo introdotto solo da poche centinaia di anni: le patate, i pomodori, il caffè, il cioccolato, il tè, il mais e così via. Alcuni addirittura sono arrivati in Italia soltanto di recente. Il caso del kiwi, introdotto nel nostro paese poche decine di anni fa, è emblematico. Gli italiani non l'avevano mai mangiato. Il nostro DNA non poteva certo essere «in equilibrio» con qualcosa che non aveva mai incontrato. I nostri geni, insomma, non possono essersi evoluti con pomodori, patate, caffè e kiwi. La selezione naturale lavora molto lentamente, e non è possibile che l'uomo sia «in armonia» con il proprio cibo, come a volte si sente dire. È una posizione che di scientifico non ha nulla. A meno che, ovviamente, uno non sia creazionista e creda che siamo stati creati direttamente da Dio «in armonia» con i pesticidi naturali.

D'altra parte, l'uomo convive da sempre con molte sostanze tossiche, ma non per questo il nostro corpo ne è diventato immune. Alcuni metalli come il cromo e il cadmio, o elementi come l'arsenico che possiamo trovare nell'acqua che beviamo, sono cancerogeni a dosi elevate. Anche alcuni agenti biologici con cui l'uomo ha contatti da sempre, come le muffe, producono delle tossine estremamente tossiche, ad esempio le aflatossine della frutta secca e le fumonisine che a volte contaminano il mais. Anche con queste niente «equilibrio». Purtroppo.

Anche le molecole naturali possono essere cancerogene

Come abbiamo visto, molti degli agenti classificati dallo IARC come cancerogeni per l'uomo sono molecole naturali. Non pare quindi esserci una differenza di principio tra pesticidi «naturali» e «artificiali». Nel tentativo di ottenere vegetali più resistenti agli attacchi dei parassiti e meno dipendenti dai pesticidi di sintesi sono state selezionate varietà che producono quantità maggiori di pesticidi naturali. Come dire: se non la proteggiamo noi, la pianta ci pensa da sola. È capitato ad esempio che una nuova varietà di sedano sviluppata per essere naturalmente resistente agli insetti producesse delle sostanze tossiche in quantità così elevate (otto volte superiore al normale sedano) da imporne il ritiro dal commercio: alcune persone avevano manifestato forti reazioni cutanee in seguito al semplice contatto con la pianta.[10]

Quindi se il nostro corpo ci protegge efficacemente dai pesticidi e dalle molecole naturali potenzialmente tossiche che ingeriamo ogni giorno, ciò avviene sulla base di meccanismi generali, non perché il nostro organismo distingua in modo magico e misterioso le molecole create dalla natura da quelle inventate dagli scienziati in laboratorio, per il semplice motivo che non esiste alcun modo per distinguerle.

Queste sensate osservazioni si possono mettere alla prova analizzando il database che abbiamo citato prima e considerando la cancerogenicità delle sostanze chimiche naturali. È ciò che ha fatto Ames. Considerando 139 sostanze chimiche naturali, 79 di queste (ossia il 57 per cento) sono risultate cancerogene per ratti e topi. Andando invece a considerare 451 sostanze chimiche di sintesi, il 60 per cento di queste sono risultate cancerogene. Come vedete, le percentuali sono molto simili. Certo, non stupisce che esistano sostanze naturali tossiche, velenose e pure cancerogene. L'esempio banale viene dai funghi mortali. Ma se credete che le sostanze naturali classificate nel database come cancerogene per i ratti siano solo noti veleni vi sbagliate di grosso.

Se vi dicessi che nella tazza di caffè che sorseggiate ogni mattina ci sono delle molecole che risultano cancerogene per i ratti continuereste a berla? In realtà, su circa mille molecole diverse contenute nel caffè, soltanto trenta sono state esaminate nel saggio di cancerogenicità. Di queste, ben ventuno (ossia il 70 per cento) hanno causato il cancro sui roditori.[11] Una tazzina di caffè ne contiene 10 milligrammi: una quantità equivalente secondo Ames ai residui di pesticidi sintetici che un americano assume in un anno. Degli altri quasi mille composti chimici presenti nel caffè non sappiamo nulla, ma potrebbero risultare anch'essi per il 70 per cento positivi ai test di cancerogenicità, come le sostanze chimiche che sono state testate.

Se avete intenzione, a questo punto, di evitare il caffè per non ingerire quelle sostanze vi devo disilludere. Le molecole cancerogene per i ratti sono presenti sicuramente anche nei seguenti alimenti (e probabilmente in molti altri): mela, albicocca, banana, basilico, cavolo, melone, carote, cavolfiore, sedano, ciliegie, peperoncino, cioccolato, cannella, chiodi di garofano, mais, ribes, melanzane, cicoria, finocchi, aglio, pompelmi, uva, miele, limoni, lenticchie, lattuga, liquirizia, tiglio, mango, maggiorana, menta, funghi, senape, noce moscata, cipolla, arancia, paprika, prezzemolo, pesca, pera, piselli, ananas, prugne, patate, ravanello, lamponi, rabarbaro, rosmarino, rape, salvia, santoreggia, semi di sesamo, soia, anice stellato, dragoncello, tè, timo, pomodoro, curcuma, cime di rapa e molti altri.

Insomma, una sostanza chimica non è potenzialmente più cancerogena solo per il fatto di essere stata sintetizzata in laboratorio, e una sostanza naturale non è necessariamente più benigna solo perché l'ha prodotta la natura. Questo fatto va contro il diffuso pregiudizio secondo cui ciò che è naturale è anche benefico. Sarebbe bello che fosse così, ma purtroppo è solo un luogo comune, ampiamente sfruttato dal marketing (e vi giuro che mi fa una rabbia!).

Il numero di sostanze sintetiche esistenti è di gran lunga inferiore al numero di sostanze naturali, ma il database utilizzato da Ames ne prende in esame una percentuale molto ampia, il 77 per cento. Questo in parte è il risultato anche del pregiudizio a cui accennavo: poiché le sostanze di sintesi sono spesso considerate intrinsecamente (ma erroneamente) più pericolose, allora sono più spesso sottoposte a verifica, mentre della stragrande maggioranza delle molecole naturali con cui veniamo in contatto tutti i giorni non sappiamo nulla. Anche andando a considerare altre categorie di molecole osserviamo che, grossolanamente, almeno la metà induce il cancro nei ratti. Ciò avviene ad esempio per il 61 per cento delle tossine presenti nei funghi, ma anche per il 44 per cento dei farmaci presenti nel database della Food and Drug Administration (FDA), l'ente pubblico statunitense che si occupa della regolamentazione degli alimenti e dei farmaci.

E il modo di cucinare non lo contiamo?

Anche cucinare il cibo porta alla formazione di sostanze chimiche potenzialmente cancerogene. Il furfurale (o furfuraldeide), ad esempio, è una molecola che si forma quando si scaldano gli zuccheri ad alte temperature (avete presente quando caramellate lo zucchero, la cipolla o altri cibi?) ed è cancerogena per i ratti.

Le nitrosammine sono molecole cancerogene presenti nel fumo del tabacco, ma che si possono formare cuocendo o trattando cibi contenenti nitrati o nitriti. La N-nitrosodietilammina (DEN), ad esempio, induce il tumore al fegato nelle scimmie.

Un'altra categoria di molecole cancerogene e mutagene – le ammine eterocicliche – si formano quando carne e pesce vengono cotti ad alte temperature, specialmente alla brace o alla griglia. In media negli Stati Uniti (ma in Italia probabilmente non siamo molto lontani) ogni persona mangia circa due grammi al giorno di materiali bruciacchiati che contengono sostanze cancerogene e mutagene per i ratti. Alcune delle sostanze nocive contenute nel caffè vengono prodotte durante il processo di tostatura e ce le ritroviamo anche in altri alimenti tostati: dall'orzo per la birra al cioccolato.

Ci sono poi sostanze come l'alcol etilico che sono debolmente cancerogene per i ratti, ma che causano cancro al fegato e all'esofago a chi consuma grandi quantità di bevande alcoliche. Queste infatti sono inserite nel Gruppo 1 dello IARC.

Anche gli additivi e gli aromi che si usano nei cibi, siano essi naturali o sintetici, possono essere cancerogeni per i ratti. La saccarina (E954), un dolcificante che ora è stato parzialmente sostituito da altre sostanze come l'aspartame, è cancerogena per i roditori, ma il suo meccanismo di azione nei ratti non pare rilevante ai fini del metabolismo umano, e quindi lo IARC la classifica nel Gruppo 3.

Non c'è che l'imbarazzo della scelta: le sostanze naturali potenzialmente tossiche contenute nei cibi sono numerose. Alcuni vegetali, ad esempio, hanno la capacità di produrre cianuro: le piante più diffuse di questa classe sono la cassava o manioca (da cui si ricava l'omonima farina, chiamata anche tapioca) e i fagioli di Lima.

È la dose che fa il veleno

In una normale dieta non pare insomma possibile evitare le sostanze che risultano cancerogene o tossiche per i roditori. Il che però non significa che tutte rappresentino necessariamente un pericolo per l'uomo. Ecco cosa dice Ames:

> Attraverso i test si stanno accumulando sempre più prove che è la divisione cellulare causata dalle alte dosi di sostanza somministrata a contribuire all'insorgenza del cancro, piuttosto che la sostanza chimica in sé. Le alte dosi causano lesioni croniche dei tessuti, morte delle cellule e una conseguente divisione cellulare delle cellule vicine: un fattore di rischio per il cancro. Ogni volta che una cellula si divide vi è la probabilità che avvenga una mutazione, quindi un incremento della divisione cellulare porta a un rischio di cancro più alto.[12]

Ogni volta che una cellula si divide per duplicarsi c'è la possibilità che intervenga un errore che aumenta il rischio di cancro. Secondo Ames, i livelli di sostanze chimiche a cui gli esseri umani sono esposti (a parte i casi di esposizione professionale) non sono tali da provocare un aumento delle divisioni cellulari.

Insomma, in assenza di dati aggiuntivi, il fatto che un roditore nel corso dei test di laboratorio abbia sviluppato il cancro potrebbe essere dovuto alle alte dosi a cui è stato sottoposto, oppure a un meccanismo che non funziona allo stesso modo nell'uomo. Ad esempio tra le sostanze analizzate nel caffè c'è il d-limonene, che induce il tumore al rene nei ratti maschi. Ma questo risultato non è predittivo di quello che accade nell'uomo: dunque possiamo tranquillamente mangiare le arance e i limoni, che contengono questa sostanza. Senza altre informazioni su come tali sostanze causino il cancro nei ratti si deve essere molto cauti nell'interpretare i risultati di questi test. Vale comunque la pena di ricordare che fortunatamente la maggior parte dei pesticidi naturali vengono ingeriti insieme a sostanze che invece esercitano un effetto positivo e anticancerogeno sul nostro corpo. Sono inutili quindi i test sui roditori? Certo che no. Tutti gli agenti cancerogeni sull'uomo sono risultati cancerogeni anche per i ratti. In assenza di studi epidemiologici non possiamo basare le nostre stime su null'altro.

Una classifica dei rischi

Il punto che Ames vuole sottolineare è che siamo esposti ogni giorno a moltissime sostanze chimiche naturali risultate positive agli stessi test i cui esiti ci allarmano quando riguardano i pesticidi. E della stragrande maggioranza delle sostanze chimiche che ingeriamo non sappiamo nulla, anche se è probabile che solo pochissime possano essere potenzialmente dannose per l'organismo. È quindi necessario, per dare una «graduatoria» di possibile pericolosità, tenere in conto le quantità tipiche di assunzione giornaliera per le varie sostanze, naturali o di sintesi. Ciò è importante anche perché, visto che siamo continuamente esposti a sostanze potenzialmente cancerogene e non possiamo evitarle tutte, non è prudente focalizzare l'attenzione su sostanze che si trovano al fondo della «classifica», mentre è sensato concentrarsi su quelle che stanno in cima.

Ovviamente i criteri quantitativi su cui si basa la classifica possono variare molto. Il gruppo di ricerca di Bruce Ames ne ha identificati alcuni e ha costruito, in base a questi, una «graduatoria» di possibili rischi di cancro per l'uomo (scala Herp). Non stupisce che in cima alla classifica vi siano sostanze a cui sono esposte continuativamente varie categorie professionali: ad esempio il tetracloroetilene per chi lavora nelle lavanderie a secco, l'1,3-butadiene per i lavoratori dell'industria della gomma e la formaldeide, usata in vari processi industriali. Molto in alto nella classifica si trova però anche un estratto botanico naturale, la consolida, della famiglia della borragine. Le pasticche digestive a base di quest'erba vendute negli Stati Uniti rappresentavano infatti un fattore di rischio per chi ne faceva un uso continuativo. E pure il vino e la birra, a causa del contenuto di alcol etilico. Al terzo posto della classifica c'è un sonnifero: il fenobarbital.

Nell'elenco troviamo anche cibi insospettati come il succo d'arancia, simbolo di salute. E questo perché contiene il d-limonene, cancerogeno per i ratti. Vale la pena di ricordare che quella di Ames *non è* una graduatoria di sostanze cancerogene per l'uomo, ma solo un tentativo di razionalizzare i rischi potenziali per l'uomo dovuti all'assunzione giornaliera di sostanze cancerogene per i ratti. Un modo, diciamo così, per indirizzare la ricerca e gli studi sulle sostanze che potrebbero dare più problemi a causa della maggiore esposizione per l'uomo combinata con i risultati di cancerogenicità sui ratti. Abbiamo già detto che il d-limonene non pare (la scienza non fornisce sicurezze, solo probabilità) essere cancerogeno per l'uomo. Le idrazine invece, contenute naturalmente nei funghi, anche quelli commestibili e prelibati, hanno anche loro una posizione elevata in classifica, anche se sono classificate dallo IARC nei gruppi 2A e 2B. Tornando alla mela che mangiucchiavo all'inizio del capitolo, è al trentunesimo posto, perché contiene acido caffeico. E quindi non stupisce trovare al diciannovesimo posto proprio il caffè, che ovviamente lo contiene.

Ma c'è chi crede che naturale equivalga a sicuro

L'approccio di Ames è solo uno dei tanti possibili e la sua scala Herp è stata criticata perché ad esempio si basa su una stima dell'esposizione alle varie sostanze che è difficile da valutare correttamente.[13] La nostra ignoranza sugli eventuali rischi legati all'assunzione di sostanze naturali sta diventando sempre più un problema, soprattutto da quando è aumentato l'uso di estratti vegetali in vari prodotti – dai cosmetici agli alimenti, dagli integratori alimentari ai detersivi – che non sono controllati come i farmaci o altre categorie di sostanze, quali gli additivi alimentari. Il pericolo è segnalato dalla stampa specializzata:

> Molti consumatori associano «naturale» a «sicuro» quando considerano gli integratori alimentari o le preparazioni farmaceutiche a base di vegetali. Sfortunatamente il presupposto che i prodotti naturali siano per definizione sicuri è falsa. In realtà, nonostante una lunga storia di uso sicuro di molti preparati botanici o alimenti a base di erbe, alcuni preparati botanici contengono singoli ingredienti riconosciuti come tossici e addirittura genotossici e cancerogeni, che potrebbero creare motivo di preoccupazione a determinati livelli di esposizione.[14]

Vari estratti botanici, come i derivati di kava, sono stati ritirati dal mercato in alcuni paesi, e le agenzie internazionali sulla sicurezza alimentare come l'EFSA si interrogano su come comportarsi di fronte ai possibili rischi legati a cibi che contengono sostanze come quelle appartenenti alla famiglia degli allilalcalossibenzene, che comprende il metileugenolo, il safrolo, l'estragolo, la miristicina e l'apiolo. Queste molecole, cancerogene e genotossiche per i ratti, possono essere presenti in quantità non trascurabili in una serie di erbe o spezie molto comuni: il basilico, il prezzemolo, la cannella, la noce moscata, l'anice stellato e così via. In via precauzionale, la normativa europea vieta l'aggiunta di queste sostanze ai preparati alimentari. In altre parole, posso vendere liberamente un estratto naturale di cannella o di basilico che contiene quelle molecole, ma non posso aggiungerle a una preparazione. Parleremo in dettaglio in un apposito capitolo del basilico «cancerogeno», che ha avuto comprensibilmente un certo risalto sui giornali italiani. Per il momento mi interessa soltanto sottolineare i paradossi che si creano quando si considerano automaticamente «sicure» le molecole prodotte in natura.

Rischi trascurabili e pericoli reali

Gli studi di Ames sui rischi di cancro legati al consumo di un certo alimento non hanno certo lo scopo di creare allarme. Al contrario:

> Bisogna essere cauti nel trarre conclusioni dalla presenza nella dieta di sostanze chimiche che sono cancerogene per i roditori. Non intendiamo affatto sostenere che queste esposizioni, nella dieta, abbiano necessariamente molta rilevanza per il rischio di cancro nell'uomo.[15]

Ames sostiene infatti che ci stiamo focalizzando troppo su eventuali piccoli rischi, sottraendo attenzione e risorse, sia umane sia finanziarie, alla lotta contro rischi di cancro più gravi e ben documentati:

> Gli ormoni endogeni, diete sbilanciate, infiammazioni dovute a infezioni e fattori genetici sono i maggiori responsabili del cancro nell'uomo, e nessuno di questi coinvolge sostanze cancerogene esogene.
> Un elevato consumo di frutta e verdura è associato a un rischio minore di malattie degenerative, tra cui il cancro, le malattie cardiovascolari, la cataratta e le disfunzioni al cervello. Più di duecento studi epidemiologici rivelano una corrispondenza

significativa tra il basso consumo di frutta e verdura e una elevata incidenza di cancro.[16]

Ames spiega che il 25 per cento della popolazione americana che mangia meno frutta e verdura ha una possibilità circa doppia (!) di sviluppare il cancro rispetto al 25 per cento di popolazione che ne mangia di più. Ciò vale per vari tipi di tumore – al polmone, alla laringe, all'esofago, allo stomaco, alla cervice, alle ovaie ecc. – anche se l'effetto protettivo del consumo di frutta e verdura pare più debole e meno consistente per i tumori al seno e alla prostata.

L'80 per cento dei bambini e il 68 per cento degli adulti americani non consuma frutta e verdura a sufficienza, il che fa aumentare in modo considerevole il rischio di cancro.

> L'attenzione verso centinaia di piccoli rischi ipotetici, come i residui di pesticidi, può provocare una perdita di prospettiva su cosa è importante: metà della popolazione statunitense non sa che consumare frutta e verdura è una protezione contro il cancro. Frutta e verdura sono di importanza fondamentale per ridurre il cancro. Se questi prodotti diventassero più costosi a causa del ridotto uso di pesticidi sintetici, la diminuzione dei consumi potrebbe causare un aumento dei casi di cancro. Le persone con basso reddito mangiano meno frutta e verdura e spendono una percentuale più elevata del loro reddito in cibo.

È un bel paradosso, perché in generale, come abbiamo visto, i pesticidi sintetici non sono intrinsecamente diversi da quelli naturali. Ovviamente, se ci sono dati che ci fanno ritenere che uno specifico pesticida di sintesi sia tossico o cancerogeno per l'uomo è buona cosa eliminarlo. Come sostengono Lorenzo Tomatis e i suoi collaboratori:

Dopo tutto lo scopo dei pesticidi è di uccidere organismi viventi, e sicuramente la presenza di residui di pesticidi nel cibo non porta ad alcun beneficio. La sanità pubblica quindi sarebbe meglio perseguita se si eliminassero o si riducessero i residui di pesticidi, specialmente quelli sospettati di essere potenziali cancerogeni.[17]

Ames sostiene però che continuare a demonizzare i pesticidi di sintesi in generale, spesso per promuovere l'agricoltura che non ne fa uso, potrebbe portare a un aumento dei prezzi della frutta e della verdura che influirebbe negativamente sul consumo, specialmente fra le persone con reddito più basso, che correrebbero maggiori rischi di contrarre un cancro.

Non vorrei essere frainteso. Qui non si vuole certo sostenere che i pesticidi che si usano in agricoltura siano equivalenti al succo di arancia, ma solo mettere la loro pericolosità, come categoria, nella giusta prospettiva per il consumatore. Come sostiene Aaron Wildavsky, «noi dovremmo essere guidati dalla probabilità e dall'ampiezza del danno, non dalla mera possibilità. La ricerca delle possibilità è senza fine e banalizza l'argomento».[18]

---

[1] *Regolamento 834/2007/CE relativo alla produzione biologica e all'etichettatura dei prodotti biologici* del 28 giugno 2007 che abroga il precedente *Regolamento 2092/91/CE relativo al metodo di produzione biologico di prodotti agricoli e all'indicazione di tale metodo sui prodotti agricoli e sulle derrate alimentari* del 24 giugno 1991.

[2] http://ec.europa.eu/food/food/resources/special-eurobarometer_riskissues20060206_en.pdf

[3] Questi limiti, indicati con MRL (*maximum residues levels*) corrispondono alla concentrazione massima di residui di pesticidi all'interno o sulla superficie di alimenti o mangimi. Si basano sulle buone pra-

tiche agricole, che prescrivono di utilizzare il livello minimo di pesticidi necessario per assicurare una protezione fitosanitaria efficace.

4 http://www.efsa.europa.eu/EFSA/efsa_locale-1178620753812_1211902667778.htm

5 I dati su alcune ricerche svolte su prodotti italiani e stranieri sono riportati in appendice a questo volume.

6 http://potency.berkeley.edu

7 L. S. Gold, T. H. Slone, B. N. Ames, N. B. Manley, *Pesticide residues in food and cancer risk: a critical analysis*, in R. Krieger (a cura di), *Handbook of pesticide toxicology*, Academic Press, San Diego (CA) 2001, pp. 799-843 (http://potency.berkeley.edu/text/handbook.pesticide.toxicology.pdf).

8 B. N. Ames, M. Profet, L. S. Gold, *Dietary pesticides (99.99% all natural)*, in «Proceedings of the National Academy of Sciences USA», vol. 87, 1990, pp. 7777-7781 (http://potency.berkeley.edu/pdfs/PNAS2.pdf).

9 U.S. Food and Drug Administration, *Food and Drug Administration pesticide program: Residue monitoring 1992*, in «Journal of the Association of Official Analytical Chemists», vol. 76, 1993, pp. 127A-148A.

10 P. J. Seligman, C. G. Mathias, M. A. O'Malley, R. C. Beier, L. J. Fehrs, W. S. Serrill, W. E. Halperin, *Phytophotodermatitis from celery among grocery store workers*, in «Archives of Dermatology», vol. 123, 1987, pp. 1478-1482.

11 Le molecole del caffè risultate cancerogene sono le seguenti: acetaldeide, bendaldeide, benzene, benzofurano, benzopirene, acido caffeico, catecolo, 1,2,5,6-dibenzoantracene, etanolo, etilbenzene, formaldeide, furano, furfurale, perossido di idrogeno, idrochinone, isoprene, limonene, 4-metilcatecolo, stirene, toluene e xylene. Gli effetti della caffeina invece sono incerti.

12 B. N. Ames, L. S. Gold, *Paracelsus to parascience: the environmental cancer distraction*, in «Mutation Research», vol. 447, 1999, pp. 3-13 (http://potency.berkeley.edu/pdfs/Paracelsus.pdf).

13 L. Tomatis, R. L. Melnick, J. Haseman, J. C. Barrett, J. Huff, *Alleged «misconceptions», distort perceptions of environmental cancer risks*, in «The Faseb Journal», vol. 15, 2001, pp. 195-203.

14 I. M. C. M. Rietjens, W. Slob, C. Galli, V. Silano, *Risk assessment of botanicals and botanical preparations intended for use in food and*

food supplements: Emerging issues, in «Toxicology Letters», vol. 180, 2008, pp. 131-136.

[15] B. N. Ames, L. S. Gold, *Paracelsus to parascience* cit., p. 6.

[16] *Ivi*, p. 8

[17] L. Tomatis, R. L. Melnick, J. Haseman, J. C. Barrett, J. Huff, *Alleged «misconceptions»* cit., pp. 199. Più avanti si precisa che, «sebbene la tossicità delle singole molecole possa variare, non vi sono differenze fondamentali nelle proprietà tossicologiche tra sostanze naturali e di sintesi. Studiare il comportamento di una molecola e la sua reattività nei sistemi biologici è più importante che specificarne la sua origine come naturale o di sintesi» (*ivi*, p. 200).

[18] A. B. Wildavsky, *But is it true? A citizen's guide to environmental health and safety*, Harvard University Press, Cambridge (MA) 1995.

A chi dobbiamo credere?

È difficile fare scienza (e farsi capire)

In molti paesi sviluppati, Italia compresa, il mercato per i prodotti biologici è cresciuto moltissimo negli ultimi dieci anni. Le motivazioni che inducono i consumatori ad apprezzarli sono varie: c'è chi li preferisce perché ritiene che contengano meno residui di pesticidi, chi perché li considera più rispettosi dell'ambiente, chi perché li trova più buoni e gustosi.

Diverse ricerche effettuate per indagare le motivazioni dei consumatori abituali di cibo biologico hanno mostrato come l'aumento della domanda per questi prodotti sia giustificato anche dalla convinzione che siano in qualche modo «più sani» e abbiano un profilo nutrizionale superiore ad alimenti analoghi ottenuti con pratiche agricole tradizionali.

Non c'è dubbio che la comunicazione da parte di produttori e associazioni dell'agricoltura biologica batta molto su questo tasto. «Il biologico è migliore del convenzionale» sostiene ad esempio l'Associazione italiana agricoltura biologica (AIAB), che in un dossier diffuso in occasione della manifestazione PrimaveraBio 2009 afferma:

> I prodotti bio hanno una marcia in più. Le ricerche lo dimostrano.

Arance rosse: da uno studio condotto all'Università di Bologna, risulta che le arance rosse da agricoltura biologica hanno maggiori contenuti di composti fitochimici (quali composti fenolici, antocianine e acido ascorbico) e una maggiore attività antiossidante delle arance rosse da agricoltura convenzionale.

L'analisi prosegue prendendo in esame altri prodotti – carote, mele, pesche, pomodori, kiwi, latte e persino il ketchup – giungendo alla conclusione che i prodotti biologici sono più nutrienti e gustosi dei prodotti convenzionali.

Assobio riporta informazioni analoghe, citando sul suo sito i riferimenti ad articoli o pubblicazioni scientifiche:

Uno studio comparativo sulla qualità nutrizionale di pomodoro biologico e convenzionale rileva che i pomodori biologici «presentano più sostanza secca, più zuccheri totali e riduttori, più vitamina C, β-carotene e flavonoidi rispetto a quelli convenzionali».
Anche uno studio francese rileva che le pesche da agricoltura biologica presentano un contenuto più elevato di polifenoli e conclude che il metodo biologico ha «effetti positivi sulla qualità nutrizionale e organolettica».
Un ulteriore studio sulle mele conferma nella purea ottenuta da mele biologiche più sostanze bioattive, fenoli totali, flavonoidi e vitamina C rispetto all'analogo prodotto convenzionale e chiude con la considerazione: «Le conserve di mela biologica possono essere raccomandate come un valido prodotto che può contribuire a una dieta salutare.[1]

Questi sono solo alcuni esempi. Cercando sulla stampa degli ultimi anni si possono trovare centinaia di articoli che suggeriscono la superiorità nutrizionale dei prodotti bio rispetto ai convenzionali.

D'altra parte il consumatore si imbatte anche in articoli e inchieste che affermano l'esatto opposto, e cioè che la presunta superiorità nutrizionale è, appunto, solamente presunta. *Bio non fa miracoli* titolava il settimanale «L'espresso» nell'agosto 2007:

> Mangiare bio fa bene alla salute? Cosa spinge un consumatore a scegliere marchi che si qualificano come biologici? Tutte le ricerche di mercato rispondono all'unisono: perché è il brand che garantisce la salubrità del prodotto. Vero? Purtroppo no. La stessa Unione europea, nel definire gli standard necessari per fregiarsi del marchio Bio, ha anche scritto che scegliere questo tipo di alimenti fa bene all'ambiente e non necessariamente alla salute. Il biologico è uno stile di vita ecocompatibile, che garantisce rispetto per terre, acque e animali. Ma non leva il medico di torno. Eppure è su questo equivoco che si regge il marketing di decine e decine di prodotti alimentari, sia quelli che fanno riferimento al bio solo nel nome, a mo' di promessa. Sia quelli che hanno, in effetti, la certificazione perché si tratta di frutta, verdura, latticini e carni provenienti da una coltivazione o da un allevamento biologico. Ed è sempre sulla base di questo equivoco che si giustifica la costante crescita del settore.[2]

E il quotidiano «La Stampa» il 31 luglio 2009 titolava: *Il biologico? Fa bene solo a chi lo produce.*[3] Insomma, non c'è da stupirsi se il consumatore poi è confuso e non sa più a chi credere. Come è possibile che le ricerche dimostrino una cosa ma anche il suo contrario? Ammettendo che gli estensori degli articoli abbiano letto e interpretato correttamente le ricerche citate (a volte abbiamo visto che non è così: si limitano a riportare i lanci di agenzia), come è possibile che un giornalista raggiunga una conclusione e un suo collega quella opposta?

Forse il problema sono gli articoli originali, che non sono così categorici nelle conclusioni come invece troppo spesso appare negli articoli di stampa che li riassumono. Ma forse c'è anche un problema più profondo, e cioè che molti giornalisti, così come il lettore medio, ignorano totalmente i meccanismi che regolano le pubblicazioni scientifiche e quindi raramente riescono a contestualizzarli correttamente e a dare loro l'importanza, poca o tanta, che meritano. Spesso sui giornali si ignorano le differenze tra una pubblicazione su una rivista scientifica e una comunicazione a un congresso, tra un rapporto pubblicato solo sul web e una rassegna che riassume le conclusioni di centinaia di ricerche indipendenti. Tutto fa brodo, tutto diventa «una ricerca dell'università X». E troppo spesso su giornali e riviste sembra che l'ultima pubblicazione in ordine di tempo sia sempre quella definitiva, che aggiorna tutte le precedenti, che pone la parola «fine», per cui si può «sparare» il titolone. La ricerca scientifica è considerata come un processo lineare e le pubblicazioni come mattoncini del Lego aggiunti a una torre sempre più alta sino ad arrivare alla verità assoluta in un certo campo.

Be', non è così. Nella scienza, specialmente in campi dove gli studi sperimentali sono complessi e di difficile interpretazione, è normale che una ricerca suffraghi un'ipotesi che sarà smentita qualche anno dopo da una seconda ricerca, la quale verrà confermata o smentita da una terza ricerca. Una quarta ricerca potrà poi magari riconfermare lo studio originario. Insomma, per dare un giudizio corretto è sempre necessario collocare ogni indagine tra altre che esaminano lo stesso fenomeno.

A volte si scopre che un esperimento è stato mal eseguito, oppure che gli scienziati non avevano tenuto sotto controllo tutti i parametri. Altre volte invece è l'analisi statistica il punto debole di una ricerca, e i dati devono essere reinterpretati. Fare scienza, buona scienza, è difficile.

Primo passo: come si imposta la ricerca

Seguiamo il cammino di una ipotetica ricerca di uno scienziato interessato a confrontare il contenuto nutrizionale dei pomodori biologici con quello dei pomodori convenzionali. Prima di tutto deve decidere come svolgere la ricerca. Potrebbe andare al supermercato, comperare un assortimento di pomodori bio e convenzionali, fare le analisi e pubblicarle. Questo tipo di ricerca si chiama *basket survey* («studio nel cestino»: noi scienziati usiamo spesso termini in inglese anche quando parliamo in italiano). È facile, veloce e poco costoso fare studi di questo tipo, ma i loro risultati sono di difficile interpretazione. I due tipi di pomodori acquistati per l'analisi sono sicuramente cresciuti in ambienti, climi e suoli diversi, e magari sono anche di varietà diverse. Ogni differenza misurabile dagli strumenti non potrebbe essere attribuibile con certezza al metodo di coltivazione (bio o convenzionale) perché potrebbe dipendere da altri fattori. Questi studi si eseguono se proprio non è possibile fare altrimenti.

Invece di andare al supermercato, il ricercatore potrebbe decidere di coltivare lui stesso i pomodori, sullo stesso pezzo di terra e nei due modi differenti, in modo da poter attribuire ogni risultato solamente al metodo di coltivazione. Ovviamente, potrebbe anche chiedere a un agricoltore di coltivarli per lui. Purtroppo questi studi, chiamati *field trials* («prove sul campo») sono lunghi e costosi da condurre. Inoltre, non basta effettuare un solo esperimento. Se voglio che la ricerca sia di interesse per altri sarebbe meglio ripetere le prove anche su terreni diversi e in diverse condizioni climatiche, magari con varietà di pomodori diversi. Gli studi di questo tipo sono più rari, proprio per i costi e le difficoltà intrinseche.

Una via di mezzo sono i *farm surveys*, gli «studi in fattoria». Si cerca di confrontare i prodotti commercialmente disponibili in modo da minimizzare le eventuali differenze dovute ad altri fattori. Ad esempio pomodori cresciuti in campi non troppo lontani tra loro e della stessa varietà, in modo che il clima sia lo stesso e, si spera, anche il suolo. I confronti così effettuati non sono perfetti perché rimane una certa variabilità dovuta alle diverse condizioni ambientali e di crescita, ma sono meglio degli studi effettuati con prodotti scelti al supermercato.

Secondo passo: la raccolta dei dati

Una volta deciso il tipo di studio, che dipende anche dalla disponibilità dei finanziamenti ricevuti, il nostro ricercatore effettua le sue analisi chimiche seguite da un'analisi statistica dei risultati. Non basta certo leggere i numeri riportati dagli strumenti e pubblicarli. Si deve essere ragionevolmente sicuri che i risultati non siano dovuti completamente al caso. Senza entrare nei dettagli matematici dell'analisi statistica, un esempio può aiutare a chiarire quali problemi si debbano affrontare durante le ricerche scientifiche.

Prendete una moneta e lanciatela dieci volte. Voi sapete che *mediamente* dovreste ottenere cinque teste e cinque croci. Se in dieci lanci ottenete quattro volte testa e sei croce, che fate? Chiamate i giornalisti e annunciate ai quattro venti in una conferenza stampa che avete una moneta miracolosa? Certo che no. Dovete ripetere l'esperimento altre volte prima di trarre delle conclusioni, che verranno solo dopo un'accurata analisi statistica. Dopotutto non è strano che su dieci lanci esca testa per sei volte.

Supponiamo invece che abbiate ottenuto testa per dieci volte di seguito. Strano, vero? Vi viene il dubbio che ci sia qualche forza all'opera. Poi vi accorgete che è luna piena e formulate la vostra teoria: lanciando la moneta quando c'è la luna piena si ottiene sempre testa. Dopotutto nel corso dei secoli sono comparse teorie non meno bislacche sulle influenze della luna piena o nuova: crescono di più i capelli, nascono più bambini, si imbottiglia il vino e così via.[4]

Magari trovereste anche qualcuno che vi crede. Dite di no? Be', forse solo perché è una teoria palesemente assurda. Ma se invece della luna e della moneta parlaste di malattie, di «aura energetica del corpo» in contatto con il «campo energetico universale» e roba del genere, ecco che qualcuno che ci crede lo trovereste sicuramente.

Ma torniamo ai nostri dieci lanci. Voi non avete barato, avete *davvero* ottenuto per dieci volte testa. A questo punto dovreste chiedervi quante probabilità ci sono che il risultato osservato sia dovuto completamente al caso. In questa circostanza (ricordate che è solo un'analogia: i casi reali sono molto più complessi) facendo due conti si può dedurre che avete circa lo 0,1 per cento di probabilità che in una serie di dieci lanci di una moneta escano tutte teste. È una piccola probabilità, ma non si può escludere. Se ci provate per mille volte potete aspettarvi (ma non con certezza) che accada. Ciò che intendo dire è che possono verificarsi deviazioni anche consistenti dai valori medi che ci si aspetta da un fenomeno. Sono deviazioni assolutamente previste dalla teoria matematica. Anzi, ci sarebbe da stupirsi se in ogni serie di dieci lanci si ottenesse *sempre* cinque volte testa e cinque volte croce. Le deviazioni dalla media stupiscono sempre, anche se sono perfettamente «naturali». Chi ad esempio gioca al lotto puntando sui numeri più in ritardo rispetto alla media con cui dovrebbero essere estratti, cioè che non escono da più settimane, compie un errore analogo (e non aumenta per nulla le sue probabilità di vittoria). È perfettamente normale che ci siano dei numeri «in ritardo». Ci *devono* essere, così come ci saranno dei numeri «in anticipo». Questo però non impedisce a molte persone di buttare soldi inseguendo un'idea errata.

Quindi, elaborando i dati delle analisi sulle differenze fra i due tipi di pomodori vi dovete anche chiedere se i risultati che avete ottenuto siano significativi o frutto del caso. Ora immaginate mille ricercatori che provano a lanciare dieci volte la moneta e che a uno di loro escano solo teste. Sarà tentato, il nostro ricercatore, di pubblicare i risultati del suo esperimento?

Questa è solo una delle analisi statistiche necessarie per «dare significato» ai vostri numeri grezzi. Supponiamo ad esempio che il vostro confronto di nutrienti includa un centinaio di sostanze chimiche con altrettanti test. Poiché il numero di confronti è elevato può succedere che statisticamente qualche test vi segnali delle differenze, che però non esistono realmente perché sono frutto del caso. Insomma, analizzare bene i dati è tanto importante quanto effettuare l'esperimento.

Terzo passo: l'interpretazione dei risultati

Avete fatto l'analisi statistica e vi fidate dei vostri dati. Ma siete sicuri di averli raccolti nel modo corretto? Nel selezionare i vostri ortaggi al supermercato potreste aver preso dei pomodori convenzionali belli maturi, i migliori sul banco, mentre per quelli biologici non avete potuto fare altrettanto perché ne erano rimasti solo due un po' smunti e avvizziti. Quanto rappresentativi saranno i risultati della vostra analisi? Non molto.

Questo tipo di problema nella raccolta dei dati è chiamato *selection bias* (errore sistematico dovuto alla selezione dei campioni) ed è molto frequente. Supponiamo ad esempio che vogliate studiare come una dieta vegetariana influenzi la salute e il benessere fisico. La cosa più semplice che vi potrebbe venire in mente è di selezionare cento vegetariani e cento onnivori a caso e di verificare, seguendo la loro vita per un certo numero di anni, quanti di loro sviluppano un tumore. Sbagliereste. Uno studio così soffre del *selection bias*. È probabile infatti che almeno alcuni dei vegetariani selezionati siano in generale più attenti allo stile di vita e quindi, ad esempio, nel loro gruppo ci siano statisticamente meno fumatori. Questo porterà a una minore incidenza di cancro al polmone, che potremmo erroneamente attribuire ai presunti benefici di una dieta vegetariana invece che al fatto che ci siano meno fumatori. Per correggere l'errore sistematico devo tener conto matematicamente di questo fatto o selezionare sin dall'inizio un numero equivalente di fumatori tra i vegetariani, rischiando però di introdurre un altro errore sistematico perché il campione non è più casuale.

È rimasto famoso il caso del sondaggio elettorale effettuato dal quotidiano «Chicago Tribune» in occasione dell'elezione presidenziale americana del 1948: Thomas E. Dewey contro Harry S. Truman. Il sondaggio fu effettuato telefonicamente e i suoi risultati davano vincente Dewey. Il giornale doveva andare in stampa quando ancora i risultati ufficiali non erano noti. Fidandosi dei suoi analisti politici e dei risultati del sondaggio telefonico, il giornale uscì con un titolo a nove colonne: *Dewey sconfigge Truman*. Peccato che la mattina successiva i risultati ufficiali annunciavano la vittoria di Truman. Che cosa era successo? I telefoni all'epoca erano costosi e solo la classe medio-alta poteva permetterseli. Il campione telefonico dunque non era rappresentativo dell'elettore medio, che avrebbe votato Truman in percentuale maggiore, dandogli la vittoria. Il «Chicago Tribune» era caduto vittima del *selection bias*.

Quarto passo: attenzione agli errori

Bene, avete fatto il possibile per selezionare in modo corretto i vostri pomodori o le fattorie da cui li avete presi, anche se qualcosa può esservi sfuggito. Vi fidate dei dati che avete raccolto. Ora potete annunciare al mondo i risultati. È noto che sulle riviste scientifiche vengono pubblicati più frequentemente i risultati positivi, dai quali emerge un effetto di qualche tipo, rispetto a quelli negativi. Se i vostri pomodori bio sono risultati statisticamente identici a quelli convenzionali potreste non essere entusiasti del risultato e non aver voglia di perdere tempo a scrivere un articolo. Magari state anche facendo esperimenti di altro tipo dove avete notato un effetto imprevisto e vi dimenticate dei pomodori. Insomma, se non siete proprio motivati potreste pensare che, dopo tutto, quei pomodori non valgano la fatica e vi convenga lasciar perdere. Nessuno saprà mai del vostro esperimento negativo. Questo fenomeno è noto nella letteratura scientifica come *reporting bias* (potremmo tradurlo in italiano come «errore sistematico dovuto alle preferenze nel riportare le ricerche», e con questo capite anche perché nella scienza si preferiscano spesso i termini in inglese).

Siete però un ricercatore coscienzioso, sapete che è importante far conoscere i risultati delle vostre ricerche *anche* se queste hanno dato esito negativo. Dopo tutto, un risultato negativo è comunque un risultato. Decidete di scrivere un articolo che descriva il vostro esperimento. Purtroppo però è anche dimostrato che è più difficile farsi pubblicare quando si descrivono gli esiti di ricerche «negative» (in cui non si è osservato nulla di eclatante). Gli editori delle riviste scientifiche infatti accettano più volentieri ricerche che mostrano differenze o ritrovamenti originali. Anche per questo effetto si è coniato un nome: *publication bias* (errore sistematico dovuto alla pubblicazione). Questo significa che può essere più facile trovare articoli che descrivano differenze significative tra due pomodori, o tra due farmaci, che non articoli che dimostrino come non ci sia alcuna differenza statistica.

Esiste poi anche un effetto dovuto al «committente» di un certo studio. È più probabile, ad esempio, che una ricerca su un determinato farmaco mostri degli effetti positivi se l'indagine è stata finanziata dall'azienda farmaceutica produttrice. Ho come il sospetto che la cosa non vi sorprenda più di tanto. Questo non significa necessariamente che le ricerche pubblicate siano state falsificate: è più facile che gli studi dai quali è emerso un risultato sfavorevole all'azienda non siano stati pubblicati, sbilanciando così la statistica.

Questo non significa neppure che una ricerca sui pomodori biologici finanziata da un'associazione che promuove l'agricoltura biologica, uno studio di Greenpeace sugli OGM, un rapporto di una multinazionale su un suo farmaco o una ricerca sull'efficacia dei prodotti omeopatici (non chiamiamoli farmaci, per favore) realizzata dalla ditta che li mette in commercio sia da rigettare in partenza. Nella scienza si deve *sempre* entrare nel merito, anche se è bene accostarsi all'analisi della ricerca con un misurato sospetto.

Quinto passo: c'è rivista e rivista

Armati delle più buone intenzioni decidete che volete far conoscere a tutti i risultati delle vostre ricerche e aggiungere il vostro tassello all'insieme delle pubblicazioni scientifiche nel mondo (collettivamente chiamate «letteratura scientifica»).

Scopo primario di una pubblicazione scientifica è spiegare *per filo e per segno* tutto quello che avete fatto, che cosa avete visto, come avete calcolato e analizzato i dati e così via. Tutto insomma. Chi leggerà il vostro resoconto deve avere tutte le informazioni necessarie per giudicare se il vostro studio è stato fatto nel migliore dei modi, se vi siete dimenticati qualche cosa, se non ci sono degli errori, se avete interpretato i risultati in modo statisticamente errato e così via.

Ci sono vari modi per raccontare i risultati del vostro lavoro, e *non* sono tutti equivalenti dal punto di vista dell'accoglienza e dell'importanza che la comunità scientifica gli attribuirà. La prima cosa che potete fare è scrivere un breve riassunto, preparare un po' di diapositive da proiettare o da stampare, andare a un congresso e sottoporre il vostro resoconto agli altri ricercatori, fornendo più dettagli possibile. Oppure potete scrivere un rapporto e pubblicarlo sul vostro sito web o in qualche archivio online. O magari la ricerca l'ha fatta un vostro studente e l'ha descritta nella tesi di laurea o di dottorato.

Se vi fermaste qui però non sareste dei buoni scienziati. A questo tipo di pubblicazioni, chiamate in gergo «letteratura grigia», non viene data generalmente molta importanza perché mancano i controlli minimi sulla qualità della ricerca. Diciamo che, in una seria discussione scientifica su qualunque tema, citare a sostegno delle proprie tesi un «rapporto» pubblicato solo su internet o una comunicazione a un congresso vale come il due di picche quando briscola è fiori (o come il due di bastoni quando briscola è denari, se preferite).

E che non vi venga in mente, a questo punto, di indire una conferenza stampa per illustrare il vostro lavoro. Non

A chi dobbiamo credere? 139

se ne parla nemmeno. I vostri colleghi scienziati dello stesso campo non hanno ancora potuto valutare se la ricerca è ben fatta e meritevole di far parte della letteratura scientifica. Troppo spesso negli ultimi anni ricercatori poco professionali hanno affidato alla stampa le proprie considerazioni, magari lanciando allarmi salutistici, prima che la comunità scientifica potesse valutare l'affidabilità di quelle conclusioni. E troppo spesso organizzazioni e gruppi di pressione vari hanno approfittato di quei rapporti per cercare di influenzare l'opinione pubblica o i legislatori. Troppe volte è successo che, dopo un attento esame della comunità scientifica, certe ricerche strombazzate sui giornali siano risultate prive di fondamento. Ma ormai il danno era fatto. Questa tattica di utilizzare rapporti non sottoposti a verifica è purtroppo all'ordine del giorno. È usata dalle industrie alimentari per promuovere prodotti, dalle associazioni ambientaliste per le loro battaglie, da politici e *policy makers* per le loro strategie.

Sesto passo: la revisione dei pari

Poiché siete scienziati seri, dopo aver presentato i vostri risultati a un congresso non ci pensate neppure a convocare una conferenza stampa o a strombazzare i vostri risultati su qualche sito web, magari gestito da attivisti di qualche tipo che non si farebbero scrupoli a usare le vostre ricerche in modo scorretto, convinti che tutto fa brodo pur di salvare il mondo. Vi decidete invece a scrivere un articolo contenente *tutti* i dettagli sulla vostra ricerca, in modo tale che i lettori abbiano gli elementi per decidere se le vostre conclusioni sono solide.

Scrivete il vostro articolo, descrivendo minuziosamente che cosa avete fatto, riportando accuratamente i dati senza nessuna esclusione e indicando chiaramente come li avete analizzati. Ora decidete di spedirlo a una rivista scientifica. Dovete solo scegliere quale.

Esistono migliaia di riviste specializzate nella pubblicazione di articoli scientifici, solitamente vendute solo per abbonamento alle biblioteche e agli istituti di ricerca. Come per le squadre di calcio, diciamo che esistono riviste di serie A molto prestigiose, dove si pubblicano tendenzialmente (ma non sempre) lavori di qualità. Poi ci sono quelle di serie B e così via, a scendere. È purtroppo vero che in tutti i campi ci sono riviste dove si può pubblicare qualsiasi schifezza, quindi il fatto che una determinata ricerca sia stata pubblicata da qualche parte non è di per sé un indice di affidabilità. La carriera e la notorietà di uno scienziato dipendono anche dalle riviste su cui pubblica i propri lavori. Un articolo uscito su «Nature» o «Science» o «The Lancet» ha immediatamente una risonanza mondiale, mentre uno pubblicato su un oscuro periodico, magari in lingua italiana, non avrà lo stesso impatto.

Siete convinti che la vostra ricerca sia importante, che rivoluzionerà le conoscenze sul pomodoro. Volete che abbia più risonanza possibile e quindi decidete di spedire il vostro manoscritto a una rivista prestigiosa. Che succede a questo punto? I vari *editors,* spesso scienziati ma non necessariamente del vostro campo e quindi non titolati nel giudicare la qualità del vostro articolo, spediscono il manoscritto a uno o più scienziati del vostro settore, o che comunque sono in grado di dare un giudizio di merito su quanto avete scritto. Questo processo si chiama in gergo *peer review* (revisione dei pari). I revisori possono essere più di uno e svolgono il loro lavoro in modo anonimo e gratuito.

A tutti noi scienziati capita di dover fare da revisore ad articoli scritti da altri. Fa parte del nostro mestiere. Scopo del revisore è verificare che l'articolo non contenga errori grossolani, che l'esperimento sia stato effettuato come si deve, che sia stato descritto in tutti i dettagli, che le conclusioni siano solide, che l'autore abbia tenuto conto di quanto era già noto dalla letteratura e così via. I revisori possono giudicare l'articolo meritevole di pubblicazione su una certa rivista, oppure chiedere all'autore ulteriori approfondimenti, o ancora rifiutare l'articolo e dichiararlo non pubblicabile perché contiene qualche errore. In quest'ultimo caso l'autore può richiedere un giudizio di appello (in modi diversi a seconda della rivista), ma alla fine dovrà accettare il giudizio dei revisori che, come ho spiegato, rimangono anonimi proprio per non subire pressioni indebite da parte dell'autore.

Cosa succede se l'articolo è stato rifiutato? Se possibile, gli errori indicati dai revisori andrebbero corretti prima di ritentare una pubblicazione, magari su una rivista meno prestigiosa e, diciamo così, più «di bocca buona». Può anche accadere però che l'autore cerchi di pubblicare l'articolo senza cambiamenti, errori compresi. Scendendo lungo la scala di prestigio e di serietà delle riviste scientifiche, è praticamente sicuro che qualcuno prima o poi accetterà di pubblicare quel lavoro. Ci sono editori di riviste non proprio eccelse che hanno letteralmente fame di testi da pubblicare.

In fondo alla scala della decenza ci sono le riviste che *non* hanno un processo di revisione dei pari. Praticamente pubblicano qualsiasi cosa venga loro spedita, a patto che ricada nel campo specifico di cui si occupano. Non c'è da stupirsi: le riviste scientifiche sono un business lucroso per alcuni editori. A essere gentili, un articolo apparso su una rivista senza *peer review* vale come la carta con cui si avvolge il formaggio. I giornalisti che raccontano di una «nuova rivoluzionaria ricerca pubblicata che dimostra bla bla bla» sono al corrente di questi fatti? Lo spero proprio.

Che succede se l'articolo ha passato le forche caudine dei revisori e viene pubblicato? Deve ritenersi esente da problemi? Vengono accettate le sue conclusioni? No, non ancora. La pubblicazione su una rivista, anche la più prestigiosa, non è una garanzia che la ricerca sia valida. Se tutti gli articoli pubblicati che in seguito si sono rivelati sbagliati dovessero sparire magicamente dagli scaffali si libererebbe molto spazio nelle biblioteche scientifiche.

Non voglio per nulla suggerire che ci sia della malafede. Ci sono casi in cui accade, ma credo che siano un'esigua minoranza, e specialmente in campi dove ci sono potenzialmente molti soldi coinvolti. Il fatto è che, come dicevamo, fare scienza è difficile, e fare buona scienza lo è ancora di più.

La pubblicazione serve essenzialmente per permettere alla comunità scientifica di leggere ed eventualmente criticare l'articolo, entrando nel merito. Magari c'è stato un *selection bias* e l'autore non se ne è accorto. Magari l'analisi statistica non era appropriata e i revisori non l'hanno notato e così via. Una volta pubblicato il lavoro, la comunità scientifica inizia a discuterne e a valutarne sia la qualità sia le implicazioni. Magari qualche altro scienziato può essere stimolato a ripetere la ricerca, nello stesso modo o variando alcuni parametri, per verificarne le conclusioni.

Non è infrequente che, in campi come la nutrizione e la medicina, vengano pubblicati articoli in contraddizione tra loro. A volte solo dopo centinaia di ricerche e anni di studi si giunge a una conclusione, che è sempre solo semidefinitiva.

Il punto della situazione: le rassegne sistematiche

Sulle riviste scientifiche non si pubblicano solamente i risultati di esperimenti originali. Esiste anche una categoria speciale di articoli, chiamati «rassegne» (*reviews* in inglese) in cui gli autori si preoccupano di fare il punto della situazione su un determinato argomento, andandosi a leggere pazientemente decine, a volte centinaia di articoli originali per tracciare un quadro d'insieme. In questo modo l'eventuale studio «sballato» viene controbilanciato da altri studi magari fatti meglio o che mettono in luce aspetti diversi del fenomeno prima non considerati.

La cosiddetta «rassegna sistematica» (*systematic review*) ha la caratteristica di prendere in considerazione *tutti* gli articoli pubblicati su un certo argomento che soddisfano determinati criteri di qualità scientifica. In un certo senso, è il riassunto più «onesto» che si possa fare sulle conoscenze raggiunte in un determinato campo.

Un editoriale del 2007 dal titolo *Il bisogno di rassegne sistematiche sulla nutrizione e la dietetica* pubblicato sul «British Journal of Nutrition» lamenta la situazione:

> Può essere sconcertante scoprire che, al fine di trovare delle prove che una certa pratica sia efficace, si debba scartabellare tra decine, centinaia o migliaia di rapporti di studi primari, e alla fine del processo scoprire che si sono trovati risultati contradditori.
> Le rassegne sistematiche sono la migliore fonte di evidenze sperimentali perché cercano di ridurre le preferenze, consce o inconsce, di solito in favore di metodi nuovi. È ben documentato che ricercatori e medici ricordano e citano studi dove si è visto un qualche effetto [...], mentre gli studi dove non si è visto un effetto [...] sono più difficili da documentare.[5]

La tattica della selezione mirata

Il *selection bias* è spesso involontario. C'è però una pratica assai diffusa, utilizzata moltissimo da gruppi di interesse e dall'industria agroalimentare: riportare sistematicamente al grande pubblico *solamente* le ricerche che fanno più comodo. Supponiamo di essere un'azienda alimentare interessata a lanciare un nuovo succo di frutta con presunte proprietà salutistiche. L'industria vuole aggiungerci della vitamina Z (non esiste, è solo per fare un esempio) e dichiararlo in etichetta per convincere i consumatori che questo prodotto è meglio del succo concorrente che non la contiene. Supponiamo che la ricerca scientifica sulla vitamina Z sia tutt'altro che univoca, e che in letteratura compaiano sia articoli a favore di un presunto effetto benefico di questa (immaginaria) sostanza sia articoli contrari. Non c'è problema, basta citare solamente gli articoli a favore e siamo a posto. Si scrive un «rapporto», si apre un sito web sui benefici della vitamina Z, si convince qualche giornale o rivista a parlarne e il gioco è fatto. Fateci caso la prossima volta che siete al supermercato: che ne sapete voi se *veramente* la vitamina E aggiunta al succo di frutta è benefica? O se gli omega 3 o il selenio aggiunto alle patate facciano bene alla salute? Ci credete perché avete letto qualche articolo su riviste e giornali? Dovete solo sperare che chi ha scritto l'articolo abbia fatto una seria ricerca in letteratura prima di trarre le sue conclusioni e non si sia basato solo sulle affermazioni di chi ha, ovviamente, interessi economici in gioco per vendere determinati prodotti.

Una «selezione mirata» è ciò che ha fatto l'AIAB nella sua pagina internet riportata all'inizio di questo capitolo, per cercare di dimostrare che i prodotti biologici sono più ricchi di nutrienti. Non dice cose false, e fornisce anche (cosa rara e apprezzabile) i riferimenti bibliografici dai quali trae le proprie affermazioni. Però gli articoli pubblicati in letteratura sono citati in modo selettivo: soltanto quelli a favore. D'altra parte un sito web non è una rivista scientifica, con una sua etica e con le sue regole di pubblicazione. Ma questo il lettore comune non lo sa e non può farsi un'idea del valore di quelle notizie.

Onesti o efficaci?

Nel gioco dei dadi vince chi lancia il numero più alto. Ora supponiamo che io vada a strombazzare ai quattro venti ogni volta che vinco, ma che taccia quando pareggio o perdo. Posso addirittura affermare di possedere un dado «numerologicamente superiore» che mi permette di vincere. Il punto è che se non si riportano correttamente *tutti* i dati (le partite, nel mio caso), chi legge le notizie non può giudicare il grado di affidabilità di una mia affermazione. Al lettore che voglia iniziare ad approfondire l'argomento di come troppo spesso articoli scientifici di qualità dubbia – e in generale la cattiva scienza – vengano usati per scopi commerciali consiglio il libro *La cattiva scienza* di Ben Goldacre (Bruno Mondadori 2009).

La colpa della cattiva informazione scientifica non è solo dei media e dei giornalisti: a volte ci si mettono direttamente gli scienziati, volontariamente o meno. Sempre più spesso sono esposti mediaticamente e intervistati da giornalisti incompetenti che pretendono una risposta di dieci secondi a una domanda complessa che richiederebbe mezz'ora di spiegazioni, ma la pubblicità preme, ed è per questo che sempre più spesso gli scienziati intervistati, per dire qualche cosa che «lasci il segno» in quei preziosi dieci secondi di notorietà mediatica, si abbandonano a dichiarazioni apocalittiche oppure trionfalistiche, semplificando troppo e rendendo un cattivo servizio alla scienza e al pubblico.

Questa situazione è stata descritta con disarmante candore da Stephen Schneider, famoso climatologo, convinto ambientalista e sostenitore a spada tratta dell'origine antropica del riscaldamento globale. In un'intervista alla rivista «Discovery», Schneider ha dichiarato:

> Per un verso, come scienziati siamo eticamente legati al metodo scientifico e promettiamo di dire la verità, tutta la verità e nient'altro che la verità, il che significa che dobbiamo includere tutti i dubbi, i *caveat*, i «se» e i «ma».
> D'altra parte non siamo solo scienziati ma anche esseri umani. E come tutti vorremmo che il mondo fosse migliore, il che in questo contesto significa lavorare per ridurre il rischio di cambiamenti climatici potenzialmente disastrosi. Perciò abbiamo bisogno di un largo supporto, di catturare l'immaginazione del pubblico. Questo ovviamente significa avere moltissima copertura mediatica. Così dobbiamo prefigurare scenari terrificanti, fare affermazioni drammatiche e semplificate e non parlare degli eventuali dubbi. Questo «doppio legame etico» in cui spesso ci troviamo coinvolti non può essere risolto con qualche formula. Ognuno di noi deve decidere qual è il giusto equilibrio tra l'essere «efficaci» e l'essere onesti. Spero si possa essere l'uno e l'altro.

Ho purtroppo il dubbio che qualche scienziato in tv e sui giornali sposti l'equilibrio un po' troppo verso l'«efficacia» a discapito della correttezza dell'informazione.

Dopo questa lunga digressione su come funzionano le pubblicazioni scientifiche, di cui vi ho dato una descrizione semplificata, possiamo tornare all'argomento iniziale: i cibi biologici sono più nutrienti o no di quelli convenzionali? Che dice la scienza, *tutta* la scienza? Lo vedremo nel prossimo capitolo.

---

[1] http://www.assobio.it/cosa-dice-la-ricerca.html
[2] http://espresso.repubblica.it/dettaglio/Bio-non-fa-miracoli/1732248

[3] http://www.lastampa.it/_web/cmstp/tmplrubriche/scienza/grubrica.asp?ID_blog=38&ID_articolo=1370&ID_sezione=243&

[4] Questi detti popolari non hanno validità scientifica, e quando sono stati messi alla prova con esperimenti controllati si sono dimostrati falsi. Se qualcuno di voi sta pensando «ma l'effetto della luna sulle maree ad esempio è dimostrato» vi ricordo che le maree ci sono sia quando la luna è illuminata che quando non lo è. È un effetto che dipende dalla gravità perché la luna c'è sempre, anche se non la vediamo.

[5] C. D. Summerbell, H. J. Moore, *The need for systematic reviews on nutrition and dietetics*, in «British Journal of Nutrition», vol. 98, 2007, pp. 663 664.

Gli alimenti biologici nutrono di più?

Una ricerca su una questione controversa

Gli alimenti biologici, allora, sono più nutrienti? Per rispondere a questa domanda sono state effettuate centinaia di ricerche. Abbiamo già detto come spesso studi diversi abbiano portato a conclusioni diverse, generando confusione fra i consumatori. Alcune rassegne non sistematiche sono state pubblicate di recente allo scopo di indagare meglio la faccenda. Purtroppo questo è uno dei casi in cui la selezione degli articoli può dare risultati differenti. Alcune rassegne concludevano che gli alimenti biologici hanno un contenuto superiore di alcuni nutrienti, altre invece non riscontravano differenze significative.

Per cercare di dirimere la questione, la Food Standard Agency (FSA), l'agenzia britannica per la sicurezza alimentare, ha commissionato una rassegna sistematica sull'argomento a un istituto scientifico, la Nutrition and Public Health Intervention Research Unit della prestigiosa London School of Hygiene & Tropical Medicine. Lo scopo della ricerca era vagliare la letteratura sull'argomento e confrontare la composizione di alimenti prodotti in modo convenzionale o biologico, fornendo un rapporto aggiornato, oggettivo e indipendente.

La rassegna è stata completata nel luglio 2009 e ha generato un terremoto nel mondo dell'agricoltura biologica. È stata pubblicata sulla rivista «American Journal of Clinical Nutrition» ma è disponibile gratuitamente sul web.[1] La FSA ha anche commissionato una seconda ricerca sui presunti effetti benefici sulla salute derivanti dal consumo di cibi biologici. Ne parleremo più avanti.

Nessuno aveva mai effettuato prima una rassegna sistematica sull'argomento. A questo proposito, gli autori osservano che «un approccio sistematico offre chiari vantaggi in termini di riduzione degli errori, perché ad esempio l'inclusione o l'esclusione degli studi può essere influenzata dalle idee preconcette dei ricercatori».

Lo studio era dedicato agli aspetti nutrizionali, quindi ha esplicitamente escluso tutte quelle ricerche volte a indagare l'effetto sull'ambiente dell'agricoltura biologica, o a rilevare tracce di pesticidi e fungicidi su frutta e verdura. Qualcuno, sulla stampa e sul web, ha criticato il fatto che questi articoli fossero stati esclusi a priori. Si tratta di un'osservazione priva di senso: le rassegne sistematiche, come ho spiegato, si focalizzano su un aspetto e cercano di trarre delle conclusioni, e non è certo possibile mescolare fattori diversi come gli aspetti nutrizionali, quelli ambientali e quelli sui residui di pesticidi, di cui abbiamo già parlato.

Una selezione secondo criteri di qualità

Gli scienziati incaricati dalla FSA hanno cercato su tre grandi database di pubblicazioni scientifiche tutti gli articoli pubblicati dal 1958 al febbraio 2008 che confrontavano le sostanze nutrienti nei cibi biologici e convenzionali. I testi potevano essere scritti in qualsiasi lingua, ma il riassunto (*abstract*) doveva essere in inglese.[2]

Utilizzando parole chiave come *organic agriculture, comparison, nutrients* e così via, la ricerca nei database ha individuato 52.417 citazioni di possibile interesse. Come sa benissimo chiunque abbia provato a fare una ricerca su Google, i possibili documenti candidati devono poi essere esaminati uno a uno per verificare che siano realmente pertinenti. Questo controllo ha selezionato 292 possibili pubblicazioni rilevanti per lo studio. Può sembrare una riduzione notevole, ma poiché lo scopo di una rassegna sistematica è quello di dare la miglior opinione possibile su un certo argomento, è necessario escludere a priori le pubblicazioni che non soddisfino i requisiti minimi di qualità. In questo caso si è deciso di scartare qualsiasi pubblicazione non sottoposta a *peer review*, ossia comunicazioni a congressi, rapporti, tesi di laurea e altre fonti con un grado di affidabilità basso. I ricercatori poi hanno escluso i lavori non direttamente rilevanti (ad esempio quelli che si focalizzavano sul contenuto di elementi contaminanti come piombo e mercurio).

Gli articoli meritevoli di essere inclusi nella rassegna sono risultati 162, di cui 30 scritti in una lingua diversa dall'inglese; 120 articoli selezionati sono stati pubblicati dopo il 2000. Il numero di articoli presi in considerazione non è molto elevato, e questo probabilmente la dice lunga sulla qualità globale dei lavori pubblicati in questo campo: 44 di essi sono stati esclusi perché erano stati pubblicati senza il processo di revisione dei pari (insomma, non valgono nulla, e mi chiedo quante volte magari siano stati citati sui giornali). Ogni articolo è stato passato al setaccio da due ricercatori per estrarne i risultati e costruire un database globale. Su un totale di cento alimenti e 455 tra nutrienti e altre sostanze analizzate, solamente per 23 sostanze si sono trovati dati sufficienti per un'elaborazione statistica.

A questo punto gli autori della rassegna hanno fatto una cosa molto interessante: hanno attribuito un livello di qualità a ogni testo. Se l'articolo soddisfaceva una serie di requisiti era considerato di buona qualità. Una delle richieste era ad esempio la presenza di una descrizione precisa delle varietà agricole indagate: non quindi «pomodori», ma «pomodori san Marzano». Questo è di fondamentale importanza se si vogliono raffrontare in modo corretto i prodotti, altrimenti si rischia di confrontare le proverbiali pere con le mele. Doveva poi essere indicata con precisione la metodologia statistica utilizzata per analizzare i dati, e ho già spiegato come questo sia fondamentale per permettere a chi legge l'articolo di capire quanto significative siano le eventuali differenze riscontrate. Dovevano essere indicati chiaramente i metodi di produzione biologica, incluso il nome dell'ente certificatore. Anche questo è fondamentale perché nel mondo i termini «organico» o «biologico» vengono declinati in modi diversi, e alcune pratiche agricole ammesse in un paese possono essere vietate in un altro. In mancanza di questi e altri requisiti, la ricerca veniva etichettata come di bassa qualità. Solamente 55 articoli (il 34 per cento dei 162 iniziali) soddisfacevano i requisiti minimi. È un numero molto basso, che fa riflettere: è infatti necessario migliorare il livello della ricerca scientifica in questo campo se si vogliono ottenere risultati attendibili e riproducibili. Un invito che gli autori della rassegna rivolgono a «tutti i ricercatori che lavorano su questi argomenti».

Lo studio ha preso in esame i vari nutrienti, eventualmente raggruppati in famiglie (quella degli antiossidanti, ad esempio, include diverse molecole), e per ogni nutriente ha calcolato le differenze percentuali riscontrate. Questo è stato necessario per poter confrontare studi diversi. In altre parole, indagando per esempio il contenuto di vitamina C nei vari alimenti (latte, mele, pomodori ecc.) si è verificato quale fosse la deviazione percentuale tra la quantità di vitamina presente negli alimenti bio e in quelli convenzionali.

Differenze non significative

Confrontando tutti i dati disponibili, la rassegna concludeva che «per 16 delle 23 categorie di sostanze analizzate non ci sono prove che esista una differenza tra i vegetali prodotti in modo biologico e quelli ottenuti in modo convenzionale».[3] Questi ultimi «hanno mostrato livelli significativamente più alti di azoto rispetto ai prodotti biologici. Nei prodotti biologici invece sono stati riscontrati livelli significativamente più alti di zuccheri, magnesio, zinco, materia secca, composti fenolici e flavonoidi rispetto ai prodotti convenzionali».[4]

Quindi moltissimi nutrienti, tra cui la vitamina C, il calcio e il potassio, sono statisticamente presenti in misura simile nelle due tipologie di prodotti, e non pare proprio che si possa parlare di «superiorità». Questi risultati sono stati ottenuti analizzando tutti i 162 articoli. Se però si utilizzano solo quelli di alta qualità, le categorie di nutrienti sui quali non si rilevano differenze sono ancora di più: 20 su 23. Pur confermando i dati sui diversi livelli di azoto, più alti nei vegetali prodotti in modo convenzionale, nei prodotti biologici si registravano soltanto «livelli più alti di fosforo e di acidità».

Che i contenuti di azoto siano diversi non stupisce troppo, visto che si tratta di un elemento presente nei fertilizzanti. Non potendo utilizzare prodotti di sintesi, l'agricoltura biologica è meno efficiente nel fornire alle piante l'azoto indispensabile per la costruzione delle proteine. È noto ad esempio che il frumento coltivato biologicamente soffra di un minore contenuto di proteine del glutine, a causa della minore concimazione, e questo può essere un problema per la panificazione. D'altra parte la maggiore acidità dei prodotti biologici – dovuta probabilmente al fatto che i vegetali vengono raccolti a uno stadio più avanzato di maturazione – può significare alimenti più gustosi.

Il fatto che all'aumento della qualità metodologica degli articoli analizzati corrisponda una diminuzione delle differenze tra le due tipologie di prodotti fa pensare che gli articoli di minore qualità contengano qualche errore che porta a vedere differenze quando queste in realtà non esistono.

È un fenomeno che si riscontra anche in altri campi controversi, ad esempio l'omeopatia. I preparati omeopatici risultano avere un effetto superiore al semplice effetto placebo (in cui al paziente viene somministrata a sua insaputa una sostanza inerte ma che lui crede essere un farmaco) solamente negli articoli di bassa qualità, il che fa supporre che i risultati siano viziati da errori metodologici.[5] Negli studi di qualità elevata, controllati sin nei minimi particolari e basati su analisi statistiche corrette, le pillole omeopatiche risultano equivalenti ai placebo; questo la dice lunga sulla qualità di molta ricerca pubblicata, che invece di essere bloccata è passata attraverso il filtro imperfetto della revisione dei pari.

Anche nei prodotti di origine animale – carne, uova, latte e così via – non sono state riscontrate differenze significative nelle categorie di nutrienti analizzate, se si esclude il fatto che «i prodotti animali da allevamenti biologici hanno livelli significativamente più alti di acidi grassi poliinsaturi, acidi grassi trans e acidi grassi (non specificati) rispetto ai prodotti provenienti da animali allevati in modo convenzionale».[6]

La cosa curiosa è che se si includono tutti gli articoli, indipendentemente dalla qualità, risulta che i prodotti biologici da animali hanno un contenuto più alto di grassi trans,[7] su cui c'è un allarme ormai in tutto il mondo per le loro conseguenze sull'insorgenza delle malattie cardiovascolari. Le differenze rilevate sono piccole, e quasi sicuramente non comportano conseguenze sulla salute. Ovviamente sui giornali ci si guarda bene dal menzionarle perché metterebbero in cattiva luce i prodotti biologici.

In realtà, come accaduto per i vegetali, se si includono solo i lavori a più alta qualità, anche queste differenze scompaiono e l'unica differenza significativa che rimane è il contenuto di azoto.

Vediamo dunque le conclusioni della rassegna:

> Per la maggioranza dei nutrienti esaminati non è stata rilevata una differenza nel contenuto di nutrienti e altre sostanze tra prodotti biologici e convenzionali, suggerendo che le due categorie siano largamente confrontabili. Le differenze rilevate nel contenuto di alcuni nutrienti e altre sostanze sono biologicamente plausibili e molto probabilmente correlate alle differenze di gestione delle colture e degli animali, e alla qualità del suolo. Non ci sono prove che una dieta più ricca di quelle sostanze che si trovano in quantità superiore nei prodotti biologici in confronto a quelli convenzionali possa portare benefici a individui che consumano una normale dieta variata, ed è perciò improbabile che queste differenze nel contenuto di nutrienti siano rilevanti per la salute dei consumatori.

Insomma, siccome nella scienza l'onere della prova sta in chi fa delle affermazioni, se qualcuno sostiene che il cibo biologico è più nutriente lo deve dimostrare, e quel che emerge dalle ricerche condotte sino a ora è che questa dimostrazione non è stata trovata.

La seconda rassegna sistematica della FSA, commissionata agli stessi ricercatori, ha indagato gli effetti sulla salute derivanti dal consumo di prodotti biologici.[8] Sorprendentemente, solo undici articoli sottoposti a *peer review* sono stati pubblicati, e solamente tre di questi soddisfacevano i criteri di qualità minima stabiliti per la prima rassegna. Anche in questo caso le conclusioni sono negative:

> A causa della disponibilità limitata di dati, della loro grande variabilità e dei timori sull'affidabilità di alcuni risultati riportati, al momento non ci sono prove di benefici alla salute derivanti dal consumo di cibi biologici rispetto ai cibi prodotti in modo convenzionale. Osserviamo che queste conclusioni si basano sugli studi attualmente disponibili sul contenuto nutrizionale dei cibi, che hanno delle limitazioni di fondo e non sono facilmente confrontabili tra loro.

Le reazioni della stampa: l'importante è... «emozionarsi»

Come sono stati accolti questi studi in Italia? C'è chi, come il quotidiano «La Stampa», ha sparato un titolo a effetto come *Il biologico? Fa bene solo a chi lo produce*, che però non riassume in modo fedele i risultati della rassegna. C'è chi ha reagito sostenendo che fosse riduttivo andare a cercare solo i nutrienti. Sarà pure riduttivo, ma è inutile far finta di cadere dal pero: per anni i consumatori sono stati bombardati con messaggi sulla presunta superiorità nutrizionale dei cibi biologici, quindi era ora che qualcuno andasse a verificare in modo rigoroso se questo era vero. In ogni caso, ben vengano ovviamente le future rassegne sistematiche su altri aspetti come l'influenza dei residui di pesticidi sulla salute dei consumatori. Ma ricordatevi degli studi di Bruce Ames sui pesticidi naturali presenti nel cibo.

C'è chi l'ha buttata sull'economico: «Il comparto bio è in forte crescita. In questo modo lo si danneggia». Forse, e allora? Da quando in qua la correttezza scientifica si basa sui dati di vendita? Se cerchi di convincere il consumatore a comperare i tuoi prodotti basandoti su messaggi scientificamente non dimostrati ti devi aspettare che prima o poi qualcuno ne verifichi la veridicità. Anche il mercato degli oroscopi e quello dell'omeopatia sono in forte crescita. Forse che uno scienziato non dovrebbe dire nulla che possa danneggiare un settore? Perché non ribaltiamo la prospettiva e diciamo invece che, se si fa credere al consumatore che ci sono dei benefici ma questi non sono affatto dimostrati dalla ricerca scientifica, si *danneggia* il consumatore?

C'è chi, a proposito delle conclusioni della FSA, ha gridato al complotto contro il biologico riferendosi ad altri lavori che invece dimostravano il contrario. Il più citato in assoluto è un articolo secondo il quale i pomodori biologici contengono più vitamina C di quelli convenzionali. Chi risponde in questa maniera dimostra prima di tutto di non avere letto la rassegna, visto che il discorso è generale e non focalizzato su un singolo alimento. In più dimostra di non avere affatto capito che cosa sia una rassegna sistematica: è quanto di più vicino al vero possiamo dire oggi, con le conoscenze attuali, e il suo valore è superiore a qualsiasi altro studio parziale effettuato in passato proprio perché *tutti* gli altri studi, se di qualità sufficiente, sono stati presi in considerazione.

C'è poi chi, come Carlo Petrini di Slow Food, la butta sull'emotivo:

> Udite udite: un pomodoro bio non avrebbe più vitamine di un pomodoro convenzionale. E allora? Anche ammesso fosse

vero – e ci sono fior di ricerche a provare il contrario – pensano davvero che i consumatori scelgono il bio solo perché credono abbia più vitamine? Non li sfiora il pensiero che chi sceglie di consumare o produrre bio ha una visione un poco più complessa e ampia del cibo? Non si vive di sole vitamine. Si vive di rispetto dei ritmi di maturazione, di tutela della fertilità dei terreni, di paesaggi custoditi, di bellezza pur nello sviluppo, di tessuto sociale, di bontà organolettica, di relazioni umane come quelle che si instaurano in un mercato di prossimità. Si vive di assenza di residui chimici. Si vive di cibo raccolto quando è maturo e prodotto nei territori vocati, si vive di cibo spostato il meno possibile, si vive di cibo vero. E si vive di cibo trasparente. Una delle ragioni principali per cui i consumatori scelgono il bio è che sanno cosa è.[9]

Diffido sempre di chi vuole convincere non con argomenti razionali, ma puntando sulle emozioni. Mi ricorda il «lato oscuro della forza» alla Darth Fener, per chi è appassionato di *Star Wars*, dove le emozioni prendono il controllo sul lato razionale. «Relazioni umane», «territori vocati», «paesaggi custoditi», «bellezza», «bontà», «assenza di residui chimici» (*sic!*): queste per me sono solo belle parole di un esercizio retorico. Rispettabili parole romantiche, ma che non mi seducono. Parlano al mio cuore, forse, ma non al mio cervello. Lontane anni luce dal mio approccio che, non lo nascondo, cerca invece di eliminare il più possibile gli aspetti emotivi per focalizzarsi sui fatti nudi e crudi, che non riscaldano il cuore e non rimandano a un passato mitologico dell'età agricola dell'oro, in realtà mai esistita. Ma sono fatti: l'unica cosa di cui uno scienziato deve discutere. E comunque non credo proprio che «una delle ragioni principali per cui i consumatori scelgono il bio è che sanno cosa è». Non nascondiamoci che molti lo scelgono perché pensano che sia «più nutriente». Cosa non vera.

Qui ci si dimentica sempre che i soldi non si creano dal nulla. Lo so, è una cosa sgradevole da dire, ma ogni tanto è bene ricordarlo. I cibi biologici sono mediamente più costosi. Troppo spesso gli scienziati si perdono dietro ai dettagli senza prendere in considerazione gli effetti economici su larga scala. Supponiamo che da un giorno all'altro tutti gli acquisti di frutta e verdura in Italia si trasferiscano dai prodotti convenzionali a quelli biologici. Poiché questi ultimi costano mediamente di più di quelli convenzionali, per la stessa quantità di denaro speso dalle famiglie italiane avremo un consumo totale *inferiore* di frutta e verdura, e di conseguenza una *minore* assunzione di tutti quei nutrienti di cui abbiamo discusso. Paradossale, vero? E per assumere la stessa quantità di nutrienti dovremmo convincere tutte le famiglie italiane a spendere di più. Io me lo posso permettere, e ogni tanto compero frutta e verdura biologica se noto una superiorità organolettica per cui valga la pena di pagare di più. Altre volte il mio palato non rileva alcuna differenza, o nota addirittura un gusto inferiore, e quindi mi oriento diversamente. In altre parole, acquisto i prodotti se li ritengo buoni e con un buon rapporto gusto/prezzo, indipendentemente da come sono stati prodotti. Dal punto di vista salutistico è molto più importante consumare molta frutta e verdura, possibilmente fresca, che non preoccuparsi della provenienza e dei metodi di coltivazione. E sinceramente mi sembra difficile convincere milioni di famiglie italiane a sborsare di più per le mele o i limoni biologici parlando solo di «paesaggi custoditi» e di «tessuto sociale».

---

[1] London School of Hygiene and Tropical Medecine, Nutrition and Public Health Intervention, *Comparison of composition (nutrients and other substances) of organically and conventionally produced food-*

stuffs: a systematic review of the available literature. Report for the Food Standards Agency, disponibile all'indirizzo http://www.food.gov.uk/multimedia/pdfs/organicreviewappendices.pdf

[2] L'inglese è ormai la lingua internazionale per le pubblicazioni scientifiche. Esistono ancora riviste specializzate in lingue diverse, ma sempre più spesso anche quelle che escono in paesi non di madrelingua inglese, come Russia, Italia o Germania, vengono scritte in inglese per poter avere una diffusione più ampia.

[3] London School of Hygiene and Tropical Medecine, *Comparison of composition* cit. Le 16 sostanze prese in esame dalla rassegna sono le seguenti: vitamina C, calcio, fosforo, potassio, solidi solubili totali, acidità, rame, ferro, nitrati, manganese, ceneri, proteine specifiche, sodio, carboidrati, beta carotene e zolfo.

[4] Ivi, p. 17

[5] Per una panoramica godibile del problema si legga B. Goldacre, *La cattiva scienza*, Bruno Mondadori, Milano 2009.

[6] Le categorie analizzate sono le seguenti: acidi grassi saturi, acidi grassi monoinsaturi (cis), acidi grassi poliinsaturi omega-6, grassi (non specificati), acidi grassi poliinsaturi omega-3, acidi grassi trans, azoto e ceneri.

[7] I grassi di tipo trans sono particolari molecole di grassi insaturi per i quali negli ultimi decenni si sono accumulate prove che siano corresponsabili di alcune patologie cardiovascolari. Vengono prodotti dai processi di idrogenazione degli oli, ad esempio in alcune margarine, ma sono presenti in piccole quantità anche in prodotti naturali come carne o latte.

[8] *Comparison of putative health effects of organically and conventionally produced foodstuffs: a systematic review*, reperibile all'indirizzo http://www.food.gov.uk/multimedia/pdfs/organicreviewreport.pdf. Sono stati presi in esame tutti gli articoli con requisiti minimi di qualità pubblicati negli ultimi cinquant'anni che hanno indagato i possibili effetti dei nutrienti contenuti nei cibi biologici, escludendo gli studi relativi ai residui di pesticidi eventualmente presenti sui cibi.

[9] C. Petrini, *Ma il biologico fa bene?*, «la Repubblica», 31 luglio 2009 (http://www.europass.parma.it/page.asp?IDCategoria=596&IDSezione=0&ID=335995).

Biologico o agricoltura convenzionale per sfamare il mondo

Paesaggi modificati dall'agricoltura

Se fate un giro per le colline intorno a Barolo, in provincia di Cuneo, non potete non rimanere ammirati dalla bellezza delle vigne, così geometricamente ordinate e pulite, madri di un meraviglioso vino. La stessa sensazione la si può provare passando al tramonto verso l'inizio dell'autunno nelle colline del Chianti, o in qualche zona di produzione dell'olio extravergine. E che dire dell'affascinante visione di un campo di grano maturo? Questi paesaggi secolari, quando non addirittura millenari, ci appaiono ormai come parte integrante dell'habitat. Se a fianco di un campo di pomodori in Sicilia o di un campo di mais nella Bassa padana vediamo un capannone industriale della ditta «Vito Catozzo e figli, rubinetti dal 1972», non abbiamo dubbi su cosa sia «naturale» e cosa no. Peccato che, romanticismi a parte, dal punto di vista della natura e della biodiversità non è detto che ci sia poi tutta questa differenza.

Il tema della biodiversità e della sua diminuzione è uscito ormai da qualche anno dalle pagine delle riviste scientifiche specializzate per raggiungere la stampa a grande diffusione. A volte si parla di biodiversità in modo improprio, riferendosi ad esempio alla perdita (vera o presunta) di vecchie varietà agricole di frutta e verdura che ormai non si trovano più sui banconi dei fruttivendoli o dei supermercati. C'è del vero, anche se spesso ci si dimentica dell'altra faccia della medaglia, e cioè che molte nuove varietà agricole una volta non esistevano. In più, praticamente tutte le varietà agricole che coltiviamo e consumiamo, a parte poche eccezioni, non esistono allo stato selvatico e non sopravvivrebbero due stagioni se non fossero continuamente coltivate (avete forse mai visto un peperone selvatico in un bosco?).

Per correttezza, quando si parla di biodiversità ci si dovrebbe riferire alla totalità delle specie viventi: rinoceronti, aironi e stambecchi, ma anche batteri, vermi, insetti, ragni, erbe infestanti, funghi e così via. Se consideriamo il numero di specie viventi presenti sulla terra e i motivi legati alla loro diminuzione nell'ultimo secolo scopriamo che una delle cause principali, se non la prima, del declino della biodiversità mondiale è l'intensificazione e l'espansione della moderna agricoltura. La meccanizzazione, i pesticidi e i fertilizzanti fanno la loro parte, ma all'origine c'è la trasformazione dei terreni incolti in campi coltivati. Più che un habitat naturale, i vigneti a cui accennavo prima potrebbero essere considerati un sistema semiartificiale che richiede una costante presenza umana per «funzionare». Non siamo poi tanto distanti da una fabbrica. D'altra parte questo è lo scopo delle vigne: produrre uva, così come lo scopo di un campo di mais è, appunto, produrre mais. Ed è naturale pensare di farlo nel modo più efficiente possibile.

Il biologico protegge la biodiversità?

In Europa la maggior parte della terra è destinata all'agricoltura. In Gran Bretagna, ad esempio, il 77 per cento della superficie è dedicata alla produzione agricola o all'allevamento. Questo significa che una buona parte della biodiversità esistente – uccelli, mammiferi, insetti, piante e così via – è presente sui terreni agricoli. Vi sono indizi che correlano il declino della popolazione di uccelli con il recente sviluppo agricolo. Questo è uno dei motivi per cui l'Unione europea e molte legislazioni nazionali promuovono metodi di produzione agricola come quello biologico, nella speranza che questi sistemi siano di beneficio per la biodiversità. Gli agricoltori che scelgono di coltivare in modo biologico ricevono spesso degli incentivi, in mancanza dei quali i loro prodotti spesso non potrebbero essere competitivi sul mercato.

Si tratta di denaro pubblico. Una gran quantità di denaro. Quindi è legittimo chiedersi in che misura queste pratiche agricole siano benefiche per la biodiversità. Da qualche anno vari scienziati hanno cercato di gettare un po' di luce sulla faccenda, e si sono messi a contare vermi, ragni, insetti, erbacce, uccelli e piccoli mammiferi sia nei campi coltivati in modo biologico sia in quelli convenzionali.

È opportuno dire subito che un confronto di questo genere è tutt'altro che semplice. Non basta prendere due campi a caso, uno bio e l'altro convenzionale, e fare la conta degli esseri viventi per chilometro quadrato. Un confronto del genere sarebbe privo di senso perché qualsiasi differenza misurata potrebbe essere dovuta alle caratteristiche del suolo, al clima, al tipo di coltura o a una semplice variazione statistica. Perché i risultati siano significativi è necessario che le differenze tra tutti questi fattori, e molti altri, siano ridotte al minimo in modo da poter attribuire eventuali influenze sulla biodiversità solamente al metodo di coltivazione e non a qualche altro fattore.

Una rassegna pubblicata nel 2005 sulla rivista «Biological conservation» prende in esame 76 studi effettuati da vari ricercatori che hanno messo a confronto, dal punto di vista della biodiversità esistente nei campi coltivati, l'agricoltura biologica e quella convenzionale.[1] Gli autori mettono subito in chiaro che moltissimi studi presentavano problemi metodologici e non consentivano di trarre conclusioni affidabili al 100 per cento, perché quasi mai è stato possibile effettuare esperimenti controllati. Il più delle volte i campi presi in esame appartenevano ad aziende diverse e quindi non è stato possibile confrontare direttamente l'effetto del tipo di gestione agricola perché i vari appezzamenti di terreno differivano anche per altre caratteristiche. Ad esempio le coltivazioni delle aziende biologiche erano spesso meno estese di quelle a coltivazione intensiva, e quindi avevano un impatto diverso sulla biodiversità. Anche quando si riescono a tenere sotto controllo tutti i fattori fisici (tipo di suolo, coltura, ampiezza delle coltivazioni ecc.), ne rimangono alcuni non eliminabili. Gli agricoltori biologici potrebbero per esempio essere più propensi a utilizzare pratiche agricole meno dannose per la fauna, anche se non imposte in modo specifico dai protocolli dell'agricoltura biologica, il che altera il confronto statistico. Gli autori elencano anche altri fattori che rendono molti articoli in esame poco «solidi» dal punto di vista scientifico.

Ciò detto, i risultati hanno messo in evidenza uno specifico trend. Tredici studi hanno rilevato nei campi biologici un'abbondanza maggiore di flora, cioè un numero di specie più alto, mentre otto studi non hanno rilevato alcuna differenza. A questo punto il lettore-agricoltore sbotterà: «Ma che diavolo! È ovvio che se non metto diserbante mi ritrovo un sacco di erbacce! Per forza aumenta la biodiversità! Lo scopo dell'agricoltura non è certo coltivare gramigna e fiordalisi». Vero, verissimo. A volte gli scienziati sono un po' lontani dalla realtà. Però se si contano anche le varie specie di ragni, vermi, farfalle, uccelli e mammiferi si osserva una tendenza comune. Spesso, ma non sempre, le coltivazioni biologiche supportano una maggiore biodiversità di quelle convenzionali. Ad esempio, su tredici studi volti a misurare il numero di vermi presenti nel terreno, sette ne hanno trovati di più nei terreni biologici, due in quelli convenzionali, mentre quattro studi non hanno osservato differenze. Sette studi hanno trovato una quantità maggiore di uccelli, mentre due non hanno riscontrato differenze. Simili risultati sono emersi per ragni, mammiferi, microbi e così via. Ciò significa che i risultati possono dipendere anche da altri fattori, visto che non sempre i dati erano a favore dell'agricoltura biologica, ma sicuramente emerge una tendenza generale, e cioè che queste pratiche agricole tendono a preservare maggiormente la biodiversità. Uno stato quindi può considerare di interesse pubblico mantenere la biodiversità e quindi sovvenzionare l'agricoltura biologica o comunque pratiche agricole che contribuiscono almeno a non peggiorare la situazione attuale.

Il problema del fabbisogno alimentare

Tutto chiaro quindi? Abbiamo trovato la soluzione? Basta diffondere il biologico nel mondo e risolviamo il problema della biodiversità? Non proprio. Come al solito i problemi vanno inquadrati sotto diverse angolazioni.

Secondo le Nazioni Unite e la FAO, entro il 2050 la richiesta di cibo nel mondo raddoppierà. Chi sostiene che c'è abbastanza cibo per tutti e che basta ridistribuirlo fa un'affermazione priva di prospettiva, oltre che banalmente ingenua ed economicamente sciocca. Sarebbe come dire che il problema della povertà non sono i soldi: infatti ce ne sono abbastanza per tutti, si tratta solo di ridistribuirli. Facile vero? Come ho fatto a non pensarci prima!

Il problema non è ridistribuire il cibo. L'agricoltura non è una attività che si svolge per beneficenza. Lo scopo dell'agricoltore è il profitto. Forse che voi lavorate gratis? Invece si devono mettere i poveri del mondo nelle condizioni di produrre il *loro* cibo e di migliorare le loro condizioni di vita.

Detto questo e dando per assodato che da qui al 2050 si debba aumentare la produzione di cibo per sfamare nove o dieci miliardi di persone, proviamo a fare qualche ragionamento sui numeri. Dal 1961 al 1999 vi è stato nel mondo un aumento del 12 per cento delle superfici coltivate. Le rese medie per unità di area sono cresciute del 106 per cento. Questo incremento è dovuto principalmente ad un aumento del 97 per cento dell'irrigazione, del 638 per cento nell'uso di fertilizzanti azotati, del 203 per cento di fosfati e del 854 per cento di pesticidi.[2]

La crescita della popolazione mondiale porterà inevitabilmente all'estensione delle terre coltivate, specialmente nei paesi poveri e in quelli in via di sviluppo. Si stima che potrebbero servire fino a un miliardo di ettari di terra in più. Dal 1961 le superfici coltivate nei paesi poveri e in via di sviluppo sono aumentate del 20 per cento, mentre nei paesi occidentali sono diminuite, con un incremento delle superfici di terra lasciate incolte. Nei paesi occidentali la produzione di cibo è aumentata esclusivamente grazie alle maggiori rese agricole. Nei paesi poveri le rese stanno migliorando, ma restano molto più basse a causa dei metodi di coltivazione primitivi, della scarsa irrigazione, della poca fertilizzazione, della carenza di infrastrutture e di altri fattori come le guerre e i disastri naturali.

È l'aumento delle terre dedicate all'agricoltura, in precedenza lasciate incolte, che minaccia la biodiversità. La differenza non è tanto tra biologico e convenzionale, quanto tra un campo coltivato e un campo incolto. È indubbio che coltivare qualsiasi cosa, per quanto «amici dell'ambiente» possano essere i metodi usati, porta necessariamente a una diminuzione della biodiversità. Come detto prima, lo scopo dell'agricoltura non è quello di allevare ragni e aironi. In questo senso una vigna e il capannone della ditta Vito Catozzo a cui accennavamo all'inizio sono molto simili.

Cibo e biodiversità: due esigenze opposte

Abbiamo quindi due esigenze opposte: produrre cibo a sufficienza per tutti, sia per chi non ha da mangiare oggi sia per i miliardi di persone che verranno, e allo stesso tempo preservare la biodiversità, evitando l'estinzione di altre specie di uccelli e mammiferi. Credo che nessuno abbia da obiettare rispetto al primo punto. Qualcuno potrebbe però sostenere che la protezione della biodiversità dovrebbe passare in secondo piano rispetto al diritto al cibo di miliardi di persone. Tuttavia, non è detto che non si riescano a perseguire entrambi gli obiettivi, bilanciando le diverse esigenze.

E qui torniamo ai due modelli di agricoltura. Abbiamo visto che il metodo biologico sembra garantire una minore riduzione della biodiversità, ma le sue rese sono spesso inferiori a quelle dell'agricoltura convenzionale che utilizza agrofarmaci e fertilizzanti. Le rese dipendono dal tipo di coltura: per alcune le differenze sono minime, ma per altre il biologico arriva a produrre il 50 per cento in meno. Questo significa che per poter ottenere la stessa quantità di cibo sono necessarie superfici maggiori.

È indubbio che questo problema coinvolga anche aspetti politici, sociali ed economici e che non vada affrontato solo dal punto di vista tecnico della produzione. È sicuramente importante affrontare i temi dell'accesso al cibo, della povertà e dell'«eguaglianza alimentare». Tuttavia se la domanda di cibo a livello mondiale aumenterà entro il 2050, non ci si può nascondere dietro un dito ed evitare di spiegare in che modo si potrà far crescere la produzione alimentare.

Nei paesi poveri e in via di sviluppo non c'è oggi altra soluzione che estendere le superfici coltivate. E quindi ritorniamo al problema della riduzione della biodiversità. Dal canto suo, l'agricoltura intensiva, più dannosa per la biodiversità se misurata per unità di area, richiede una minore superficie per produrre la stessa quantità di cibo e quindi permetterebbe (il condizionale è d'obbligo) di lasciare incolta una maggiore quantità di terra e di preservarne la biodiversità. In altre parole, l'agricoltura intensiva potrebbe risultare «migliore» se misurata per unità di cibo prodotto. Ovviamente, ciò vale solo se la terra non destinata alle coltivazioni non viene utilizzata in altro modo, ad esempio costruendo un capannone della Vito Catozzo.

In Occidente in effetti è successo proprio questo: negli anni Ottanta i paesi con le rese agricole più elevate hanno mostrato un tasso di deforestazione più basso rispetto a paesi con rese agricole minori. Se preferite, potete vedere le cose al contrario: in paesi come gli Stati Uniti le rese sono raddoppiate in pochi decenni. Se ciò non fosse accaduto, per produrre la stessa quantità di cibo sarebbe servito il doppio della terra. È matematica e non si scappa.

È vero che per alcune colture si produce di più di quanto serva, specialmente nei paesi industrializzati. E si produce di più perché si mangia di più (a volte troppo, visto il problema dilagante dell'obesità). Tuttavia i paesi in cui ciò avviene sono a crescita demografica nulla. In presenza di una popolazione in crescita, come succede nei paesi poveri e in via di sviluppo, pensare di chiudere il discorso con un «produciamo già troppo» è sbagliato. E se pensate che il problema non riguardi l'Italia perché magari avete ancora impresse le immagini delle arance mandate alla distruzione o avete creduto a chi sostiene che non dobbiamo produrre di più ma puntare sulla qualità, be', vi sbagliate.

L'Italia dipende dall'estero per il 40 per cento del grano duro, per il 70 per cento del grano tenero, per il 25 per cento del mais, per il 90 per cento della soia e per il 50 per cento delle carni. Ogni anno la nostra bilancia agroalimentare è in rosso per circa dieci miliardi di euro. Non è certo coltivando cipolla di Tropea biologica (per carità, ottima) o lenticchie di Castelluccio (ottime pure loro) che possiamo pareggiare i conti.

Biologico o convenzionale? Un dilemma irrisolto

Occorre dunque scegliere tra una quantità maggiore di terra coltivata con metodi più rispettosi per la biodiversità ma a resa più bassa, e una quantità minore di coltivazioni intensive che garantiscono rese più elevate e consentono di lasciare aree disponibili per la natura. Qual è l'opzione migliore, soprattutto pensando ai paesi in via di sviluppo?

Per cercare di risolvere il dilemma gli scienziati Rhys Green, Stephen Cornell, Jörn Scharlemann e Andrew Balmford hanno proposto un modello matematico, necessariamente semplificato, che utilizza i dati disponibili sul gruppo di animali di cui conosciamo meglio la distribuzione e i pericoli di estinzione: gli uccelli. I risultati sono stati pubblicati nel 2005 sulla prestigiosa rivista «Science». Lo studio ribadisce che «l'agricoltura è già la più grave minaccia di estinzione per gli uccelli (il gruppo più studiato), e i suoi effetti negativi sembrano destinati ad aumentare, specialmente nei paesi in via di sviluppo».[3]

A proposito dei due modelli di agricoltura di cui abbiamo parlato, gli scienziati osservano:

> Risultati ottenuti in Costa Rica e altrove mostrano che, anche utilizzando pratiche agricole benigne, la terra coltivata ospita molte meno specie – specialmente quelle della cui conservazione ci si preoccupa – che non gli habitat relativamente intatti esistenti in precedenza. Quindi, se l'agricoltura più rispettosa della fauna comporta rese molto minori, la miglior via per raggiungere l'obiettivo della produzione di cibo e la conservazione delle specie potrebbe essere quella di aumentare le rese su terra già convertita all'agricoltura, riducendo quindi il bisogno di convertire altri habitat intatti, ed eventualmente riportando terreni precedentemente coltivati al loro stato più naturale.

I ricercatori non forniscono una risposta su quale sia il tipo di agricoltura migliore, ma rendono esplicito «il dilemma se per la biodiversità sia meglio un'agricoltura ad alta resa, una a bassa resa, o una via di mezzo».

Il modello utilizzato è necessariamente semplificato e sicuramente perfettibile. Non tiene conto di vari fattori, ad esempio di come i pesticidi utilizzati nell'agricoltura intensiva possano avere effetti sulla fauna anche al di fuori delle coltivazioni. Inoltre, come giustamente notano gli scienziati, non è dato sapere se le conclusioni relative agli uccelli si possano estendere alla biodiversità in generale. Lavori come questo servono però ad illustrare come spesso i problemi siano molto più complessi di quanto appaia ad una prima occhiata. In questi casi affidarsi a facili slogan non contribuisce alla comprensione.

Il punto di vista della FAO

Anche lasciando perdere la salvezza degli uccelli e il resto della fauna interessata, sarebbe davvero possibile e auspicabile convertire al biologico tutta l'agricoltura mondiale? Allo stato attuale la risposta sembra essere negativa.

Da anni la FAO guarda con interesse alle pratiche dell'agricoltura biologica, soprattutto in rapporto alla produzione di cibo nei paesi poveri e in via di sviluppo. Nel corso di un convegno del maggio 2007 dal titolo *Agricoltura biologica e sicurezza alimentare* la prestigiosa organizzazione ha cercato di identificare «i punti di forza e di debolezza dell'agricoltura biologica e il suo contributo al raggiungimento della sicurezza alimentare».[4] Nella presentazione si legge: «L'agricoltura biologica non è più un fenomeno che riguarda solo i paesi sviluppati, ma è oggi praticata commercialmente in 120 paesi, con 31 milioni di ettari coltivati e un mercato di oltre 40 miliardi di dollari nel 2006».

A dire il vero l'atteggiamento della FAO nei confronti dell'agricoltura biologica è sempre stato un po' oscillante e ambiguo. Il comunicato stampa relativo al convegno citava un articolo di una ricercatrice secondo cui l'agricoltura biologica potrebbe produrre cibo a sufficienza per il fabbisogno della popolazione mondiale, con un minore impatto ambientale.

Lo studio da cui sono tratte queste conclusioni è stato effettuato dall'Università del Michigan ed è basato, esattamente come quello di cui vi ho parlato sopra, su modelli matematici approssimati e sicuramente imperfetti. Trarre conclusioni affrettate e definitive da ricerche come queste è sempre molto azzardato, e infatti quello studio è stato criticato da altri ricercatori. Nulla di strano: è ordinaria amministrazione nella pratica scientifica di tutti i giorni. La stampa però non è andata tanto per il sottile. Sui giornali di tutto il mondo sono apparsi titoli come questo: *La FAO sostiene che l'agricoltura biologica può sfamare il mondo intero*. Una manna dal cielo mediatica per le organizzazioni dei produttori biologici e i gruppi di pressione come Greenpeace che la sostengono.

Solo dopo vari mesi la FAO si è decisa a prendere una posizione. Il 10 dicembre 2007 il suo direttore generale Jacques Diouf ha dichiarato che il lavoro a cui si riferiva la stampa non rifletteva la posizione ufficiale dell'organizzazione. La rettifica fu diffusa attraverso un comunicato dal titolo *L'agricoltura biologica può contribuire alla lotta contro la fame, ma per sfamare il mondo servono i fertilizzanti chimici*. Il documento precisava:

> La FAO non ha ragione di credere che l'agricoltura biologica possa sostituire i sistemi agricoli tradizionali nell'assicurare la sicurezza alimentare del mondo, ha affermato oggi il direttore generale della FAO, Jacques Diouf. [...]
> «Dobbiamo utilizzare l'agricoltura biologica e incoraggiarla» ha detto Diouf. «Essa produce alimenti salutari e nutrienti, e rappresenta una crescente fonte di reddito sia per i paesi sviluppati sia per quelli in via di sviluppo. Ma non è possibile dar da mangiare a sei miliardi di persone oggi – e nove miliardi nel 2050 – facendo a meno di un impiego prudente di input chimici». [...]
> Secondo la FAO i dati e i modelli relativi alla produttività del biologico rispetto all'agricoltura convenzionale mostrano che il suo potenziale è lungi dall'essere sufficiente ad alimentare il mondo.[5]

I prodotti coltivati biologicamente in genere hanno prezzi più alti di quelli ottenuti con metodi convenzionali e dunque rappresentano una buona fonte di reddito per gli agricoltori. Il comunicato della FAO prosegue:

Però devono soddisfare standard di coltivazione e di qualità più rigorosi e richiedono particolari competenze, grandi investimenti e un tipo di organizzazione che li mette fuori della portata degli agricoltori con scarse risorse dei paesi in via di sviluppo.
«Un uso prudente di input chimici, in particolare i fertilizzanti, potrebbe aiutare notevolmente a incrementare la produzione alimentare in Africa sub-sahariana, dove gli agricoltori usano meno di un decimo dei fertilizzanti impiegati dai loro colleghi asiatici» ha aggiunto Diouf. Buona parte delle terre africane soffrono di problemi quali l'acidità e la scarsa fertilità e hanno un grande bisogno di nutrienti e di miglioramenti della terra. Nel suo rapporto annuale sullo sviluppo mondiale di quest'anno la Banca mondiale fa notare che «lo scarso impiego di fertilizzanti è uno degli ostacoli principali all'aumento della produttività agricola nell'Africa sub-sahariana». Il Malawi, che per anni ha ricevuto aiuti alimentari, ha di recente incrementato la sua produzione di mais grazie all'adozione di misure quali la fornitura ai piccoli agricoltori di sementi e fattori produttivi, inclusi i fertilizzanti.
«Certamente gli input chimici vanno usati con grande attenzione», ha aggiunto Diouf. «Si devono scegliere quelli appropriati e con le giuste quantità, e si devono usare in modo corretto e al momento opportuno». [...]
Gli elementi chiave per dar da mangiare alla popolazione mondiale adesso e nel futuro saranno: maggiori investimenti pubblici e privati, politiche e tecnologie idonee, la diffusione delle conoscenze e lo sviluppo delle capacità, nel quadro di una gestione sostenibile dell'ecosistema. «Non esiste una soluzione unica al problema di sfamare i poveri ed i sottonutriti», ha concluso Diouf [...].[6]

Insomma, grande attenzione a qualsiasi metodo agricolo che possa aiutare la produzione agricola dei paesi poveri, ma qui la soluzione magica in tasca non ce l'ha nessuno.

---

[1] D. G. Hole, A. J. Perkins, J. D. Wilson, I. H. Alexander, V. P. Grice, A. D. Evans, *Does organic farming benefit biodiversity?*, in «Biological conservation», vol. 122, 2005, pp. 113-130.

[2] R. E. Green, S. J. Cornell, J. P. Scharlemann, A. Balmford, *Farming and the fate of wild nature*, in «Science», vol. 307, 2005, pp. 550-555.

[3] *Ibidem.*

[4] http://www.fao.org/organicag/ofs/docs_en.htm

[5] http://www.fao.org/newsroom/en/news/2007/1000726/index.html

[6] *Ibidem.*

La spesa a km 0 è più sostenibile?

I chilometri percorsi dal cibo

Nel corso degli anni è notevolmente cambiato il modo di produrre e di distribuire il cibo, dal campo o dall'allevamento fino alla nostra tavola. I fenomeni più vistosi sono stati la globalizzazione dell'industria alimentare, l'incremento dell'import/export di alimenti e materie prime, la concentrazione dei grandi produttori a scapito dei piccoli, l'aumento dei grandi punti vendita centralizzati e la diminuzione del numero dei piccoli negozi, con il conseguente aumento di grandi autoveicoli per il trasporto di generi alimentari. Se sessant'anni fa i cibi percorrevano solo pochi chilometri, dalla produzione alla padella, ora possono viaggiare per centinaia o migliaia di chilometri prima di finire in tavola.

Negli ultimi decenni il mercato dei prodotti alimentari si è globalizzato. A livello internazionale il commercio di prodotti alimentari è passato da 450 miliardi di dollari nel 1995 a 739 miliardi di dollari nel 2006.[1] La domanda per prodotti esotici e «fuori stagione» è molto aumentata. Parallelamente sono diminuiti i costi del trasporto globale e le tariffe doganali agricole degli Stati Uniti e dell'Unione europea. È indubbio che tutti questi cambiamenti abbiano un impatto ambientale: sul traffico, sulle emissioni di anidride carbonica e di smog, sul consumo energetico e così via. Appare tuttavia difficile trovare un modo semplice per quantificarlo.

Negli ultimi anni ha cominciato a diffondersi l'uso di contare i «chilometri percorsi» dal cibo (i *food miles* nel mondo anglosassone, che potremmo anche tradurre con «chilometri alimentari») come indice per misurare l'impatto ambientale. La semplice logica dietro questo concetto è che più un alimento ha viaggiato, più energia ha consumato, più combustibili fossili ha bruciato, più gas serra ha emesso (i gas serra includono l'anidride carbonica, il metano e altri gas), e quindi più alto è l'impatto ambientale meno il cibo è ecologicamente sostenibile. Studi recenti però mostrano che le cose non sono così semplici.

Ma non basta considerare la distanza

Nel 2005 il DEFRA, il ministero dell'Ambiente e dell'agricoltura britannico, ha commissionato uno studio per verificare l'utilità del *food mile* come indice di sostenibilità ambientale, arrivando alla conclusione «che un indicatore basato solo sullo spazio percorso non può essere una misura attendibile dell'impatto ambientale totale», per molteplici motivi.[2] Una delle difficoltà risiede nel fatto che circa la metà del chilometraggio percorso, il 48 per cento, è coperto dal compratore. E questo perché, semplificando, se un singolo trasporto su camion può scaricare al punto vendita cento polli, poi vi saranno cento automobili di consumatori che si sposteranno per andare ad acquistare un pollo ciascuno. Da questo punto di vista allora potrebbe essere ecologicamente preferibile – per lo meno in Gran Bretagna – acquistare i prodotti in un supermercato centralizzato che non effettuare vari viaggi in negozi più piccoli, uno per acquistare il pollo ruspante, uno per la frutta dal contadino e così via. In più la grande distribuzione, continua il rapporto, può trasportare in modo più efficiente le merci utilizzando pochi autoveicoli pesanti al posto di un grande numero di veicoli più piccoli e meno efficienti, come avverrebbe attraverso un sistema distributivo non centralizzato. D'altra parte i veicoli pesanti sono responsabili del 33 per cento delle emissioni di anidride carbonica derivanti dal trasporto del cibo, mentre le automobili dei privati incidono per il 13 per cento, ma sono a loro volta le principali responsabili della congestione del traffico. Insomma, le cose sono molto più complicate di quanto inizialmente si poteva sospettare. Quel rapporto, nel suo piccolo, ha fatto molto scalpore nel movimento che potremmo chiamare del «cibo locale». Dal 2005 gli studi si sono susseguiti, e da più parti si è arrivati alle stesse conclusioni: considerare solamente i chilometri percorsi non solo non è un buon indice, preso singolarmente, di sostenibilità ambientale, ma rischia addirittura di causare più danni di quanti ne vorrebbe risolvere.

Mele e agnelli dall'altro capo del mondo

Elmar Schlich e Ulla Fleissner dell'Università di Giessen hanno adottato l'approccio dell'ecologia di scala nell'analisi del costo energetico totale per produrre e portare carne d'agnello nella cucina di una casa tedesca. A questo scopo hanno confrontato agnelli allevati in Nuova Zelanda, macellati e spediti surgelati in Germania, con agnelli allevati vicino a casa.[3] Circa il 60 per cento della carne di agnello consumata in Germania proviene dalla Nuova Zelanda, mentre il restante è prodotto localmente.

L'ipotesi che un cibo prodotto in loco richieda sempre meno energia totale di un cibo importato è risultata falsa. È stata invece trovata una correlazione tra le dimensioni dell'azienda e il consumo energetico: le aziende piccole sono meno efficienti dal punto di vista energetico, e questo si riflette sul prodotto finale. Nonostante le distanze, serve meno energia per produrre carne d'agnello in una grande fattoria neozelandese e portarla via nave ad Amburgo che per produrla in una piccola fattoria in Germania. Oltre alle ecologie di scala si deve anche considerare il diverso ambiente: in Germania gli agnelli devono essere tenuti al coperto, riscaldati e nutriti con mangimi per almeno cinque mesi all'anno, con un costo energetico che invece è molto ridotto in Nuova Zelanda per il diverso clima e territorio.

Considerando la frutta e la verdura non basta tenere conto del tipo di prodotto, ma anche del mese in cui lo si acquista. Secondo un studio di Michael Blanke e Bernhard Burdick, a marzo (poiché la raccolta avviene in autunno) le mele tedesche battono, ecologicamente parlando, quelle importate dalla Nuova Zelanda, ma molto meno di quanto ci si aspetti considerando semplicemente i chilometri percorsi, visto che le mele tedesche devono sostare cinque mesi in depositi ad atmosfera controllata e refrigerate a 1°C. In altri periodi dell'anno può essere energeticamente meno costoso per un tedesco acquistare mele dalla Nuova Zelanda (dove le stagioni sono invertite) che non da altri paesi europei, per l'incidenza del trasporto su strada e dello stoccaggio.[4]

Lo stesso vale per le cipolle: dal punto di vista delle emissioni di anidride carbonica, in alcuni mesi dell'anno in Inghilterra conviene farle arrivare dalla Nuova Zelanda piuttosto che acquistare quelle britanniche.[5]

La stagionalità è ovviamente importante, ma questo non è certo una novità, anche se ormai, abituati a trovare nei supermercati fragole e pomodori dodici mesi l'anno, non ricordiamo più qual è il mese dei porri e quello del radicchio. Se comperate pomodori a febbraio (e non mi dite che non lo fate! li compero anch'io ogni tanto) dovreste tenere conto del fatto che sono cresciuti in serre riscaldate e illuminate artificialmente, e quindi hanno richiesto più energia di analoghi pomodori coltivati in Africa, anche se sono prodotti a due passi da casa e li acquistate al mercato dei contadini.

Intendiamoci, non voglio minimamente suggerire che sia sempre meglio la spesa a 10.000 km. Sarebbe altrettanto assurdo. Se un abitante di Trento compera acqua minerale prodotta a Roma e un romano acquista quella proveniente dal Trentino, che presumibilmente ha costi energetici simili, be', questo è sicuramente uno spreco. Quando si criticano comportamenti o concetti ritenuti da molti «ecologicamente corretti» c'è sempre il rischio di venir presi per negazionisti totali. Si tratta invece di comprendere meglio l'applicabilità di certi concetti che, se banalizzati e semplificati troppo, diventano solo parole prive di significato.

Dal forcone alla forchetta: un calcolo complicato

Ho molto rispetto per i sentimenti che portano i consumatori a essere sensibili a certi argomenti. Mi piace però cercare di distinguere i fatti dagli slogan, e non sopporto i messaggi ultrasemplificati e generalizzati. Penso che il km 0 sia uno di questi. Forse può portare a effetti collaterali positivi, ad esempio rendendo i consumatori più consapevoli dei costi economici e ambientali, palesi o nascosti, di ciò che mettono nel carrello. Tuttavia può anche portare a comportamenti contrari agli obiettivi di riduzione dell'impatto ambientale globale che si afferma di voler perseguire: pensate agli agnelli neozelandesi.

Avrebbe molto più senso ad esempio cominciare a distinguere le varie filiere produttive. In alcuni casi può essere economicamente e ambientalmente sostenibile avere filiere «lunghe e globali». In altri casi i vantaggi potrebbero essere maggiori con una filiera corta.

Se avete voglia di leggervi gli articoli segnalati nelle note di questo capitolo troverete ovviamente molti casi in cui la fragola *local* «consuma meno» di quella *global*. Il punto importante però è che ciò non è sempre vero, e che comunque conteggiare semplicemente i chilometri non fornisce un'idea dell'impatto ambientale reale. Il calcolo completo, dal «forcone alla forchetta», è spesso molto complicato perché si tratta di stimare metodi di produzione molto diversi, calcolare le spese energetiche per l'aratura, la semina, il raccolto, la quantità e il tipo di pesticidi utilizzati, il trasporto, lo stoccaggio e così via. Ad esempio, per produrre lo stesso vegetale l'impiego di fertilizzanti e pesticidi potrebbe essere più elevato in una certa zona del pianeta che in un'altra. Considerando solo i chilometri si ignorano le altri variabili in gioco, al punto che, paradossalmente, preferire la verdura «locale» a quella «globale» potrebbe implicare un maggior consumo di fertilizzanti e pesticidi oltre che di energia.

I prodotti locali vengono poi spesso considerati «migliori» anche per quel che riguarda il gusto. È comprensibile che molti lo pensino. Forse a volte è anche così, ma non può essere vero in generale: lo spagnolo considererà i pomodori spagnoli (locali per lui) migliori di quelli campani (locali per me). È ovvio che non possiamo avere entrambi ragione.

I cosiddetti *farmer's market* («mercati dei contadini») sono punti vendita dove l'agricoltore incontra direttamente il consumatore. Anche in Italia cominciano a diffondersi. Ci andate perché la spesa costa meno? Benissimo. Ci andate perché trovate che la qualità sia migliore che al supermercato? Ottimo. Ma se ci andate perché pensate che sia ecologicamente più sostenibile che comperare frutta e verdura egiziana o cilena, ricordatevi dell'ecologia di scala: un piccolo produttore può essere più inefficiente dal punto di vista energetico. In più pensate che uno studio del 2007 ha calcolato che se fate dieci chilometri in macchina per andare a comperare soltanto un chilo di verdura, generate più anidride carbonica che non facendola arrivare direttamente dal Kenya.[6] E questo ovviamente perché mentre voi spostate una tonnellata di autoveicolo per acquistare un chilo di fagiolini, un carico dall'Africa ne trasporta molte tonnellate alla volta. In proporzione, i consumi energetici o le emissioni di CO_2 individuali possono essere superiori a quelli necessari per portare i prodotti sino ai mercati.

Crudo, bollito o al forno?

Se vogliamo estremizzare il concetto, giusto per mostrare quanto sia poco sensato porre l'efficienza energetica sopra ogni altra considerazione, nell'analisi del percorso «dal forcone alla forchetta» dobbiamo considerare anche il modo in cui un alimento viene cucinato.

Un gruppo di ricercatori svedesi ha calcolato le richieste energetiche relative a una serie di ortaggi: il dato è fornito in joule, l'unità di misura che si usa per confrontare l'energia spesa. Produrre un chilo di pomodori in Svezia (in serra ovviamente) costa 66 MJ/kg (megajoules per chilogrammo), mentre importarli dalla Spagna costa «solo» 5,4 MJ/kg. Far arrivare fragole via aerea dal Medio Oriente costa 29 MJ/kg, esattamente come cucinare al forno delle patate svedesi a km 0. Se invece le patate vi rassegnate a bollirle e vi scordate il profumino delle patate arrosto (cosa non si fa per «la causa»), allora il consumo totale si riduce a 4,7 MJ/kg. Insomma, per l'ambiente è meglio mangiare fragole fresche arrivate via aerea che patate locali fatte arrosto.

Se il confronto vi sembra ridicolo avete perfettamente ragione, ma perché è assurdo il punto di partenza. Ci piace sentirci moralmente superiori per quello che «avremmo potuto fare»: è facile e a buon mercato. All'ambiente però interessa non tanto ciò che avremmo potuto fare ma ciò che abbiamo realmente fatto, e quindi se si insiste sulla validità di questi confronti non si può fare a meno anche di calcolare il consumo energetico della cottura. Se poi mentre mangiamo spegniamo la luce e accendiamo la candela è ancora meglio da questo punto di vista. Insomma, ci si infila in un ginepraio privo di senso.

Ma perché le biciclette no?

Fin qui gli studi. Permettetemi ora qualche considerazione personale: ma perché c'è tutto questo parlare di km 0 per il cibo e non per, che so, l'acquisto di una bicicletta, un vestito, un paio di scarpe, un detersivo o un mazzo di rose? Si dirà che mangiamo ogni giorno, ma non acquistiamo una bicicletta tutti i giorni. Vero. Ma è anche vero che acquistiamo beni di consumo quotidianamente. Se davvero uno crede (perché di *fede* si sta parlando, dati i rapporti che ho illustrato) nel km 0, mi aspetto che applichi questa ricetta a tutti gli acquisti, non solo a quelli più comodi. Ho qualche dubbio che questo succeda realmente. Ho invece il sospetto che il km 0 vada bene sino a quando si tratta semplicemente di cambiare bancone da cui prendere la stessa tipologia di prodotto. Tutto sommato costa poca fatica e ci fa sentire «migliori».

Quando però a parlare di chilometri percorsi sono organizzazioni come la Coldiretti o Slow Food, che giustamente promuovono i prodotti DOP e tutto quello che di buono l'Italia agroalimentare produce, ecco, mi sembra una contraddizione. Forse che il lardo di Colonnata posso mangiarlo solo a Colonnata? La cipolla di Tropea solo a Tropea? Non contano questi come chilometri?

> Secondo un'analisi della Coldiretti il vino dall'Australia per giungere sulle tavole italiane deve percorre oltre sedicimila chilometri con un consumo di 9,4 chili di petrolio e l'emissione di 29,3 chili di anidride carbonica.[7]

Che senso ha tuonare contro il vino (per altro ottimo) importato dall'Australia e poi compiacersi per le vendite di vino italiano negli Stati Uniti? Forse che ci vanno a nuoto le bottiglie di vino italiano a New York?[8] Per non parlare della frutta e della verdura: l'Italia è un paese esportatore, e una mela italiana acquistata a Londra non è certo a «miglia zero». Slow Food esalta il «formaggio a km 0» ma allo stesso tempo promuove, giustamente, il pecorino siciliano DOP.[9]

La o di DOP sta per «origine», e se io a Como acquisto questo pecorino (per altro una delizia, con sopra un poco di gelatina al malvasia!) lo mangio in spregio al chilometraggio percorso. E senza il minimo senso di colpa.

Insomma, un po' di coerenza! Mi dispiace, ma sento puzza di protezionismo da un lato, e di «ideologia spicciola» dall'altro, e questo non giova al dibattito che è, alla radice, di natura prettamente scientifica ed economica.

Alcuni paesi africani guardano con preoccupazione al movimento del «cibo locale», che interpretano come una forma di protezionismo economico sotto la maschera delle buone intenzioni. I produttori di paesi importatori invece, come la Gran Bretagna e la Germania, vedono ovviamente con favore politiche che promuovono il consumo di cibo prodotto localmente.

Un punto di vista globale

Tra l'altro, vedendo le cose da un punto di vista globale, i *food miles* hanno ancora meno senso. Consideriamo l'Unione europea e il consumo di frutta e verdura fresca: oggi soltanto i cittadini italiani e greci consumano, a testa, più della quantità minima di frutta e verdura raccomandata dall'Organizzazione mondiale della sanità (OMS), cioè 400 grammi al giorno.

Tutti gli altri paesi dell'Unione europea sono al di sotto della soglia minima consigliata per una dieta sana, con l'Irlanda fanalino di coda. Se i consumi di frutta e verdura cresceranno, come spera l'OMS, aumenteranno necessariamente le importazioni di frutta da paesi extraeuropei, perché la produzione interna non è in grado di soddisfare le eventuali richieste. E quindi aumenteranno le importazioni dai paesi in via di sviluppo, principalmente dall'Africa e dall'America del Sud.

A volte considerare un problema dal punto di vista globale è utile perché consente di mettere nella giusta prospettiva dettagli e obiezioni che possono sembrare sensati e importanti a livello locale, ma non su larga scala. In tale contesto risultano trascurabili fenomeni pure significativi e in crescita in molti paesi occidentali, tra cui l'Italia, come quello dei GAS, i Gruppi di acquisto solidale, che comprano direttamente dai produttori locali frutta e verdura per un gruppo di soci. Il socio solitamente garantisce l'acquisto di una certa quantità di prodotti agricoli, ad esempio una cassetta di frutta e verdura alla settimana, che viene confezionata da una o più aziende agricole in base alla disponibilità dei prodotti in quel momento. Però questo modo alternativo di acquistare prodotti alimentari non sposta molto le cifre globali delle importazioni o delle esportazioni.

Se ad esempio la Gran Bretagna dovesse raggiungere la soglia minima di consumi raccomandata dall'OMS, le sue importazioni di frutta e verdura fresca dall'Africa arriverebbero a 985.000 milioni di tonnellate, con un aumento delle emissioni di CO_2 pari a 960.000 tonnellate. L'alternativa (coltivare tutto in Gran Bretagna) semplicemente non è possibile. E se lo fosse, l'uso delle serre comporterebbe emissioni e consumi energetici ancora maggiori. Che ci siano o non ci siano i GAS, non cambia la questione.

Ecco perché non ha senso parlare solamente di emissioni di CO_2 ed energia. In questo caso dovremmo come minimo considerare anche la diminuzione di malattie dovute al miglioramento della dieta. Un sano approccio costi/benefici, dunque, lo stesso che andrebbe adottato per discutere di OGM, energia nucleare, pannelli solari, agricoltura biologica, inceneritori e così via.

L'obbligo morale di mangiare fragole africane a Natale

Un altro argomento contro la spesa a km 0 a tutti i costi è che, oltre a essere poco giustificata dal punto di vista energetico, trascura completamente gli aspetti socioeconomici e le implicazioni sul commercio estero per i paesi in via di sviluppo e sulla vita dei loro cittadini. Negli ultimi anni infatti molti di questi paesi, specialmente africani, sono diventati esportatori di frutta e verdura fresca, spesso spedita per via aerea in Europa. E non sto parlando del mercato di nicchia «equo e solidale», ma di una vera e propria industria. Si tratta di prodotti come frutta, verdura e fiori recisi che possono raggiungere i mercati europei nel giro di ventiquattro ore dalla raccolta.

Secondo il rapporto già citato della Lincoln University, il sostentamento di almeno un milione di africani dipende dalle esportazioni di frutta fresca verso la sola Gran Bretagna.[10] Come si può predicare il consumo di prodotti locali e allo stesso tempo collocare su un altro bancone del supermercato i prodotti con il marchio «equo e solidale» o i fagiolini arrivati in aereo dal Burkina Faso, come succede alla COOP?[11] C'è la CO_2 buona e quella cattiva?

La cosa che mi stupisce è che la visione del commercio internazionale come fonte di ricchezza per tutti (ognuno produce ciò che riesce a far meglio e lo vende agli altri, comprando a sua volta da questi i prodotti migliori) è più o meno universalmente accettata quando si parla di biciclette, automobili o telefonini, ma cessa di esserlo quando si parla di alimenti.

Già un paio di secoli fa l'economista David Ricardo sosteneva con la sua teoria dei vantaggi comparati che fosse meglio che il Portogallo producesse vino e l'Inghilterra tessuti, per poi scambiarsi i prodotti con il commercio internazionale, nonostante il minor costo di produzione del tessuto in Portogallo. Il rischio altrimenti sarebbe stato di avere pessimo vino inglese e scadenti tessuti portoghesi. Analogamente è molto più sensato che la Finlandia produca telefonini e importi le pesche dall'Italia. Noi produciamo pesche, le esportiamo e compriamo telefonini.

L'organizzazione internazionale OXFAM che combatte la povertà nei paesi in via di sviluppo ha richiamato i consumatori «a non cadere nell'illusione dei *food miles*, che promettono di salvare il pianeta ma minacciano di peggiorare la vita di migliaia di poveri agricoltori in tutto il mondo».[12]

Insistere sul km 0 può addirittura portare, su scala globale, a conseguenze opposte a quelle dichiarate. In alcune nazioni africane come il Kenya si producono in modo biologico vegetali che vengono spediti via aerea in paesi importatori come la Gran Bretagna. Recentemente la Soil Association, l'associazione che certifica la produzione biologica in Gran Bretagna, ha dichiarato di voler escludere dalla certificazione i prodotti trasportati per via aerea. Questo può avere importanti conseguenze in Kenya, come descritto da un articolo intitolato significativamente *The limitations of food miles* (i limiti delle miglia alimentari) dell'Asian Development Bank Institute.[13] Se la perdita di mercato fosse significativa, una delle conseguenze in Kenya potrebbe essere la riconversione delle colture biologiche in colture convenzionali sui campi prima dedicati all'esportazione in Gran Bretagna, in modo tale da recuperare, attraverso rese maggiori, parte del denaro perso dalla mancata esportazione del più costoso prodotto biologico. Una decisione in Gran Bretagna della Soil Association, che promuove in ogni modo l'agricoltura biologica, potrebbe paradossalmente provocare la contrazione dello stesso settore in un paese straniero.

Le scelte alimentari dei salvatori del pianeta

Nonostante abbia poco senso dal punto di vista economico e scientifico, lo slogan della spesa a km 0 mi sembra destinato a durare ancora per un po', per il semplice fatto che viene utilizzato come strumento di marketing e di promozione commerciale. Detto brutalmente, si vuole vendere non solo un pomodoro prodotto localmente ma anche l'idea che tramite l'acquisto si possa «salvare il mondo» (indipendentemente dal fatto che sia vero o meno). Questi messaggi conquistano una fascia di consumatori «attenti» che diventano facile preda del marketing.

Insomma, se comperate cibo prodotto vicino a voi fatelo perché è di buona qualità e ha un buon prezzo, dal momento che i benefici su larga scala per l'ambiente sono tutt'altro che dimostrati e piuttosto controversi.

In mancanza di altre informazioni, privilegiate il giusto rapporto qualità/prezzo e il gusto. Io continuerò a preferire i pomodori di Pachino a quelli olandesi, anche se l'Olanda è più vicina a dove abito io di quanto non lo sia la Sicilia: sono più buoni. E continuerò a preferire il riso thai comperato nelle botteghe dell'equo e solidale che ha percorso migliaia di chilometri piuttosto che quello prodotto nella Bassa padana e venduto a km 0 in un normale supermercato, perché il vero riso thai è molto più aromatico e fragrante.

Certo, in questo modo ci è preclusa la possibilità di sentirci «moralmente superiori» per le nostre scelte alimentari da salvatori del pianeta. Ma non è corretto cercare di vendere (o di procurarsi) il patentino di «ecologicamente corretto» senza il supporto dei dati scientifici ed economici. E personalmente non gradisco che il mio desiderio di contribuire a un mondo migliore possa venire sfruttato in modo subdolo dal marketing per spostare le mie intenzioni di acquisto senza l'appoggio di adeguate prove scientifiche.

Altra faccenda invece è il discorso di chi dice: «Non mi interessa l'efficienza energetica, compro *local* perché mi piace di più, perché voglio sostenere l'economia locale, perché per me è meglio dare un euro al contadino italiano piuttosto che a quello cileno» e così via. Mi sta benissimo. Basta non giustificare questi comportamenti, difficilmente riconducibili a indagini scientifiche, parlando di emissioni di anidride carbonica e di energia. Se si afferma che «la spesa a km 0 riduce le emissioni di CO_2 e il consumo energetico», è di dati numerici che si sta parlando. L'affermazione è verificabile in linea di principio, e quindi i numeri finali possono dire se la frase è vera o falsa. I numeri non si interpretano: parlano da soli.

---

[1] E. Wynen, D. Vanzetti, *No through road: the limitations of food miles*, Asian Development Bank Institute working paper n. 118, 2008. Disponibile su http://www.esocialsciences.com/data/articles/Document 1145200930.9304773.pdf

[2] A. Smith, P. Watkiss, G. Tweddle, A. McKinnon, M. Browne, A. Hunt, C. Treleven, C. Nash, S. Cross, *The validity of food miles as an indicator of sustainable development*, Defra 2005, accessibile su https://statistics.defra.gov.uk/esg/reports/foodmiles/default.asp

[3] E. H. Schlich, U. Fleissner, *The ecology of scale: assessment of regional energy turnover and comparison with global food*, in «The International Journal of Life Cycle Assessment», vol. 10, 2005, pp. 219-223.

[4] M. Blanke, B. Burdick, *Food (miles) for thought*, in «Environmental Science and Pollution Research», vol. 12, 2005, pp. 125-127.

[5] G. Edwards-Jones, L. Milà i Canals, N. Hounsome, M. Truninger, G. Koerber, B. Hounsome, P. Cross, E. H. York, A. Hospido, K. Plassmann, I. M. Harris, R. T. Edwards, G. A. S. Day, A. Deri Tomos, S. J. Cowell, D. L. Jones, *Testing the assertion that «local food is best»: the challenges of an evidence-based approach*, in «Trends in Food Science & Technology», vol. 19, 2008, pp. 265-274.

[6] C. Saunders, P. Hayes, *Air freight transport of fresh fruit and vegetables*, relazione di ricerca n. 299, Lincoln University, 2007, reperibile su http://researcharchive.lincoln.ac.nz/dspace/bitstream/10182/248/1/aeru_rr_299.pdf

[7] *Earth day: Coldiretti, ecco il decalogo taglia emissioni e petrolio*, disponibile su http://www.coldiretti.it/docindex/cncd/informazioni/299_08.htm

[8] Vedi ad esempio http://www.newsfood.com/Articolo/Italia/20071107-Export-vino-Coldiretti-euro-forte-non-ferma-boom.asp

[9] http://vino.slowfood.it/press/ita/leggi.lasso?cod=3E6E345B1394f2336DXrP22A9F84&ln=it

[10] C. Saunders, P. Hayes, *Air freight transport* cit.

[11] http://www.coopfirenze.it/informazioni/informatori/articoli/6035

[12] OXFAM UK, *OXFAM warns of dangers of «food mile» fantasy*, marzo 2008, disponibile su http://www.oxfam.org.uk/applications/blogs/pressoffice/?p=1061&newsblog

[13] E. Wynen, D. Vanzetti, *No through road* cit.

A tavola!

Non ci sono più le banane di una volta

La nostalgia dei sapori scomparsi

«Ma 'ndo hawaii, se la banana non ce l'hai?» cantavano Alberto Sordi e Monica Vitti nel film *Polvere di stelle* ambientato nell'Italia appena liberata dagli Alleati. Ma la banana a cui si riferiva Sordi, doppi sensi a parte, non è la stessa che mangiamo oggi.

Quello dei «buoni sapori di una volta» è un tormentone diffuso non soltanto fra i clienti in coda dal fruttivendolo, ma anche sui giornali o in televisione. Il più delle volte in realtà a mio parere ciò che si rimpiange non è il sapore di un alimento, ma quello della giovinezza passata. Il gusto infatti è un senso estremamente difficile da ricordare con accuratezza, ed è facilmente ingannabile. Esistono però dei casi documentati in cui, effettivamente, ciò che si mangia oggi ha un sapore diverso da ciò che si mangiava una volta. La banana è uno di quei casi.

Se come me siete nati dopo gli anni Cinquanta, è molto probabile che nella vostra vita abbiate assaggiato solamente una varietà di banana: la Cavendish. Ed è molto probabile che fra alcuni anni, forse solo una ventina, questa varietà prelibata non la potremo più assaggiare. Ma cominciamo dall'inizio.

Un frutto sterile figlio del caso

La banana che noi mangiamo è un frutto sterile, senza semi, di una pianta infertile, cugina mutante di due immangiabili erbe selvatiche della giungla: la *Musa acuminata* e la *Musa balbisiana*.

Il banano non è fatto di legno e non è un albero, ma più correttamente un'erba, la più alta del mondo: infatti può raggiungere i quindici metri di altezza. È originaria del Sud-Est asiatico, dove migliaia di anni fa qualcuno si imbatté per caso in una pianta mutata geneticamente. I banani selvatici si riproducono sessualmente come molte altre piante; i loro frutti hanno grossi semi che li rendono immangiabili.[1] Il banano mutante, trovato per caso da quell'agricoltore primitivo, era un triploide, cioè aveva tre serie di cromosomi invece delle solite due: una caratteristica che causa la sterilità, perché i normali processi per la produzione del polline o dei semi non avvengono in presenza di tre serie di cromosomi. Le linee nere che si vedono all'interno della banana sono tutto quello che rimane dei semi degli antenati. Ma se quella pianta primordiale era sterile, come è possibile che ora noi possiamo gustare la dolce polpa senza semi della banana? Semplice: si prende un tralcio dalla base del fusto e lo si pianta. Ogni pianta è a tutti gli effetti un clone.

Nel corso dei secoli mutazioni genetiche casuali spontanee e incroci tra la *Musa acuminata* e la *Musa balbisiana* hanno generato una serie di banane triploidi sterili e quindi utilizzabili come cibo. Oppure una mutazione ha generato una pianta con più polpa che semi, e gli agricoltori hanno iniziato a domesticarla, coltivarla e propagarla per mangiarla. In questo modo si sono ottenute banane di ogni colore e taglia, e con sapori diversi.

Per inciso, da molto tempo i «creatori di nuove varietà agricole» (i *breeders*) usano questo trucco per ottenere frutta o verdura senza semi, avendo scoperto delle sostanze chimiche che alterano il corredo cromosomico. La colchicina ad esempio è stata ampiamente usata per modificare il genoma di molte varietà – anche utilizzate in agricoltura biologica – che ora finiscono sulla nostra tavola senza che nessuno se ne lamenti in televisione. O pensavate che i pompelmi senza semi, l'anguria senza semi, i mandarini senza semi e così via fossero stati selezionati nel corso dei secoli da contadini con il cappello di paglia, la camicia a scacchi e un filo d'erba in bocca, come vuole l'immaginario popolare? Scordatevelo. Scienziati in camice bianco, maschera e tuta sterile hanno manipolato gli embrioni di quelle piante, sottoponendole all'azione della colchicina o di altri procedimenti mutageni, al fine di ottenere delle varietà commercialmente interessanti.

Mi ricordo chiaramente come, da bambino, trovavo i semi nei cachi, frutti di cui sono molto ghiotto, e mi divertivo ad aprirli per trovare al loro interno dei filamenti più chiari che a me ricordavano delle posate, e si giocava con i cuginetti a chi trovava più «coltelli», «forchette» o «cucchiai». Sono decenni che non trovo più un seme in un caco comperato al supermercato. Non ne sono sicuro, ma sarei pronto a scommettere che anche i miei amati cachi sono stati sottoposti all'azione mutagena della colchicina o di qualche altra cosa.

La banana e i suoi nemici

I banani sono piante molto delicate: vengono attaccate da vermi, parassiti, funghi e altre pesti. Nel corso dei secoli molte colture sono state «rafforzate» mediante una selezione mirata al fine di renderle resistenti ad alcune malattie. Questo però non è stato possibile con le banane, che non hanno semi e sono quindi sterili.

Al mondo esistono più di mille varietà di banana, ma molte non sono commestibili. E quelle commestibili sono sempre sterili, perché se avessero i semi sarebbero immangiabili. E quindi sono state propagate in passato separando i «figli» della pianta principale. Oggi per generare nuove piante di banano si utilizzano, come per molte altre colture, le biotecnologie, e vengono preparate le cosiddette «colture cellulari». In breve, le cellule della pianta vengono cresciute in laboratorio, fatte replicare, stimolate a diventare embrioni e quindi lasciate trasformare in germogli. La clonazione in laboratorio (vi ricordate della pecora Dolly?) è per le piante una realtà già da molto tempo, ed è ampiamente sfruttata commercialmente per frutta e verdura, e anche per fiori e piante ornamentali che possiamo acquistare dal fiorista.

Senza la magia della riproduzione sessuata, con relativo scambio e rimescolamento dei cromosomi tra due piante diverse, le banane mancano di quella variabilità genetica presente in specie come i pomodori, che ci permette di trovare il ciliegino accanto al cuore di bue o al san Marzano (purtroppo commercialmente ormai quasi completamente estinto). Le varietà di banane sono poche (un migliaio) e geneticamente molto simili. Se mille vi sembrano tante, sappiate che esistono più di settantamila varietà diverse di riso. E c'è chi sostiene che siano anche più di duecentomila!

La scomparsa della Gros Michel e l'avvento della Cavendish

Dall'Asia il banano si è diffuso in Africa, sempre per clonazione, portato forse da popolazioni emigrate. Nel XIX secolo i botanici europei, al seguito delle spedizioni coloniali in Asia, portarono in Francia e in Inghilterra delle piante di banano. Nel 1820 gli studiosi francesi riportarono in patria una varietà chiamata Gros Michel, mentre gli inglesi trovarono nel Sud della Cina la varietà Cavendish, così chiamata dalla famiglia del duca di Devonshire che ne conservò il primo esemplare proveniente dall'Asia. Dall'Europa i banani furono trapiantati in America Latina, che grazie alle condizioni ottimali diventò il centro mondiale di produzione commerciale delle banane.

Fino agli anni Trenta quasi ogni banana venduta sui mercati internazionali era un clone della varietà Gros Michel. Sino a quando non venne attaccata da un fungo, il *Fusarium oxysporum*, che vive nel suolo e attacca le radici causando la cosiddetta malattia di Panama. Poiché tutti gli esemplari delle piantagioni erano dei cloni virtualmente identici, tutti erano egualmente vulnerabili alla malattia. Nel giro di qualche decennio il fungo spazzò via le piantagioni mondiali di banane Gros Michel, varietà ormai commercialmente estinta. Gli effetti distruttivi della malattia non si limitarono solo alle coltivazioni, ma ebbero forti ripercussioni anche sulla vita sociale ed economica di molti paesi dell'America centrale, creando disoccupazione e miseria. Pensate che in Costa Rica nel 1923 si producevano 11 milioni di caschi di banane. Per effetto del fungo nel 1941 se ne produssero solamente un milione.

Fortunatamente la Cavendish, come la Gros Michel, aveva la buona proprietà di sopportare il trasporto a lunga distanza e si mostrò resistente al fungo. Le piantagioni di banane si convertirono rapidamente alla nuova varietà. La Gros Michel era, a quanto mi dice chi l'ha assaggiata, più ricca e dolce della Cavendish che possiamo mangiare oggi, e quando era parzialmente acerba non aveva quel sapore astringente che ha invece la Cavendish.

Una pianta molto vulnerabile

Sfortunatamente la Cavendish viene attaccata da alcuni funghi (genere *Mycisohaerella*) che causano due malattie dal nome minaccioso: la Sigatoka gialla e la Sigatoka nera. L'uniformità genetica della banana fa sì che tutte le piante siano egualmente minacciate dalla malattia.

Già oggi questi funghi riducono le rese della metà in molte piantagioni di piccoli agricoltori dei Tropici, e la situazione peggiora di anno in anno, mentre il fungo avanza in tutto il mondo. Il problema è più serio che nel caso della Gros Michel, perché ora non è disponibile una varietà resistente al fungo. In aggiunta non ci sono rimedi efficaci perché il fungo è molto persistente nel suolo. Ma anche se ci fossero avrebbero delle ricadute negative sull'ambiente e sui costi sostenuti dai piccoli e medi produttori, a tutto vantaggio delle multinazionali bananiere.

E dato che la fortuna è cieca ma la sfiga ci vede benissimo, è comparsa anche una nuova varietà del fungo che distrusse la Gros Michel: si chiama Razza 4 ed è capace di attaccare anche la Cavendish e di causare la malattia di Panama.

Emile Frison, direttore belga dell'International Network for the Improvement of Bananas and Plantains (INIBAP)[2] prevede «un drastico declino nella produzione mondiale di banane a livello mondiale, e forse anche un completo collasso della banana come frutto da esportazione e di sussistenza».[3]

Multinazionali e poveri

Nonostante molti associno le banane solamente alle multinazionali, milioni di poveri nel mondo sopravvivono grazie a questo frutto. Circa il 90 per cento delle banane prodotte nel mondo vengono coltivate da piccoli agricoltori dei paesi poveri e consumate localmente. La banana infatti è una coltura importantissima per il sostentamento dei poveri del mondo. È quarta in classifica per importanza dopo riso, grano e mais. Le banane, non solo la varietà Cavendish che conosciamo, vengono consumate crude, bollite, fritte, e trasformate in birra, vino o farina.

L'India è il primo produttore di banane, con 16 milioni di tonnellate all'anno. Praticamente tante quante vengono prodotte nel resto del mondo. Ma quasi nessuna banana indiana viene esportata perché è un cibo di sussistenza, coltivato e mangiato da milioni di poveri nei villaggi più sperduti. Noi occidentali conosciamo praticamente solo la Cavendish, che rappresenta più del 99 per cento delle banane da esportazione ma soltanto il 10 per cento della produzione mondiale. Solo ultimamente, almeno in Italia, si cominciano a vedere dei «bananiti», piccole banane di una varietà diversa.

La Cavendish è classificata come «banana da dessert», ma vi sono anche varietà che vengono cucinate perché sono immangiabili crude, ad esempio il *plantain,* plantano o banana da legume (quando è fritta assomiglia un poco alle patatine, ma è più dolciastra). Alcune varietà in vendita ai Tropici sono molto più fibrose e meno dolci della zuccherina Cavendish che siamo abituati a gustare. Pensate che in Uganda ogni persona mangia in media 450 kg di banane all'anno e un terzo della terra coltivata è dedicata al banano! La parola *matooke* in Uganda significa sia cibo sia banana. Lì si producono ogni anno 10 milioni di tonnellate di banane da cuocere, spesso unica sussistenza per milioni di poveri. In paesi come il Burundi o il Rwanda le persone mangiano da tre a undici banane al giorno.

Si calcola che al mondo circa mezzo miliardo di persone dipenda direttamente o indirettamente dalla coltivazione delle banane. Poiché giungono a maturazione in ogni periodo dell'anno possono fornire cibo in modo continuo. In Uganda purtroppo l'arrivo del fungo negli anni Ottanta ha ridotto le rese del 40 per cento. I piccoli agricoltori, non potendosi permettere i fungicidi, sono costretti a lasciar morire le piante. Una cosa simile sta accadendo in Amazzonia.

Le multinazionali delle banane hanno per decenni cercato con scarso successo di creare con metodi tradizionali una nuova varietà di banana resistente ai funghi. L'unica varietà sviluppata negli ultimi decenni immessa sul mercato ha un gusto di mela più che di banana, e si trova solamente a Cuba.

David McLaughlin, dirigente della Chiquita, ha dichiarato che l'azienda, dopo quarant'anni di tentativi costati milioni di dollari, preferisce investire in ricerca su nuovi fungicidi, ed è molto riluttante a tentare la strada delle biotecnologie a causa di possibili reazioni dei consumatori. I fungicidi però sono costosi, e i piccoli produttori non se li possono permettere.

I vantaggi delle biotecnologie

Un consorzio mondiale sta sequenziando il genoma della banana. I ricercatori sperano di trovare dei geni di resistenza ai funghi e alle altre pesti in alcuni banani selvatici, e di trasferirli con le biotecnologie nella Cavendish, nella Gros Michel o in varietà utilizzate localmente nei paesi poveri. L'ingegneria genetica è il metodo più promettente perché consente di «incrociare» varietà che non si possono ottenere in modo convenzionale a causa della sterilità.[4] Mangereste una banana OGM che contiene il gene di un'altra banana? Io sì, senza nessun problema.

Non ci sono più le banane di una volta 201

Altre ricerche sono rivolte a sviluppare una protezione contro parassiti come il verme nematode. Oggi nelle piantagioni di banane si fa largo uso di sostanze chimiche tossiche affini agli insetticidi. Queste sostanze possono creare disturbi neurologici, sterilità e leucemia nei lavoratori delle piantagioni. In più uccidono indiscriminatamente gli animali invertebrati presenti nel suolo. La malattia chiamata Sigatoka nera è controllata con ripetute spruzzate di fungicida, fino ad una ogni tre giorni in alcuni periodi dell'anno. Pensate che l'Università del Costa Rica afferma che un quinto dei lavoratori maschi delle piantagioni di banane è sterile, e che le donne hanno il 50 per cento di probabilità in più di sviluppare la leucemia e di avere figli con difetti genetici.[5]

I vermi e i funghi potrebbero essere controllati modificando geneticamente le banane. Università e multinazionali stanno lavorando in tal senso. La riduzione dell'uso di fungicidi e di altre sostanze chimiche avrebbe un effetto benefico per i lavoratori delle piantagioni e per l'ambiente. In Inghilterra sono già riusciti a inserire un gene per la resistenza ai nematodi in una varietà di banane da cuocere.

Abbiamo sviluppato una tecnica spettacolare che ci permette di inserire geni da altri organismi per ottenere nuove piante con le caratteristiche desiderate, impossibili da ottenere in altro modo. Perché non usarla?

Forse vi sarete chiesti: «Ma se esistono mille varietà di banana, perché in commercio ne trovo una sola?». Il problema principale risiede nel fatto che poche varietà hanno il sapore dolce e la consistenza a cui siamo abituati, e solamente pochissime varietà possono essere spedite a migliaia di chilometri di distanza, immagazzinate, trasportate nei nostri supermercati e rimanere ancora commestibili. La Cavendish fornisce frutti abbondanti, matura «a comando» in modo uniforme, è di un bel giallo attraente (anche l'occhio vuole la sua parte quando si acquista il cibo) ed è sufficientemente dolce. Come forse sapete, le banane che mangiamo (come del resto moltissimi altri vegetali) vengono colte ancora verdi sulla pianta, conservate in magazzini ad atmosfera controllata e fatte maturare all'occorrenza esponendole al gas etilene, l'ormone della maturazione di molta frutta. Se fosse possibile ritardare la maturazione di alcune varietà interessanti, comprese quelle con migliore resistenza al virus, si aprirebbero nuove possibilità per l'esportazione. All'INIBAP sperano che il progetto di sequenziamento del genoma della banana possa portare a nuove varietà di interesse commerciale.

I pro della banana OGM

In linea di principio una banana OGM comporterebbe vantaggi economici, ambientali e sanitari: ridurrebbe le spese per fungicidi e altre sostanze chimiche tossiche, e quindi anche i piccoli coltivatori ne trarrebbero beneficio. Ridurrebbe poi i danni all'ambiente e ai lavoratori: ricordate i dati terrificanti sulla tossicità dei fitofarmaci spruzzati sulle banane? Le rese delle piantagioni aumenterebbero, e questo avvantaggerebbe anche chi produce i frutti per la propria sussistenza.

Anche la biodiversità ne sarebbe arricchita perché aumenterebbe il numero di varietà e questo contribuirebbe a migliorare la resistenza ai virus. Se avete sentito dire che gli OGM sono contro la biodiversità, be', non è mica vero in generale (diffidare sempre delle affermazioni generali non dimostrate) e questo è un esempio concreto. Da ultimo i consumatori avrebbero più varietà di banane a disposizione, il che è sempre una buona cosa.

Alcuni attivisti sostengono che le banane transegeniche non risolverebbero il problema, perché prima o poi le malattie svilupperebbero una resistenza ai nuovi geni inseriti. È un'obiezione che si sente abbastanza di frequente, ad esempio contro gli OGM che resistono naturalmente ad alcuni insetti. A me sinceramente sembra un argomento debole e sciocco. Si sostiene che sia meglio non utilizzare una soluzione per un problema esistente ora perché probabilmente in futuro, magari tra decine di anni, il problema si potrebbe ripresentare. Dovremmo forse smettere di sviluppare nuovi antibiotici, ben sapendo che prima o poi diverranno sicuramente inefficaci? L'economista John Maynard Keynes diceva che «alla lunga siamo tutti morti», ma non per questo dobbiamo smettere di vivere ora.

Non tutti i ricercatori pensano che le biotecnologie siano la strada migliore per salvare la banana, anche per via della resistenza dell'opinione pubblica e dei vari gruppi di pressione. Alcuni scienziati stanno cercando di ottenere degli ibridi resistenti al fungo mediante i più convenzionali incroci. L'impresa tuttavia appare quasi senza speranza.

Anche le banane sterili ogni tanto producono per mutazione alcuni semi che possono essere usati per gli incroci mediante riproduzione sessuata. Per darvi un'idea dell'impresa quasi impossibile vi basti pensare che a questo scopo sono state impollinate manualmente circa trentamila piante di banana con polline prelevato da banani selvatici. Dalle piante impollinate sono state raccolte quattrocento tonnellate di frutti, che hanno prodotto quindici (!) semi, di cui soltanto cinque (!) sono germogliati. Cercare a mano quindici semi in quattrocento tonnellate di polpa di banane è peggio che cercare il proverbiale ago nel pagliaio. Nonostante ciò questi ricercatori non si arrendono e sperano di poter ottenere una banana Gros Michel resistente al virus.

Tra l'altro, per verificare le caratteristiche dell'ibrido bisogna aspettare diciotto mesi: il tempo impiegato dalla pianta per produrre i frutti.

Per le varietà come la Cavendish, che non riesce neanche a produrre quei cinque semi essendo completamente sterile, la modificazione genetica è l'unica possibilità. OGM o estinzione.

I contro della banana OGM

Quali sono le possibili controindicazioni di una banana transgenica? Non vi sono prove che gli OGM possano creare problemi alla salute. Nessuno dei vari «allarmi» comparsi sulla stampa è mai resistito a un esame scientifico approfondito. Anzi, si può dire che gli OGM sono più sicuri e controllati degli alimenti tradizionali. Lasciando quindi perdere i casi mediatici costruiti apposta per creare allarme nell'opinione pubblica, ci sono almeno tre questioni da considerare.

Gli scienziati prendono molto sul serio le conseguenze di un possibile passaggio in specie selvatiche di geni inseriti negli OGM, ad esempio la resistenza a un erbicida o agli insetti. Oppure, come in questo caso, a funghi e vermi. A priori non è per nulla chiaro se un passaggio di questi geni nelle specie selvatiche possa essere deleterio o invece possa rappresentare un vantaggio per l'ambiente, ma è di sicuro un aspetto da considerare. Tuttavia, nel caso della banana, non c'è nessun rischio visto che la pianta è sterile e quindi non può produrre polline.

Vi è poi la questione della «riduzione della variabilità genetica» o della biodiversità. In generale si teme che gli OGM possano ridurre il numero di varietà coltivate rendendole più vulnerabili a determinate malattie. Anche qui, si tratta di un'eventualità da studiare seriamente, ma non riguarda solamente gli OGM: l'agricoltura biologica ad esempio, non potendo avvalersi di fitofarmaci che non siano di origine naturale, coltiva alcune varietà agricole più resistenti alle pesti di altre. Se domani tutti gli agricoltori diventassero «biologici» avremmo una riduzione della variabilità genetica, perché non tutte le varietà possono essere sfruttate senza trattamenti chimici. D'altra parte, così come gli OGM *potrebbero* diminuire la variabilità genetica, d'altro canto *potrebbero* anche aumentarla, rimettendo in gioco varietà commercialmente quasi estinte. Qui è obbligatorio citare l'esempio del pomodoro san Marzano, non più coltivato per la vendita perché, tra le altre cose, troppo suscettibile a un virus. Il san Marzano OGM resistente al virus c'è già ed è tutto italiano, ma la drastica opposizione agli OGM in Italia lo ha per ora bloccato, insieme ad altri prodotti analoghi, nei cassetti delle università e dei centri di ricerca pubblici che lo hanno sviluppato.

Per le banane però l'uniformità genetica è già un fatto, come abbiamo visto, ed è proprio questo ad aver causato la scomparsa della Gros Michel e a preannunciare l'estinzione della Cavendish. Lo sviluppo di varietà commerciali di banane transgeniche può solo migliorare la situazione e aumentare la biodiversità agricola.

Vi è poi un'obiezione economico-politica. Per molti «banana» è sinonimo delle tre multinazionali «cattive» del settore: Chiquita, Dole e Del Monte. Il termine «repubblica delle banane» (*banana republic*) è stato coniato quando, nei primi anni del secolo scorso, lo strapotere delle industrie bananiere come la United Fruit Company influenzava pesantemente la vita politica interna di paesi come l'Honduras o il Guatemala, arrivando anche ad appoggiare questo o quel dittatore.

I brevetti sui geni inseriti nelle banane potrebbero aumentare il potere commerciale delle multinazionali bananiere sulle popolazioni locali e sui loro governi? Solo in teoria. Abbiamo già visto come le multinazionali non siano in realtà interessate alle banane geneticamente modificate perché temono di perdere il ricco mercato occidentale a causa della cattiva reputazione degli OGM. La ricerca genetica in questo campo viene invece attualmente portata avanti soprattutto da enti di ricerca pubblici senza fini di lucro. Se si riuscisse a immettere nei frutti un gene per il ritardo della maturazione, le varietà transgeniche potrebbero aiutare i produttori locali a vendere le loro banane sui mercati internazionali e ad affrancarsi dal potere di Chiquita e consorelle, creando dei mercati alternativi. Magari di nicchia, ma di qualità.

Non stupisce allora che l'Uganda sia uno dei maggiori finanziatori, con l'Italia, dell'Istituto internazionale per le risorse fitogenetiche (International Plant Genetic Resources Institute, IPGRI), il più grande istituto internazionale, collegato alla FAO e con sede a Roma, che si occupa unicamente della conservazione e dell'uso delle risorse genetiche vegetali. Il network INIBAP per il miglioramento genetico della banana è parte di questo prestigioso istituto.

Il capo del programma di ricerca ugandese sulla banana, Wilbeforce Tushemereirwe, ha dichiarato:

> Per la banana la tecnologia transgenica è appropriata, per le seguenti ragioni: i tipi più diffusi di banana non possono essere migliorati in altri modi se non attraverso l'uso dell'ingegneria genetica. Le poche varietà che possono essere migliorate con le tecniche convenzionali hanno problemi di sapore. I contadini chiedono una banana che sappia esattamente come la *matooke* a cui sono abituati. [...] Molte persone sono con-

tro le piante OGM perché temono che i geni delle coltivazioni transgeniche possano contaminare l'ambiente, ma poiché la banana è sterile i geni presenti al suo interno non possono diffondersi.[6]

Spiace sbatterlo in faccia così brutalmente, ma l'unica cosa che l'opposizione agli OGM ha ottenuto finora è un rallentamento della ricerca pubblica e internazionale, cioè quella che potrebbe aiutare i produttori locali e i contadini poveri del mondo. Gli OGM avanzano tumultuosamente, ogni anno con crescita a due cifre, alla faccia dell'opposizione di Greenpeace e soci, e non si fermano certo per l'azione di qualche attivista travestito da pomodoro.

Sono convinto che molti oppositori agli OGM siano persone che hanno dei valori sani e vogliano fare sinceramente del bene, ma sono spesso indirizzati da organizzazioni che hanno altri fini e alle quali poco importa se in questo modo il potere delle multinazionali aumenta.

Io posso tranquillamente vivere senza la banana Cavendish, ma potendo scegliere preferirei che qualche università sviluppasse delle banane resistenti ai funghi e che ne beneficiassero i piccoli produttori piuttosto che le multinazionali. Ne deriverebbero vantaggi per l'ambiente, per la salute dei lavoratori delle piantagioni e per la biodiversità. I geni impiantati non potrebbero «sfuggire al controllo» visto che i banani sono sterili. I contadini dei paesi poveri avrebbero un miglioramento delle loro condizioni economiche. E noi potremmo ancora concederci la banana flambée. Neanche sforzandomi riesco a trovare qualche controindicazione.

La tecnologia per creare piante geneticamente modificate ormai è ampiamente disponibile. È semplice da utilizzare e ha costi ragionevoli anche per i laboratori di ricerca dei paesi poveri e in via di sviluppo. L'opposizione attuale agli

OGM non potrà assolutamente far ritornare il genio nella lampada. Quello che può fare però è porre i bastoni tra le ruote della ricerca pubblica, che ha molti meno finanziamenti e meno possibilità di sperimentare in campi all'aperto le piante prodotte. Più ci si oppone, più la ricerca pubblica viene indebolita, a tutto vantaggio della ricerca delle multinazionali che, solo a parole, gli attivisti anti OGM dicono di voler combattere.

---

[1] http://web.archive.org/web/20060524213000/http://www.inibap.org/pdf/IN990009_en.pdf
[2] http://web.archive.org/web/20050903194535/http://www.ipgri.cgiar.org/Institute/fact_gmo_it.htm
[3] F. Pearce, *Bye bye bananas*, «The Boston Globe», 18 febbraio 2003, disponibile su http://www.thedominican.net/articles/banana.htm
[4] http://www.ipgri.cgiar.org/Institute/fact_gmo_it.htm
[5] http://www.nuffieldbioethics.org/go/browseablepublications/gmcropsdevcountries/report_145.html
[6] http://www.new-ag.info/03-2/pov.html

Pesto cancerogeno

Un ingrediente essenziale

La salsa italiana più conosciuta al mondo dopo quella di pomodoro è sicuramente il pesto genovese. È una salsa profumatissima che riunisce alla perfezione basilico fresco, aglio, pinoli, pecorino e parmigiano, il tutto amalgamato con olio extravergine di oliva. È anche abbastanza semplice da preparare in casa, se si utilizzano alcuni accorgimenti. La tradizione prescrive, come dice il nome stesso, che il basilico venga pestato in un mortaio assieme all'aglio, ai pinoli e a un po' di sale grosso. Viene poi aggiunto il formaggio e infine l'olio. Nelle cucine d'Italia però il frullatore sempre più spesso sostituisce il mortaio. Anche se con una consistenza leggermente diversa viene buono lo stesso, soprattutto se si ha l'accortezza di frullare per poco tempo e a impulsi, in modo da non scaldare il composto per non ossidarlo.

Sicuramente l'ingrediente più critico per la riuscita di un buon pesto è il basilico (*Ocimum basilicum L.*). Utilizzato in tutto il mondo, fresco o secco, i suoi oli aromatici essenziali sono adoperati dall'industria alimentare e da quella cosmetica. Nel basilico si possono identificare almeno quaranta molecole che, miscelate, ne caratterizzano l'aroma. L'esatta proporzione di queste sostanze odorose dipende, in primo luogo, dalla varietà di basilico. Differenti varietà hanno una diversa composizione degli oli, un diverso componente principale, e quindi un aroma leggermente diverso. Ad esempio il basilico che cresce in Egitto e quello del Madagascar sono ricchi di sostanze che donano un aroma mentolato, e non sono per nulla adatti per preparare il pesto. Il disciplinare di produzione del basilico genovese DOP stabilisce infatti che non deve essere presente l'odore di menta. Gli oli del basilico della Thailandia, ad esempio, contengono l'85 per cento di una sostanza (il metilclavicolo) dall'aroma mentolato.

E in Europa? Nel basilico che cresce in Italia e in Francia, ricco di linalolo, le caratteristiche aromatiche e morfologiche – altezza, forma delle foglie, colore ecc. – sono fortemente influenzate dal clima, dall'esposizione luminosa e dalla metodo di coltivazione.

Quale basilico usare? Non quello napoletano, perché i suoi oli contengono il 41 per cento di metilcavicolo. E quel bel basilico dalle foglie viola? Non è adatto perché non contiene eugenolo, una sostanza presente nelle varietà Genovese e Genovese gigante assieme a una percentuale ridotta di linalolo, e sono proprio queste le più usate nella produzione del pesto. Basta quindi prendere la varietà giusta e siamo a cavallo? Non proprio.

Una sostanza sospetta nel basilico

Nel 2001 alcuni ricercatori del Centro di biotecnologie avanzate di Genova hanno studiato la composizione di questa varietà, forse per carpire i segreti del pesto perfetto.[1] Secondo il disciplinare di produzione del pesto genovese DOP, si devono utilizzare piante con al massimo quattro coppie di foglie, alte quindi circa 10-12 centimetri. Solo queste piante vengono considerate di qualità adatta per preparare il «vero» pesto genovese. Il mondo della cucina è pieno di «tradizioni» e dogmi non dimostrati, o addirittura falsi. Non è che anche questo ricade nella categoria? Be', no. Perché effettivamente quando la pianta è ancora piccola la composizione degli oli aromatici è ben diversa da quella della pianta matura. Il metileugenolo fa la parte del leone con il 59 per cento, mentre è praticamente assente nella pianta matura.

Ma non è tutto. I liguri sono convinti che il basilico di Prà sia il migliore per fare il pesto. I nostri ricercatori hanno provato a coltivare il basilico gigante in dieci località diverse, da Prà ad Albenga, da Ventimiglia sino a Vercelli e Casale Monferrato in Piemonte, cercando di avere la stessa esposizione al sole. Si è scoperto che piantine coltivate in condizioni diverse mostrano concentrazioni molto differenti di eugenolo e metileugenolo. A Prà dopo quattro settimane si riscontra il 39 per cento di metileugenolo e il 52 per cento di eugenolo. Il primo scende al 5,5 per cento dopo sei settimane, e il secondo sale al 73. Di contro, a Ventimiglia il metileugenolo era al 10 per cento dopo sei settimane.

Pare esista una correlazione tra l'altezza e la composizione: più la pianta cresce, più diminuisce il metileugenolo e aumenta la percentuale di eugenolo. Nelle località a clima temperato le piantine erano belle sviluppate dopo sei settimane e l'eugenolo era la molecola prevalente, mentre piantine cresciute più al nord, in climi più freddi, erano meno sviluppate e più ricche di metileugenolo. La correlazione tuttavia non è sempre consistente: piantine coltivate a Genova Granarolo sono rimaste molto piccole, ma contenevano molto meno metileugenolo di una piantina coltivata a Casarza Ligure.

In ogni caso, l'aroma caratteristico del basilico genovese è dovuto all'eugenolo e al metileugenolo. E più le piantine sono piccole e meglio è. La cattiva notizia è che esperimenti di laboratorio sui ratti hanno mostrato che il metileugenolo è cancerogeno, mentre l'eugenolo non lo è. Perlomeno sui ratti. Poiché il pesto solitamente si prepara con piantine piccole, i ricercatori stimano in 250 microgrammi per chilogrammo di peso corporeo per pasto (e 500 nei bambini) la quantità di metileugenolo assunto con il pesto, mentre attraverso altri alimenti la quantità media stimata è pari a qualche microgrammo per chilo al giorno.

Un microgrammo è la millesima parte di un milligrammo o, se preferite, la milionesima parte di un grammo. Stiamo parlando di quantità che possono apparire molto piccole, ma che potrebbero avere effetti sugli organismi viventi se assunte tutti i giorni. Lungi dallo scatenare allarmismo, i ricercatori concludono:

> Ulteriori studi sono necessari per valutare se esista un rischio reale associato con il consumo di basilico ricco in metileugenolo [...]. Per ora suggeriamo di preparare il pesto con piantine di basilico alte almeno 16 centimetri, dove la quantità di metileugenolo è molto ridotta.[2]

Per Slow Food è «una notizia infondata»

La notizia è del 2001, ed è stata più o meno ignorata dai media italiani fino a quando non vi hanno accennato Francesco Sala e Umberto Veronesi in una conferenza stampa nel 2004. Così ne parla il sito di «la Repubblica»:

> «Nel pesto tradizionale ligure, per esempio, quello che si ottiene utilizzando piantine di basilico al di sotto dei dieci centimetri – denuncia Francesco Sala, ordinario di Botanica all'Università Statale di Milano – c'è una sostanza cancero-

gena, il metileugenolo, presente in dosi 600 volte superiori ai valori ammessi dalle normative sanitarie».³

La notizia è riportata anche sul «Corriere della Sera» dello stesso giorno, che commenta:

> Il che non vuol dire sviluppare un tumore, vuol dire che aumentano le probabilità di averlo. Usando basilico adulto il rischio si azzera. Perché? «Il metileugenolo protegge la pianta giovane da insetti e batteri – continua Sala – poi, crescendo, la molecola perde il metile e diventa innocua».⁴

Apriti cielo! La Coldiretti di Savona replica definendo «terroristico» l'allarme. Carlo Petrini, presidente di Slow Food, riferendosi a Veronesi e Sala dice: «La loro è una campagna mediatica a metà tra disinformazione e antiscientificità» e giudica l'accusa fatta al basilico di contenere una sostanza cancerogena «infondata e al limite del ridicolo».⁵ In realtà è Petrini a non avere ben chiaro l'argomento.

A peggiorare la situazione c'è il fatto che l'accenno al basilico è stato fatto durante la conferenza stampa di presentazione di un documento sulla sicurezza alimentare e gli OGM.⁶ Il senso dell'intervento di Sala e Veronesi era di mettere nella giusta prospettiva i rischi possibili degli OGM con i rischi reali dell'alimentazione quotidiana, come ha fatto Bruce Ames confrontando pesticidi naturali e sintetici.

Un'idea difficile da accettare

Lo abbiamo già detto: esiste un pregiudizio diffuso, ben radicato, che ritiene i prodotti «naturali» sempre buoni e sani proprio in virtù della loro «naturalità», e i prodotti «artificiali» o «industriali» – per non parlare degli OGM – cattivi e poco salubri. Questa è, lo abbiamo visto, una sciocchezza. Si deve sempre ragionare caso per caso.

Vi piacciono i funghi? Contengono idrazine, cancerogene. Adorate la senape? Contiene allil-isotiocianato, cancerogeno. Cuocete la carne alla griglia? Vi piace la crosta abbrustolita del pane? Le patatine fritte ben dorate? I cetrioli sottaceto? Contengono tutti sostanze che la IARC classifica come cancerogene o possibili cancerogene.

Assumiamo ogni giorno migliaia e migliaia di sostanze tossiche o potenzialmente tossiche, e il nostro corpo ha un bel daffare a limitare i danni. Sostanze, come abbiamo già sottolineato, che sono *naturalmente* presenti negli alimenti, anche nei proverbiali manicaretti della nonna preparati con prodotti coltivati nel proprio orto biologico e con animali allevati nella fattoria di Nonna Papera. Ma questa è un'idea difficile da accettare, come dimostra la levata di scudi contro i due malcapitati scienziati che hanno osato mettere in dubbio che una ricetta tradizionale e genuina potesse anche lontanamente essere associata al cancro.

Ogni volta che mangiamo anche il più «naturale» dei vegetali (come il basilico) ingeriamo tantissime sostanze tossiche insieme a quelle benefiche. Il nostro corpo però è quasi sempre in grado di combatterle efficacemente, e quindi possiamo mangiare (quasi) tutto senza problemi. Ovviamente se mangiamo un'amanita falloide, per quanto naturale, rischiamo di crepare.

Tossico ad alte dosi

Ma insomma, è vero o meno che il pesto contiene una sostanza cancerogena? Be', sì. I suoi effetti sono stati registrati sui ratti. Un rapporto del settembre 2001 del Comitato scientifico sui cibi della Commissione europea si esprime sulla tossicità del metileugenolo (presente, ricorda il rapporto, ad esempio nel basilico, nell'anice stellato e nel finocchio). Dopo aver passato in rassegna i dati e gli esperimenti riportati in letteratura, concludeva:

> Il metileugenolo si è dimostrato genotossico e cancerogeno. Quindi non può essere fissata una soglia, e il comitato non ha stabilito nessun livello di esposizione di sicurezza. Suggeriamo perciò una riduzione dell'esposizione e una restrizione nell'uso.[7]

Non troverete citato il rapporto nelle cronache dell'epoca. Nessun giornalista si è preso la briga di controllare. Che novità! E non troverete citato neanche il secondo rapporto del comitato, quello sull'estragolo, una sostanza che ha effetti analoghi al metileugenolo: è genotossica e cancerogena.[8] E sapete qual è l'altro nome dell'estragolo? Metilcavicolo. Che, come sappiamo, si ritrova in altre varietà di basilico come quello napoletano e non scompare con la crescita della pianta. L'avete letto questo nelle polemiche dell'epoca? Non credo.

Però quando si parla di cancerogenicità di un cibo bisogna sempre andarci con i piedi di piombo, prima di tutto perché un alimento contiene molte sostanze che possono interagire nel nostro corpo in modo diverso, e poi perché i test sugli animali non bastano, come abbiamo visto: servirebbero approfonditi studi epidemiologici su un campione significativo di persone. Per quel che riguarda il pesto, probabilmente (la scienza non fornisce mai certezze) possiamo stare tranquilli: uno studio del 2002 relativo alla tossicità del metileugenolo nei cibi osservava che le dosi a cui la sostanza è cancerogena nei ratti sono comunque da cento a mille volte superiori alla dose tipicamente assunta dagli esseri umani. Il pesto quindi «non pone rischi di cancro significativi», anche perché la cancerogenicità nei ratti era collegata a danni subiti dal fegato a causa di dosi così massicce.[9]

Un articolo del 2006 sempre sul metileugenolo nei cibi (a proposito, vi ho detto che è presente anche nelle banane e, in altissima concentrazione, nella noce moscata?) è rassicurante: «La dose più bassa somministrata ai ratti era di 37.000 microgrammi per kg corporeo per giorno».[10] Se anche uno mangiasse pesto due volte al giorno sarebbe esposto a una dose centocinquanta volte più bassa. E concludono che «non vi sono effetti conosciuti che risultano dall'esposizione al metileugenolo nella dieta».

La certezza non è di questa terra, ma in tutta sincerità io continuerò a consumare pesto. Non perché sia «sicuro» che sia innocuo, ma semplicemente perché mi piace e sono ragionevolmente convinto che non sia più pericoloso di altre cose che assumo quotidianamente.

Il dialogo difficile con gli scienziati

Scagionato, almeno per il momento, il pesto, questo episodio ci permette di mettere in luce il diverso modo che hanno gli scienziati di discutere con «gli altri» quando si trattano argomenti che hanno un effetto sulla società e sulla politica, soprattutto quando si parla di possibili rischi per la salute.

Se provate a cercare sul web le varie reazioni negative seguite alla famosa conferenza stampa di Sala e Veronesi, vi accorgerete che nessuno dei critici ha cercato di confutare, dati alla mano, la presenza di metileugenolo. E nessuno si è preso la briga di andarsi a leggere l'articolo originale.

Invece, c'è chi cita lo zio che si è sempre cibato di pesto senza nessun problema, chi semplicemente non crede che il basilico possa contenere sostanze tossiche («Ma è naturale! come è possibile?»), tralasciando poi le svariate offese e ingiurie rivolte ai due malcapitati, come minimo «venduti alle multinazionali».

Questo modo di dibattere, vi confesso, è sconcertante per uno scienziato. Tanta retorica, tante parole, ma solitamente niente fatti certi su cui discutere. Come si dice: tanto fumo e niente arrosto.

Facciamo un esempio: il professor Sala dichiara che nelle piantine di basilico giovani di altezza inferiore ai dieci centimetri è presente una sostanza cancerogena. Ora, nelle normali discussioni e litigi tra scienziati, se qualcuno fa un'affermazione che io non condivido cerco di dimostrare che ha torto. Come? Semplice: nel caso del basilico ad esempio posso riprovare a fare l'analisi, o cercare nella letteratura scientifica le ricerche che confutano quel lavoro. La logica è sempre la stessa: o quella sostanza è presente nella quantità indicata o non lo è. E se è presente si deve cercare di capire in che misura possa dare problemi a chi lo consuma. Punto.

Che cosa si legge invece? C'è chi dichiara che sono «affermazioni terroristiche, perché potrebbero danneggiare il pesto ligure». È forse un argomento che controbatte l'affermazione di Sala? No di certo. Le affermazioni di Sala possono creare un danno economico? Forse sì, ma il punto non dovrebbe essere quello di accertare se sono vere o false?

La senatrice Loredana De Petris dei Verdi sostiene che «Sala e Veronesi dicono un cumulo di sciocchezze». È un controargomento questo? Certo che no. Dove sono i dati? Slow Food in tutta risposta organizza cene a base di pesto e polenta.[11] Servono forse a dimostrare che Sala e Veronesi hanno torto? Che il metileugenolo non è presente nel pesto? Ancora una volta no, ma per carità, alle mangiate si aderisce sempre, e vai col barolo!

Forse qualcuno ha detto *l'unica* cosa che per uno scienziato ha senso: «Rifacciamo l'analisi, ampliamo lo studio, facciamo altri esperimenti e vediamo»? Nessuno.

Questo sconcerta assai gli scienziati. E sconcerta ancora di più vedere che «non sconcerta» i non scienziati, se mi perdonate la confusione linguistica. Questo pare essere il modo comune per discutere, sui media in Italia, di molti argomenti, ma non è un modo razionale quando si parla di fatti in linea di principio misurabili.

C'è una tendenza, umanamente comprensibile ma scientificamente priva di senso, a giudicare i fatti in termini di chi ci guadagna o ci perde. Se una frase danneggia o favorisce X, allora per alcuni è sicuramente falsa, per altri sicuramente vera. Buffo, vero?

Il principio di precauzione questa volta non vale?

Vi faccio notare una cosa curiosa: molte delle critiche a Veronesi e Sala sono arrivate da persone o organizzazioni che spesso citano il cosiddetto «principio di precauzione», ad esempio per opporsi agli OGM. Non trovate strano che non lo si sia voluto invocare per il pesto? Dopo tutto, non possiamo essere sicuri al 100 per cento che il pesto non faccia male. *Nessuno* può offrire questa certezza. Se domani un'azienda cercasse di far approvare un nuovo prodotto contenente una sostanza che ad alte dosi si è dimostrata cancerogena sui topi, pensate che non si opporrebbe nessuno in nome del «principio di precauzione»?

Il mio parere è che quel principio è scientificamente sballato e in una discussione scientifica dovrebbe valere come il due di picche quando briscola è fiori. Ma chi invece continua a citarlo, spesso a sproposito, dovrebbe avere la coerenza di applicarlo sempre. Io, che non lo seguo, il pesto continuo a mangiarlo.

---

[1] M. Miele, R. Dondero, G. Ciarallo, M. Mazzei, *Methyleugenol in Ocimum basilicum L. Cv. Genovese gigante*, in «Journal of Agricultural and Food Chemistry», vol. 49, 2001, pp. 517-521, disponibile anche su http://admin.sssa.it/media/00000645.pdf

[2] *Ibidem*.

[3] http://www.repubblica.it/2004/j/sezioni/politica/ogmo/docuvero/docuvero.html

[4] http://www.corriere.it/sportello-cancro/articoli/2004/11_Novembre/09/basilico.shtml

[5] http://www.repubblica.it/2004/j/sezioni/politica/ogmo/polentaogm/polentaogm.html

[6] http://www.siga.unina.it/circolari/Consensus_ITA.pdf

[7] http://ec.europa.eu/food/fs/sc/scf/out102_en.pdf

[8] http://ec.europa.eu/food/fs/sc/scf/out104_en.pdf

[9] R. L. Smith, T. B. Adams, J. Doull, V. J. Feron, J. I. Goodman, L. J. Marnett, P. S. Portoghese, W. J. Waddell, B. M. Wagner, A. E. Rogers, J. Caldwell, I. G. Sipes, *Safety assessment of allylalkoxybenzene derivatives used as flavouring substances: methyl eugenol and estragole*, in «Food and Chemical Toxicology», vol. 40, 2002, pp. 851-870.

[10] S. H. Robison, D. B. Barr, *Use of biomonitoring data to evaluate methyl eugenol exposure*, in «Environmental Health Perspectives», vol. 114, 2006, pp.1797-1801.

[11] http://press.slowfood.com/press/eng/leggi.lasso?cod=646&ln=IT

La nostalgia del latte crudo

Il successo dei distributori automatici

Nell'inverno del 2008 un alimento ha impazzato su quotidiani, telegiornali e programmi televisivi vari: il latte. O meglio, il «latte crudo», ossia il prodotto derivante dalla «secrezione della ghiandola mammaria di vacche, pecore, capre e bufale, non sottoposto a una temperatura superiore a 40 °C né ad un trattamento avente effetto equivalente».[1]

In pratica, a differenza del latte fresco che troviamo comunemente in commercio, il latte crudo non subisce alcun trattamento di pastorizzazione, scrematura, omogeneizzazione, microfiltrazione o centrifugazione. Viene raffreddato immediatamente dopo la mungitura a temperature tra 0 °C e 4 °C, filtrato e conservato, agitato meccanicamente per evitare che affiori la panna, e sempre mantenuto refrigerato sino al momento della vendita.

Prima del 2004 in Italia il latte crudo poteva essere venduto soltanto nelle aziende dal produttore al consumatore. Nel 2004 l'Unione europea dà il via libera alla commercializzazione tramite distributori automatici installati direttamente dai produttori, salvo espresso divieto del paese membro. Si arriva al distributore con la propria bottiglia, si inseriscono le monetine, la bottiglia si riempie *et voilà*, torniamo a casa con il latte. I primi «bancomat del latte» cominciano ad apparire in Lombardia, e poi si diffondono in tutto il territorio nazionale facendo felici i produttori, che li vedono come un modo per aumentare un po' il reddito grazie ai maggiori guadagni. Se ne rallegrano anche i nostalgici degli «antichi sapori», Slow Food, i fautori della filiera corta, i teorici del km 0, i critici della grande distribuzione e dell'industria alimentare, ma anche tanti italiani comuni che accorrono ai distributori, attratti anche dal prezzo conveniente rispetto alla confezione di latte fresco pastorizzato acquistabile al supermercato. Il successo, grazie anche a personaggi come Beppe Grillo che ne cantano le lodi, è immediato. I circa trecento distributori del 2006 diventano più di mille alla fine del 2008. A settembre 2009 il sito www.milkmaps.com segnalava 1280 distributori automatici di latte crudo in Italia, di cui 39 dedicati al crudo biologico. Tutti felici? Non proprio...

La tempesta in un bicchiere di latte

La bufera inizia in sordina il 2 ottobre 2008 con un'interrogazione presentata in Senato da Paolo De Castro, ex ministro delle Politiche agricole, che segnala «il rischio che nel latte crudo possano essere presenti agenti patogeni [...] al contrario di quanto avviene nelle produzioni industriali». Al ministro della Salute si chiede «quali provvedimenti intenda adottare per garantire una corretta e trasparente informazione al consumatore in merito alla modificazione delle componenti qualitative e di freschezza del latte crudo dovuta alla bollitura prima del consumo, giudicata necessaria dalle autorità sanitarie per assicurare l'eliminazione dei microrganismi patogeni in esso presenti».[2]

Il sottosegretario Francesca Martini risponde che il ministero «ha richiesto alle Regioni l'attuazione di un programma straordinario di controllo. [...] Allo stato attuale, sono pervenuti i primi esiti di non conformità, che inducono a considerare la vendita del latte crudo come un punto della filiera alimentare da tenere sotto stretta verifica nell'ambito dei controlli ufficiali per la tutela dei consumatori».[3]

Il 3 dicembre 2008 il caso del latte crudo irrompe sui giornali. Anna Meldolesi, giornalista e biologa, scrive un articolo su «Il Riformista» dal titolo *Latte crudo, la moda porta in ospedale*. Vi si narra la storia di una bambina di tre anni di Legnago ricoverata all'ospedale a causa di una brutta infezione alimentare causata dall'ingestione di latte crudo:

> Colpa di un brutto ceppo batterico, che può trovarsi nel latte non pastorizzato e nella carne poco cotta, e causa la sindrome emolitico-uremica. Questa malattia colpisce soprattutto i bambini, uccidendoli nell'1-2 per cento dei casi e determinando un'insufficienza renale cronica nel 10-20 per cento dei casi. Secondo indiscrezioni, i veterinari della Usl 21 di Legnago, allertati dall'ospedale, hanno rinvenuto il batterio in un allevamento che rifornisce i distributori automatici del paese.[4]

La Meldolesi non è certo tenera con il latte crudo. Nell'articolo infatti lo paragona alla roulette russa:

> Se sei fortunato risparmi fino a mezzo euro al litro. Se non lo sei puoi beccarti un batterio patogeno e finire in dialisi o rimetterci addirittura la pelle. Accade in Italia, mentre politici e produttori cantano il ritorno ai vecchi sapori, le normative sanitarie sono piene di buchi e i distributori automatici di latte non trattato aumentano vertiginosamente.

Il giorno successivo la sindrome emolitico-uremica, una malattia prima quasi sconosciuta agli italiani, è su tutti i media. Le segnalazioni di bambini colpiti da infezione da latte crudo diventano molte decine in vari servizi televisivi, un numero che si ridimensiona quando si escludono le infezioni dovute ad altri alimenti, come gli hamburger poco cotti. I casi certi paiono essere dieci negli ultimi due anni. Tuttavia, non esistendo per queste infezioni l'obbligo di notifica alle autorità sanitarie, non è possibile conoscerne il numero esatto.

Due giorni dopo il ministero annuncia un'ordinanza a tutela dei consumatori che prevede tra l'altro l'obbligo di porre una scritta rossa ben visibile sui distributori con l'indicazione che il latte crudo deve essere consumato previa bollitura.

La tentazione del complottismo

Da questo punto in poi la polemica sui giornali viene condotta senza esclusione di colpi nel solito modo all'italiana: con schieramenti per partito preso, dietrologie, approssimazione e complottismo. La scienza passa in secondo piano. I produttori si inalberano per quella scritta che ritengono infamante, Coldiretti e Confagricoltura difendono i produttori, l'associazione dei consumatori ADUC critica «la moda del latte sfuso che ci riporta indietro di cent'anni».

La scienza e la stima razionale del rischio sanitario scompaiono dai giornali. Al loro posto si insinuano i sospetti di una guerra commerciale ai danni dei piccoli produttori di latte crudo da parte della grande distribuzione e dei grandi produttori di latte. C'è chi sostiene che, sebbene i distributori rappresentino meno dell'1 per cento del mercato italiano del latte, costituiscono una potenziale minaccia per i grandi gruppi.

Il quotidiano «Libero» tira in ballo i presunti legami tra il senatore De Castro che ha presentato l'interpellanza e l'azienda produttrice di latte Granarolo. Il «copione» seguito da molti articoli e interviste è quello del grande complotto ordito dalle aziende del latte pastorizzato con l'aiuto della stampa, perché vedrebbero nei distributori una minaccia al loro impero economico. Il 29 gennaio 2009 Carlo Petrini di Slow Food dichiara in un'intervista al quotidiano «la Repubblica»: «C'è un attacco frontale ai produttori che fanno vendita diretta. Un atteggiamento esagerato, che non corrisponde alla realtà igienico-sanitaria delle stalle. I produttori sono disponibili ai controlli e non c'è conferma che le infezioni di cui si è parlato siano state causate dal latte crudo».[5]

Anche Beppe Grillo, sul suo popolare blog, cede al complottismo:

> Quando si toccano gli interessi economici dei grandi gruppi, da Benetton a Impregilo alla Granarolo, i partiti accorrono subito in aiuto. È un interesse di scambio. [...] Se un cittadino [...] beve latte crudo della mucca sotto casa, è un sovversivo. L'informazione è dalla loro parte, ma la verità è dalla nostra. Chi beve latte crudo campa cent'anni e risparmia almeno un terzo. Ogni Comune un distributore automatico di latte. Se lo volete, succederà.[6]

È così che si procede in Italia di fronte a certi argomenti: dato che la gran parte dei giornalisti e dei politici non ha gli strumenti culturali per discutere, indagare, divulgare e decidere su temi scientifici di interesse pubblico, l'unico modo in cui questi temi vengono affrontati è il classico «chi ci guadagna e chi ci perde». Lo schema è semplice: se l'autore dell'attacco in qualche modo ci guadagna, allora vuol dire che è in cattiva fede e si tratta di un complotto. Disarmante. Peccato che il ragionamento sia privo di senso se accostato a un tema che, sì, ha indubbiamente degli effetti economici (i produttori di latte crudo dopo l'ordinanza del ministro hanno accusato una riduzione anche del 50 per cento nella vendita, e mi dispiaccio sinceramente per loro), ma che elude completamente la domanda fondamentale, e cioè se davvero il latte crudo sia pericoloso e in che misura. E cosa significa pericoloso.

Intendiamoci, non voglio minimamente escludere che possano esistere manovre o complotti, chiamateli come vi pare, da parte di alcuni attori economici e politici contro altri soggetti. Succede ovunque, in Italia e nel mondo. Quello che voglio dire è che sui giornali l'aspetto puramente scientifico-sanitario andrebbe tenuto ben separato da tutto il resto. Che il senatore De Castro abbia o meno un conflitto di interesse quando presenta un'interrogazione riguardante il latte crudo non risponde alla domanda fondamentale che più interessa il consumatore: quali rischi sanitari corro se bevo latte crudo?

I batteri patogeni non sono né di destra né di sinistra, non sono iscritti a Slow Food né azionisti della Granarolo, e la loro pericolosità o innocuità non dipende da chi pone il problema o dal fatto che i grandi produttori di latte possano essere avvantaggiati da questa vicenda. Questo invece è lo schema classico con cui giornali e tv affrontano certi temi.

Nel turbinio di accuse e controaccuse sui giornali, quasi nessuno ha cercato di spiegare un po' meglio i termini del problema, di contestualizzare storicamente il consumo del latte crudo, di spiegare come si è arrivati e perché, nei secoli, a pastorizzarlo. Abbondava invece la solita confusione italica.

Un po' di prospettiva

Prima di continuare, per evitare che gli appassionati di complotti mi saltino alla giugulare, chiarisco subito che sono un consumatore, sia pure occasionale, di latte crudo (ma non biologico, da quando ho scoperto che alle vacche malate danno spesso preparati omeopatici invece che veri farmaci). Io e la mia famiglia lo comperiamo specialmente quando siamo in vacanza estiva in montagna, nell'Ossola, talvolta insieme al burro da latte crudo. Sono consapevole che mi espongo a rischi più alti rispetto a quelli che correrei consumando latte pastorizzato. Perché allora lo compro? Non per una sua presunta «superiorità» salutistica, e neppure in ossequio al km 0. Lo prendo semplicemente perché la mia famiglia lo trova più gustoso. Ed è così non tanto perché non è stato pastorizzato, ma per via dell'alimentazione alpina delle vacche, la stessa che rende più saporito il burro.

Ecco, sgombrato il campo dal mio piccolo «conflitto di interesse» organolettico, vediamo di tornare indietro nel tempo di un secolo per capire meglio perché quasi ovunque le organizzazioni preposte alla salute pubblica e alla sicurezza alimentare – come la Food and Drug Administration (FDA) e il Center for Desease Control (CDC) negli Stati Uniti o l'Istituto superiore di sanità in Italia – sconsiglino o in alcuni casi vietino la vendita di latte crudo. La lezione imparata un secolo fa non è stata dimenticata dai responsabili della salute pubblica.

Per discutere serenamente senza fare allarmismi inutili e allo stesso tempo senza urlare ai complotti, serve – per citare il mio critico gastronomico preferito, Antoine Ego – «un po' di prospettiva storica».

Nel 1866 Louis Pasteur aveva dimostrato definitivamente che riscaldare il vino a temperature superiori ai 60 °C per un certo tempo impediva che funghi e batteri si sviluppassero, alterandone le proprietà e facendolo andare a male. In seguito applicò la sua scoperta anche alla produzione della birra, brevettando addirittura un processo di produzione.

Pasteur non applicò mai la sua scoperta al latte. Si dovettero attendere altri trent'anni prima che la pastorizzazione venisse accettata, perché l'opinione pubblica vi si opponeva con forza. Pare addirittura che alcune aziende la adottassero in segreto.

Tra la fine dell'Ottocento e gli inizi del Novecento il batterio più temibile che si cercava di eliminare anche dal latte era il *Mycobacterium tubercolosis*. Sì, la tubercolosi si diffondeva anche tramite il latte. Gli studi sulla pastorizzazione erano ancora all'inizio e non si sapeva con sicurezza quale combinazione di tempo e temperatura potesse uccidere il batterio. Le temperature variavano tra i 50 e i 100 °C, e i tempi da un minuto a sei ore! La malattia colpiva soprattutto i poveri, che vivevano in cattive condizioni igieniche, ma mieteva le sue vittime anche fra i ricchi: uccise personaggi famosi come Kafka, Shelley, Čechov, Orwell, Paganini (inutilmente e ironicamente trattato con il rimedio dell'epoca: latte d'asina!), e ancora nel 1967 si portò via Vivien Leigh, la protagonista del film *Via col vento*.

Nella pastorizzazione il latte viene scaldato a una temperatura sufficientemente elevata da eliminare i batteri patogeni, ma non così alta da distruggere le proprietà nutrizionali e organolettiche dell'alimento. Far bollire il latte come suggerivano le nostre nonne, invece, è un metodo che uccide il gusto e le qualità nutritive insieme ai batteri.

È importante tenere presente che nella pastorizzazione non vengono eliminati tutti i batteri, e che la percentuale di quelli che sopravvivono dipende sia dalla temperatura impiegata sia dal tempo di pastorizzazione. Si tratta dunque di trovare il giusto compromesso organolettico e sanitario. Il latte viene tipicamente pastorizzato a 71,7 °C per 15 secondi. Questa scelta di temperatura e tempi è tale da distruggere la quasi totalità di batteri patogeni (e ovviamente anche parte di quelli benefici).

Un perfetto terreno di coltura per i batteri

In passato il latte si consumava quasi ovunque crudo, a poche ore dalla mungitura, senza che fosse stato conservato al freddo. Negli Stati Uniti e in Inghilterra, con la grande crescita delle città alla fine del Ottocento e l'aumento del consumo di latte da parte della popolazione urbana, l'intervallo di tempo dalla mungitura al consumo poteva raggiungere i due giorni, e ovviamente durante il trasporto dalla campagna alla città non vi era refrigerazione. Poiché il latte è un alimento molto nutriente, vi erano le condizioni perfette per far proliferare una moltitudine di batteri.

Dopo le scoperte di Pasteur, gli scienziati americani dell'epoca avevano iniziato a sospettare che il latte, perfetto terreno di coltura, fosse una delle possibili cause di diffusione della più temibile malattia dell'epoca, la tubercolosi, che nei soli Stati Uniti causava agli inizi dell'Ottocento 160.000 morti l'anno.[7] La febbre tifoidea ne uccideva 25.000 ogni anno. Queste malattie, insieme ad altre come la febbre maltese, la difterite e la scarlattina, sembravano in qualche modo anche collegate al consumo di latte.

All'epoca la morte infantile era considerata una fatalità «naturale». Nel 1900 negli Stati Uniti era pari al 40 per cento. Un terzo dei morti erano bambini. Nel 1905 le statistiche riportano più di centomila bambini morti, di cui 39.000 deceduti per diarrea. Nel 1920 la mortalità infantile nelle più grandi città americane variava da 72 a 203 morti ogni mille bambini. Ai nostri giorni la mortalità grazie al cielo è inferiore all'1 per cento, almeno nei paesi occidentali.

Il fatto che ci fossero così tante morti infantili per diarrea aveva portato alcuni scienziati a sospettare del latte bovino. A sostenere questa ipotesi vi era anche l'osservazione che nella cittadina inglese di Brighton la mortalità nei bambini fino a un anno di vita era del 6,5 per cento per quelli allattati al seno, ma saliva al 36 per cento per quelli nutriti con latte bovino.

Il latte all'epoca era munto manualmente e all'aria aperta. Poteva contaminarsi a contatto con l'aria, oppure essere infettato dal mungitore o da altre persone che lo trattavano. Una volta versato nei contenitori più grandi per il trasporto, un singolo secchio di latte contaminato poteva infettare migliaia di litri e migliaia di persone. A complicare la faccenda poi contribuiva un secondo batterio, il *Mycobacterium bovis*, responsabile della tubercolosi bovina, che può causare nell'uomo forme di tubercolosi quasi indistinguibili per caratteristiche, decorso e gravità da quelle dovute al *Mycobacterium tubercolosis*.

Nella Londra di inizio Novecento il latte era chiamato «veleno bianco» (*white poison*).[8] Una vignetta dell'epoca, vincitrice di un premio dell'American Medical Association del 1910, illustra bene il concetto mostrando la Morte che brinda con un bicchiere di «latte impuro» esclamando: «Bevo alla morte dell'intera tavola» (figura 1).

Figura 1. La Morte brinda con un bicchiere di «latte impuro» in una vignetta premiata dall'American Medical Association nel 1910.

I sostenitori della pastorizzazione...

Ironia della sorte, negli Stati Uniti a mobilitarsi a favore della pastorizzazione del latte non fu un medico bensì un uomo d'affari, Nathan Straus, proprietario dei grandi magazzini

Macy's, che aveva perso un figlio ed era convinto fosse stata colpa del latte. Incontrò il dottor Abraham Jacobi, un immigrato prussiano interessato alla pastorizzazione e divenuto il primo professore di pediatria negli Stati Uniti, e decise nel 1897 di installare un pastorizzatore in un orfanotrofio, dove la mortalità era del 44 per cento. L'anno successivo la mortalità si ridusse al 20 per cento, per poi scendere ulteriormente al 16 per cento nel 1904.

Grazie a questo successo Straus si convinse che era possibile salvare la vita di migliaia di bambini, e nel decennio successivo si impegnò a dotare la città di New York di vari pastorizzatori. La mortalità infantile si ridusse a un terzo, e nessuno ebbe dubbi che quel risultato fosse dovuto al trattamento del latte.

Anche in Europa le cose si muovevano: nel 1886, quattro anni dopo la scoperta di Koch del batterio della tubercolosi, il chimico tedesco Franz von Soxhlet si fece promotore della sterilizzazione casalinga del latte. In Svizzera nel 1905 il chimico Niklaus Gerber propose alle latterie di Zurigo di pastorizzare il latte per combattere i problemi dovuti alle cattive condizioni igieniche degli allevamenti e al fatto che qualche produttore disonesto aggiungeva acqua (ovviamente impura) al latte. La Danimarca fu la prima, nel 1904, a imporre la pastorizzazione per legge, ma dovettero passare ancora vari decenni perché venisse resa obbligatoria in tutta Europa.

... e i suoi oppositori

Nonostante tutte le evidenze, l'opposizione alla pastorizzazione obbligatoria era forte e paradossalmente arrivava anche dai medici, dalle industrie e dai consumatori. Si temeva per esempio che il trattamento potesse mascherare il latte di cattiva qualità, disincentivando la produzione di latte più sano da animali più controllati.

I produttori erano contrari perché ritenevano che avrebbe fatto aumentare i costi. In più i piccoli produttori si sentivano svantaggiati rispetto ai grandi perché temevano di non riuscire ad ammortizzare le spese e quindi di essere costretti a chiudere.

C'era chi sosteneva il «diritto a bere latte crudo» e chi era convinto che la pastorizzazione rovinasse il sapore del latte. Come vedete, nulla di nuovo sotto il sole: il latte ha sempre avuto un posto speciale tra gli alimenti ed è sempre stato difeso a spada tratta dagli alfieri del «buon sapore di una volta», nonostante le evidenze scientifiche suggerissero un'opinione più cauta. Molti medici inoltre si opponevano alla pastorizzazione argomentando che questa avrebbe influito sulle proprietà nutrizionali del latte (anche se queste erano ben lontane dall'essere chiarite).

Sul piano emotivo il latte è culturalmente ancor più coinvolgente dell'acqua, tanto è vero che non ci fu nessuna opposizione all'analoga campagna di sanificazione e trattamento delle acque potabili. Nel 1946 in Inghilterra, dove la pastorizzazione del latte non era ancora stata resa obbligatoria a causa delle pressioni dei produttori, il 7-10 per cento del latte venduto a Londra conteneva ancora i batteri della tubercolosi. Ma a poco a poco la pastorizzazione fu imposta per legge (in Italia ciò avvenne nel 1929) e insieme alle migliorate condizioni igieniche contribuì a salvare milioni di vite in tutto il mondo.

Un passato non troppo remoto

Da appassionato gastronomo apprezzo molto l'impegno di associazioni come Slow Food per recuperare una parte della nostra tradizione culturale culinaria, per valorizzarla ed evitare che venga perduta per sempre. Tuttavia non bisogna cadere nell'errore di ritenere buono e genuino tutto ciò che non è «industriale». Quando Carlo Petrini parla del «buon latte di una volta»[9] forse non immagina di scatenare, in chi ha fatto della sanità pubblica la sua professione, tutta una serie di immagini del passato remoto non proprio piacevoli, dimenticate dai più ma non certo da medici e veterinari.

La situazione ora è profondamente cambiata. Gli allevamenti e gli alimenti sono sempre più sotto controllo, e i possibili rischi di infezione sono monitorati lungo tutta la catena dal produttore al consumatore. Tuttavia le intossicazioni alimentari sono all'ordine del giorno: dal formaggio (nostrano o meno) ai salumi (biologici o no), dalle uova alle conserve (casalinghe o industriali), dal latte (crudo o pastorizzato) al pesce (crudo o cotto), dai molluschi alla verdura (biologica o meno) e così via. E non c'è necessariamente una «truffa» dietro tutte queste infezioni. Il fatto è che mangiare, più che un «atto agricolo», come dice qualcuno, è un «atto naturalmente pericoloso», perché il rischio zero non esiste. Ciò che i responsabili della salute pubblica devono fare è cercare di ridurre i rischi a un livello ragionevolmente basso, soprattutto tenendo conto di determinate categorie, come i bambini, gli anziani, le donne incinte e i malati.

La qualità del latte crudo oggi è buona

Chiariti una volta per tutte i vantaggi sanitari della pastorizzazione, vediamo le condizioni del latte crudo oggi. Siamo ovviamente lontanissimi dalla situazione disastrosa di un secolo fa. I produttori di latte crudo, per poter vendere direttamente il loro latte nei distributori, devono sottostare a regolamenti sanitari ben più stringenti rispetto a quelli stabiliti per la produzione di latte destinato alla pastorizzazione. Non stupisce quindi che un'indagine effettuata in Lombardia nel 2006 mostri che «mediamente» il latte crudo all'origine è più rispettoso dei parametri di legge sulla carica batterica rispetto a quello destinato alla pastorizzazione (ovviamente, i dati si riferiscono al latte prima del trattamento: dopo la pastorizzazione la carica batterica è molto ridotta).[10]

Anche una ricerca dal titolo *Qualità igienico-sanitaria del latte crudo alla stalla ed al consumo in Regione Lombardia*[11] presentata ad un convegno dell'Istituto superiore di sanità attesta la buona qualità media del latte, confermata dai risultati per l'anno 2008.[12]

D'altra parte il latte crudo venduto direttamente al consumatore rappresenta un'importante fonte di reddito per l'allevatore, visto che a fronte di 0,32-0,42 euro nel 2008 pagati per un litro da latterie e industrie, al distributore automatico un litro di latte crudo viene venduto mediamente a un euro, con un guadagno più che doppio per il produttore. Non ho difficoltà quindi a credere che chi vende latte crudo abbia tutto l'interesse a mantenere il più sano possibile il suo prodotto e in ottime condizioni i suoi animali.

Il rischio zero non esiste

E allora? C'è davvero un complotto? Quando ha fatto scoppiare il caso, Anna Meldolesi si è inventata dei pericoli che non ci sono? Vuoi vedere che stavolta ha ragione Beppe Grillo?

Non proprio. Come dicevo, il rischio è stato ridotto considerevolmente, ma non è pari a zero. Non può esserlo.

Mai. La ricerca citata prima sulla qualità del latte lombardo ha trovato una piccola percentuale di batteri potenzialmente pericolosi.[13]

Il latte viene secreto praticamente sterile, senza batteri «buoni» né «cattivi». Le contaminazioni hanno inizio dalla mammella e poi dall'ambiente circostante. I batteri patogeni di origine fecale possono passare nel latte se la mungitrice non è stata disinfettata a dovere, se le mammelle non sono state pulite adeguatamente o sono infette, o per mille altri motivi. L'indagine lombarda del 2006 ha rilevato che in quell'anno su 129 campioni controllati solo due sono risultati positivi al pericoloso batterio *Listeria monocytogenes*, che può causare gravi infezioni.[14] Una percentuale molto bassa indubbiamente, però due casi, non zero, su 129 sono risultati positivi.

Un altro articolo dal titolo *Caccia ai nemici del latte* pubblicato dal Mastitis Council sulla «Settimana Veterinaria» riporta che nel latte crudo sono stati ritrovati vari batteri patogeni (tabella 1).[15] Anche il formaggio di malga non è esente da contaminazioni.[16]

Chiariamo subito che il ritrovamento di qualche batterio nel latte o in altri alimenti non si traduce automaticamente in problemi di salute per i consumatori. La carica batterica deve essere sufficientemente elevata da riuscire a superare le difese immunitarie, ed è per questo che alcune categorie come bambini e anziani sono considerate più a rischio di altre.

Anche se sono pochi, i batteri possono però moltiplicarsi e creare problemi se il latte non viene pastorizzato o è conservato senza essere adeguatamente refrigerato. E infatti sono anni che in tutto il mondo vengono riportati casi di infezioni da diversi batteri causate dal latte crudo o da formaggi preparati con questo alimento (e ovviamente anche da carne, pesce, uova, latte pastorizzato e così via). I siti del CDC e dell'FDA sono pieni di segnalazioni.[17] Anche l'Istituto superiore di sanità cita alcuni casi, ad esempio un'infezione da *Campylobacter jejuni* causata con tutta probabilità da latte crudo che ha colpito almeno dodici persone in provincia di Pesaro.[18]

Analisi	Tecnica	Presenza	Assenza	Totale	% pos
Streptococcus agalactiae	Microbiologico	10	574	584	1,71
Campylobacter spp (*jejuni* e *coli*)	PCR	2	687	689	0,29
Campylobacter termotolleranti	Microbiologico	0	2	2	0,00
Listeria spp	PCR	131	556	687	19,07
Listeria spp	Microbiologico	15	114	129	11,63
Listeria monocytogenes	PCR	18	111	129	13,95
Listeria monocytogenes	Microbiologico	2	129	131	1,53
Salmonella spp	PCR	11	674	685	1,61
Salmonella spp	Microbiologico	1	10	11	9,09

Tabella 1. Batteri riscontrati in campioni di latte crudo (fonte: Mastitis Council)

Si potrebbe obiettare che queste infezioni si possono contrarre anche dal pesce, dalle uova, dalla carne cruda: perché insistere sul latte? Il motivo principale è la protezione delle categorie a rischio. È abbastanza improbabile che un bambino di due anni mangi cozze crude alla tarantina, sushi, maionese fatta in casa o carpaccio, tutti alimenti che comportano rischi di infezione. Il latte invece è un prodotto di consumo quotidiano per i bambini.[19]

La pastorizzazione elimina *ogni* rischio? Ovviamente no: abbiamo visto che è impossibile ridurre il rischio a zero.

Ma, come si dice, se la ricchezza non fa la felicità, figuriamoci la miseria.

Dal punto di vista sanitario, l'anello debole della catena è ciò che succede tra il momento del prelievo e quello del consumo, una fase che non è più sotto il controllo del produttore. I batteri, anche se presenti inizialmente in concentrazioni bassissime, si possono moltiplicare esponenzialmente nel giro di poche ore se il latte crudo, invece di essere mantenuto refrigerato a 4 °C, viene lasciato per ore in macchina al caldo o dimenticato sul bancone della cucina.

Certo, basterebbe farlo bollire, ma perderebbe parte della sua attrattiva: il sapore verrebbe inevitabilmente alterato e molti principi nutritivi andrebbero persi. In realtà chi «ci crede» continuerà probabilmente a non bollirlo e a tenere sotto controllo i rischi consumandolo nel giro di poche ore dall'acquisto e mantenendolo sempre refrigerato. Il consumatore occasionale invece, che ha scelto il latte crudo per il prezzo conveniente o perché l'ha confuso con il latte fresco, ha ora qualche informazione in più a disposizione per poter scegliere autonomamente.

Pochi casi non sono «un trionfo»

Su «La Stampa» del 15 dicembre 2008 Cinzia Scaffidi, direttrice del centro studi Slow Food, riferendosi all'obbligo di bollire il latte crudo stabilito dall'ordinanza ministeriale, scrive:

> Dieci casi in due anni, a fronte di 12 milioni di litri di latte crudo venduti (e chissà quanta carne, e altro!) sarebbero i dati dell'allarme? Sono, piuttosto, i dati di un trionfo: consideriamo l'obbligo un consiglio, ringraziamo per l'informazione,

e continuiamo a bere il latte dei distributori come ci pare (e piace!)

A parte la discutibile scelta di parlare di «trionfo» in presenza comunque di bambini che sono stati colpiti dalla sindrome emolitico-uremica, quasi che il «buon sapore del latte di una volta» potesse far considerare «accettabili» un po' di bambini ammalati, questa frase mostra chiaramente il nocciolo del problema, e cioè l'atteggiamento da tenere nei confronti di rischi molto piccoli, ma non eliminabili.

Il rischio è molto basso? Certamente. Un monitoraggio effettuato dalla regione Lombardia nel 2007 presso tutti i produttori ha rivelato che, su 220 aziende lombarde autorizzate alla vendita diretta di latte crudo, 29 sono state temporaneamente sospese perché il latte era fuori norma: troppe cellule somatiche, listeria, salmonella, *E. coli* e altri batteri. Questo dimostra che i controlli funzionano e servono.

C'è però da tenere presente che il latte destinato ai distributori non viene controllato ogni giorno, perché sarebbe economicamente insostenibile. Solitamente vengono effettuate dalle due alle quattro analisi al mese. Purtroppo una vacca con l'intestino infettato dal batterio *E. coli* O157 può non mostrare sintomi di malattia ed essere apparentemente sana, mentre il batterio è patogeno per l'uomo anche a basse concentrazioni e si può riscontrare nelle feci in maniera intermittente, per cui un'analisi negativa ogni tanto non può escludere con certezza la presenza dell'infezione. Un campione di latte che risulta negativo potrebbe rivelarsi positivo il giorno dopo.

L'unica cosa che si può fare è ridurre il più possibile le contaminazioni, mantenendo un'igiene impeccabile nelle stalle e seguendo le disposizioni di legge. Non ci sono dati per tutte le regioni italiane, ma abbiamo visto che, almeno in Lombardia dove sono stati installati molti distributori, la qualità microbiologica del latte e l'igiene sono molto elevati.

Uno studio preliminare effettuato da Alfredo Caprioli e altri ricercatori dell'Istituto superiore di sanità e dell'ospedale Santobono di Napoli, pubblicato nel giugno 2009 sulla rivista scientifica «Clinical Infectious Diseases», mostra che esiste una correlazione statistica tra alcuni casi di sindrome emolitico-uremica in bambini sotto i quindici anni e il consumo di latte crudo nelle due settimane precedenti la manifestazione della malattia.[20]

Che si fa allora? Si beve o non si beve? Credo che a questo punto, con tutte le informazioni a disposizione, la scelta del singolo dipenda soltanto dal livello di rischio ritenuto accettabile. Alcuni possono ritenere che sia trascurabile, mentre altri possono decidere che il gioco non vale la candela.

Il comportamento da tenere di fronte a una probabilità estremamente piccola di infezione è però diverso se si considera il punto di vista del singolo o quello dell'autorità preposta alla salute pubblica. Mi spiego con un esempio: se giocate al superenalotto, la probabilità di vincere è estremamente piccola e la potete tranquillamente considerare zero. Quasi sicuramente non vincerete nulla. Se però siete il gestore del superenalotto, questa singola probabilità molto piccola deve essere moltiplicata per il numero molto grande di schedine giocate, con il risultato che la probabilità che qualcuno vinca non è più trascurabile. Se il gestore del gioco ignorasse questa probabilità finirebbe sul lastrico in breve tempo.

Allo stesso modo, a fronte di un rischio piccolissimo per il singolo consumatore di latte crudo, chi opera nella sanità pubblica non può trascurare la probabilità totale di infezione se il numero di potenziali consumatori è molto elevato. Non c'è bisogno di immaginarsi improbabili complotti contro il latte crudo, tanto è vero che nessuno ne ha vietata la vendita. La scritta cautelativa imposta dal ministero è solamente il frutto di un'analisi razionale del rischio collettivo.

Abbiamo visto che il rischio esiste, ed è concreto. Piccolo, ma non pari a zero. Lo si può misurare in termini di «conta batterica» o di pazienti ricoverati, come quei bambini di cui hanno parlato Anna Meldolesi[21] e il ministero della Salute.[22] Purtroppo non è necessario andare indietro di un secolo per trovare casi gravi documentati. Nel 2000, ad esempio, in North Carolina un'epidemia di listeriosi causata da formaggio (*queso fresco*) fatto in casa ha contagiato tredici immigrati messicani, di cui undici donne in gravidanza, causando cinque nati morti, tre morti premature e tre nati infetti.[23] Il *queso fresco* è un formaggio tradizionale a base di latte crudo ed è culturalmente importante per gli immigrati messicani negli Stati Uniti continuare a produrlo in casa. Il latte contaminato ha però provocato varie infezioni, come quella che ho segnalato. È nato quindi il Progetto Abuela[24] per sensibilizzare le immigrate messicane sul problema (molte non credevano che quel formaggio potesse causare malattie) e, soprattutto, per coinvolgerle nell'elaborazione di una ricetta alternativa, più sicura e nel contempo rispettosa del gusto originale, delle tradizioni familiari e dell'identità culturale.

Quindi suggerirei a Carlo Petrini di essere più cauto prima di sostenere che «il formaggio a latte crudo è stato mangiato per secoli e secoli, e non ha mai fatto male a nessuno».[25]

In nome del «latte dei bei tempi andati» vale davvero la pena di esporre a quel rischio, piccolo quanto si vuole, soggetti come le donne in gravidanza e i bambini nei quali le conseguenze possono essere gravi?

Che in fondo il buon Louis Pasteur non fosse proprio uno stupido lo avevano capito anche le nostre bisnonne, che raccomandavano di far bollire il latte crudo.

---

[1] *Regolamento 853/2004/UE.*

[2] http://www.senato.it/service/PDF/PDFServer/BGT/00312562.pdf

[3] http://www.senato.it/japp/bgt/showdoc/frame.jsp?tipodoc=Sindispr&leg=16&id=330850

[4] A. Meldolesi, *Latte crudo, la moda porta in ospedale*, «Il Riformista», 3 dicembre 2008 (http://annameldolesi.italianieuropei.it/2008/12).

[5] http://content.slowfood.it/upload/1a9ad57e672140d8e776ccbf9308c69c/files/2009012932322.pdf

[6] http://www.beppegrillo.it/2008/12/clicca_limmagin_1/index.html

[7] J. C. Hotckiss, *Lambasting Louis: lessons from pasteurization*, in *National agricultural biotechnology council report 2001*, NABC, Ithaca (NY) 2001, pp. 58-75, disponibile su http://nabc.cals.cornell.edu/pubs/nabc_13.pdf#page=58

[8] P. W. Atkins, *White poison? The social consequences of milk consumption, 1850-1930*, in «Social History of Medicine», vol. 5, n. 2, 1992, pp. 207-227.

[9] http://cucina.temi.kataweb.it/2007/08/06/mucche-hi-tech-latte-insapore

[10] Mastitis Council, *Nel latte crudo più qualità che nel latte alimentare*, «Supplemento a L'informatore agrario», n. 15, 2007 (http://www.mastitalia.org/mastitalia/documents/IAlattecrudo.pdf). È interessante confrontare i dati relativi alla qualità di tutto il latte prodotto in Lombardia (fissata dai parametri di legge per il latte a uso alimentare) con quelli relativi agli allevamenti che vendono latte crudo (forniti dall'Istituto zooprofilattico della Lombardia e dell'Emilia). Dall'esame di tali dati vediamo che nel 2006 il 20 per cento dei campioni totali non era conforme a quanto previsto dal Dpr 54/97. Tale dato scende al 5 per cento quando vengono considerati gli allevamenti che vendono direttamente il latte crudo.

[11] Istituto superiore di Sanità, *Le tossinfezioni alimentari: sorveglianza e controllo*, atti del IV workshop nazionale Enter-net Italia (Roma, 17-18 maggio 2007), Roma 2007, p. 32 (http://www.iss.it/binary/publ/cont/0393-5620_2007_I_07_C1.1178704485.pdf).

[12] http://static.blogo.it/ecoblog/tabellacontaminazionilombardia lattecrudo.jpg

[13] Istituto superiore di Sanità, *Le tossinfezioni alimentari: sorveglianza e controllo* cit., p. 32: «Il latte crudo posto alla vendita diretta è apparso complessivamente di buona qualità igienico-sanitaria corrispondendo, in linea generale, alla elevata qualità del latte prodotto in Regione Lombardia; lo screening in PCR [un tipo di analisi che ricerca il DNA batterico, *nda*] ha evidenziato una positività per *Salmonella spp* dell'1,48 per cento, per *Listeria monocytogenes* del 2,47 per cento, per *Campylobacter* termotolleranti del 0,29 per cento [due batteri poco conosciuti al grande pubblico, a differenza del più famoso batterio della salmonella, causa di molte intossicazioni alimentari, *nda*] per *Escherichia coli* O157H:7 [un ceppo particolarmente virulento che può causare gastroenteriti, *nda*] del 10 per cento. La metodica colturale ha permesso di isolare un solo ceppo di *Salmonella spp* e due ceppi di *Listeria monocytogenes*. Le caratteristiche dell'alimento, le modalità di distribuzione e di consumo impongono la necessità di mantenere un elevato livello di sorveglianza igienico-sanitaria affiancato dalla necessità di fornire al consumatore un'adeguata informazione circa i pericoli legati al consumo del latte crudo, i tempi di conservazione e le corrette modalità di consumo».

[14] Mastitis Council, *Nel latte crudo più qualità che nel latte alimentare* cit.

[15] Mastitis Council Italia, *Caccia ai nemici del latte*, in «La Settimana veterinaria», n. 255, 2007 (http://www.mastitalia.org/mastitalia/documents/SetVet_DOSSIER.pdf)

[16] Istituto superiore di Sanità, *Le tossinfezioni alimentari: sorveglianza e controllo* cit., p. 29: «Questa indagine dimostra come il rischio di contaminazione da VTEC O157 [abbreviazione per «verocytotoxin producing *Escherichia coli*», indicante batteri che producono una particolare famiglia di tossine chiamate verocitotossine, *nda*], di latte e prodotti a base di latte crudo non vada sottovalutato, soprattutto all'alpeggio ove aspetti ambientali e strutturali limitano l'applicazione di corrette

pratiche igieniche di mungitura e lavorazione. [...]. Ove compatibili, il trattamento termico del latte, la stagionatura dei formaggi, la rinuncia a produrre alcuni formaggi più a rischio che spesso esulano dalle produzioni tradizionali possono contribuire ad aumentare la sicurezza igienico-sanitaria dei prodotti».

[17] http://www.cdc.gov/mmwr/preview/mmwrhtml/mm5723a2.htm

[18] Istituto superiore di Sanità, *Le tossinfezioni alimentari: sorveglianza e controllo* cit., p. 131.

[19] Questo ovviamente non significa che si debbano ignorare i rischi dal consumare hamburger poco cotti (che hanno causato casi gravi di infezione) o anche semplicemente un formaggio prodotto da latte crudo. Il Mastitis Council a questo proposito avverte: «Una volta presente nel latte, *E. coli* può moltiplicarsi a temperature superiori a 5 °C e rimanere nei formaggi per alcuni mesi. Si ritiene quindi che né la stagionatura né l'azione acidificante dei batteri lattici siano sufficienti per eliminarlo. Va tuttavia segnalato che una recente indagine su circa tremila prodotti lattiero caseari effettuata nel nostro paese non ha evidenziato alcuna positività per *E. coli* O157:H7».

[20] G. Scavia, M. Escher, F. Baldinelli, C. Pecoraro, A. Caprioli, *Consumption of unpasteurized milk as a risk factor for hemolytic uremic syndrome in Italian children*, in «Clinical Infectious Diseases», vol. 48, 2009, pp. 1637-1638.

[21] A. Meldolesi, *Latte crudo, la moda porta in ospedale* cit.

[22] http://www.ministerosalute.it/dettaglio/pdPrimoPianoNew.jsp?id=208&sub=2&lang=it

[23] http://www.cdc.gov/enterics/publications/435-MacDonald2005.pdf

[24] http://www.fsis.usda.gov/Orlando2002/presentations/vhillers/vhillers.pdf

[25] C. Petrini, *De gustibus disputandum est. Nei formaggi senza microbi anche il sapore è sterilizzato*, «La Stampa», 25 marzo 2001, disponibile anche su http://archivio.lastampa.it/LaStampaArchivio/main/History/tmpl_viewObj.jsp?objid=3048631

Il glutammato e la sindrome da ristorante cinese

Un sapore chiamato umami

I chimici si sono spesso occupati di alimenti e di cucina: pensate a Liebig o a Pasteur. Non capita spesso però che uno chef pubblichi un articolo su una prestigiosa rivista di chimica. Non stiamo parlando di uno chef qualunque, ma di Heston Blumenthal, tre stelle Michelin con il suo ristorante The Fat Duck nel Berkshire in Inghilterra, e uno dei maggiori esponenti di quell'approccio alla cucina chiamato «gastronomia molecolare» che cerca di porre le conoscenze scientifiche al servizio della buona tavola. Blumenthal, insieme ad alcuni ricercatori dell'Università di Reading, in un fascicolo della «Journal of Agricultural and Food Chemistry» individua in diverse varietà di pomodoro le sostanze che concorrono al sapore *umami*.[1] Di che cosa si tratta? Per rispondere dobbiamo tornare indietro di un secolo.

Fino al 1908 si credeva che i sapori fondamentali fossero quattro: dolce, salato, aspro e amaro. In quell'anno il chimico giapponese Kikunae Ikeda stava cercando di capire quale fosse il sapore fondamentale di una tipica zuppa giapponese di alghe e pesce, il *dashi*, poiché appariva diverso dai quattro conosciuti. Scoprì che era dovuto principalmente al glutammato, un sale dell'acido glutammico (un amminoacido), e decise di chiamare *umami* il nuovo sapore. Nella nostra lingua potremmo chiamarlo «sapido». Così come il cloruro di sodio stimola i recettori del sapore «salato», il glutammato e l'acido glutammico stimolano i recettori del sapore *umami*. L'acido glutammico è uno degli amminoacidi più abbondanti in natura e lo si può trovare libero in molti alimenti quali latte, pomodori, funghi e in alcune alghe utilizzate dalla cucina giapponese. È un amminoacido non essenziale, cioè il nostro corpo può produrlo autonomamente, ma è di importanza fondamentale nel metabolismo delle nostre cellule e agisce anche da neurotrasmettitore nel nostro sistema nervoso. Rappresenta l'11-22 per cento degli amminoacidi nelle proteine animali e fino al 40 per cento in quelle vegetali. Le proteine, tranne rari casi, di solito non hanno sapore, ma i loro amminoacidi costituenti sì, e quando le proteine si degradano ne gustiamo il sapore. Questa degradazione, anche parziale, può avvenire durante la cottura dei cibi, oppure per via enzimatica, ad esempio per mezzo della nostra saliva.

Nel 1908 Ikeda riuscì ad estrarre trenta grammi di acido glutammico partendo da quaranta chili di alghe *kombu* fatte bollire in acqua.[2] Questo amminoacido era già stato isolato nel 1866 dal chimico tedesco Heinrich Ritthausen, attraverso la scomposizione (idrolisi, dicono i chimici) della gliadina, una componente del glutine del grano. Ikeda si affrettò a brevettare la produzione di glutammato di sodio (spesso abbreviato con la sigla MSG, *Monosodium glutamate*) a partire dal glutine, che ne contiene fino al 25 per cento in peso.[3] Nel 1909 il primo barattolino di glutammato di sodio veniva messo in commercio con il nome *ajinomoto*, che significa «all'origine del gusto».

Negli Stati Uniti e in Europa il glutammato venne isolato nel periodo tra le due guerre mondiali a partire dai residui dell'estrazione dello zucchero dalla barbabietola. Nel secondo dopoguerra i chimici cominciarono a cercare un modo per sintetizzarlo completamente in laboratorio. Nel 1963 la Ajinomoto Company iniziò a produrre glutammato non più dalla decomposizione del glutine ma soltanto per via di sintesi chimica, producendone circa mille tonnellate al mese. Tuttavia questo metodo ebbe vita breve, perché da lì a pochi anni sarebbe stato soppiantato completamente da un altro, usato ancora oggi, che utilizza la fermentazione batterica (un po' come per produrre lo yogurt).

La produzione mondiale di glutammato stimata è di circa due milioni di tonnellate all'anno, di cui un milione solamente in Cina. In Europa e nell'America settentrionale è abbastanza limitata, mentre è più elevata nell'America centrale e meridionale. Globalmente in Asia si produce e consuma più dell'80 per cento del glutammato mondiale. Nei paesi occidentali la stragrande maggioranza del glutammato è utilizzato dalle industrie alimentari come additivo, per insaporire i piatti e preparare i dadi da brodo o gli estratti. È ammesso dalla legislazione europea e viene identificato con la sigla E621.

Una famiglia di sostanze che esaltano il gusto

Nel corso degli anni furono scoperte altre sostanze dal sapore *umami* presenti nei cibi: in particolare il 5'-guanosin monofosfato (GMP) e il 5'-inosin monofosfato (IMP). Avete un dado in casa? Leggete l'etichetta. Quasi sicuramente contiene questi componenti sotto forma di sale: glutammato monosodico, guanilato disodico e inosinato disodico. Si tratta di sostanze naturali che per secoli, inconsapevolmente, i cuochi giapponesi e cinesi hanno utilizzato per costruire piatti complessi, spesso stimolando tre o quattro sapori fondamentali contemporaneamente, a differenza della cucina occidentale che raramente ne stimola più di due alla volta. I funghi *shiitake* ad esempio, molto usati nella cucina cinese e giapponese, sono ricchi di GMP, mentre il tonno è ricco di IMP. Nel 1958 alcuni ricercatori scoprirono che il glutammato e i 5'-ribonucleotidi – così viene chiamata quella famiglia di sostanze – hanno un'azione sinergica: se ad esempio è presente il GMP, serve molto meno glutammato per esercitare la stessa stimolazione del sapore *umami*.

Il riconoscimento dell'*umami* come sapore fondamentale distinto dai quattro classici (salato, aspro, dolce, amaro) è stato immediato nella cultura asiatica, ma molto lento in quella occidentale, forse per un motivo culturale. Nella nostra cucina l'*umami* è spesso stimolato insieme al gusto salato, e supportato dalla presenza di grassi animali. Questo fatto può averne ritardato l'accettazione come sapore indipendente dagli altri. Pensate al brodo di carne, tipico della cucina occidentale. A causa della lunga cottura della carne si producono sia molecole di glutammato, provenienti dalla degradazione delle proteine, sia 5'-ribonucleotidi, che in sinergia stimolano l'*umami*. Ed è per questo che tali sostanze le ritroviamo nel dado da brodo commerciale. Nel brodo però troviamo anche il sapore salato, dovuto sia al cloruro di sodio aggiunto dal cuoco sia a quello presente nella carne. In più i grassi animali veicolano molti altri aromi che possono coprire il gusto *umami*.

Nel 1825 Anthelme Brillat-Savarin, nel suo famoso trattato *La fisiologia del gusto*, aveva attribuito il «sapore del brodo» a una sostanza non ancora identificata ma secondo lui presente nella carne e in forma disciolta nel brodo. Chiamò questa ipotetica sostanza «osmazoma».

Studi successivi avevano dimostrato che Brillat-Savarin aveva torto, e che l'osmazoma non esisteva. Non c'era quindi motivo di ritenere che il brodo di carne stimolasse un sapore diverso dai classici quattro (il glutammato, assaggiato da solo, non ha un sapore che ricordi la carne).

Nelle tipiche zuppe giapponesi invece, come il già citato *dashi*, i grassi sono assenti e il sale non è aggiunto, perciò era stato più facile riconoscere l'*umami* come sapore dominante e attribuire al glutammato la capacità di stimolarlo.

Anche se il cloruro di sodio non viene aggiunto, il sodio presente nel glutammato fornisce comunque una sensazione di salato difficile da separare sul piano gustativo dal gusto *umami*. Solo nel 2000 l'*umami* è stato accettato pienamente tra i sapori fondamentali, con la scoperta dei recettori che vengono stimolati dal glutammato e dalle altre sostanze.

Il glutammato? Si trova nei pomodori e nel parmigiano

Il pomodoro è uno dei vegetali a più alta concentrazione di acido glutammico libero, che aumenta molto con la maturazione e la cottura. Contiene anche un altro stimolatore dell'*umami*, il 5'-adenosin monofosfato (AMP). Queste due molecole, analizzate da Heston Blumenthal, sono il motivo per cui spesso il pomodoro è cotto insieme alla carne o al pesce: intensifica il sapore degli ingredienti a cui è associato.

Blumenthal distingue tra la «carne» del pomodoro, la parte soda direttamente sotto la buccia, e la «polpa», la parte semiliquida al centro del pomodoro che contiene i semi. Un gruppo di «assaggiatori» addestrati a riconoscere il sapore *umami* ha trovato che la polpa è molto più sapida della carne soda, e le analisi hanno confermato una concentrazione di acido glutammico e di AMP fino a sei volte superiore per alcune varietà di pomodori. L'osservazione è interessante sul piano culinario perché spesso la polpa viene eliminata, anche per questioni estetiche, mentre sarebbe meglio utilizzarla dopo aver filtrato i semi.

La cucina italiana è spesso associata al pomodoro e non stupisce quindi che sia gustosa, anche se è molto difficile riuscire a isolare l'*umami* dagli altri sapori perché il pomodoro è ricco anche di acidi e di zuccheri. Le analisi mostrano che più è maturo, più il pomodoro è ricco di glutammato. Altri vegetali stimolatori dell'*umami*, ma in misura molto minore, sono i piselli, il mais, le cipolle, le verze, gli asparagi e gli spinaci.

La nostra gastronomia utilizza moltissimo anche un altro ingrediente che detiene il record mondiale di contenuto di glutammato: il parmigiano.[4] Un etto ne contiene 1,2 grammi. Aggiungendo il parmigiano a una ricetta si sfruttano le capacità del glutammato di stimolare il sapore *umami*, e più è stagionato meglio è. Ne ho sperimentato personalmente l'effetto quando ho avuto l'occasione di acquistare un pezzo – favoloso! – di Parmigiano Reggiano stagionato trentotto mesi e di confrontare il suo gusto con quello ordinario, stagionato ventiquattro mesi, acquistato al supermercato. Il primo era incredibilmente più gustoso e saporito del secondo, e nel contempo meno salato: ecco il glutammato e l'*umami* in azione.

I cibi stagionati sono generalmente più ricchi di glutammato, perché a mano a mano che passa il tempo le proteine si degradano, liberando acido glutammico. Questo effetto lo possiamo ritrovare nel formaggio roquefort, ma anche nei prosciutti stagionati. Un altro ingrediente ricco di glutammato e di 5'-ribonucleotidi sono le acciughe conservate sotto sale, che infatti sono talvolta usate in piccole quantità dai cuochi come «ingrediente segreto» per intensificare i sapori di altre preparazioni senza che si senta, ovviamente, il sapore di acciuga.

Anche la salsa di soia, che proviene dalla fermentazione della soia e del grano e quindi dalla degradazione delle loro proteine, è ricchissima di glutammato. Forse l'utilizzo più antico, ovviamente inconsapevole, del glutammato ottenuto attraverso idrolisi delle proteine risale agli antichi romani e ai greci. Il *garum* o *liquamen* dell'antica Roma era una salsa ottenuta dalla fermentazione prolungata del pesce, chiamata *garon* in Grecia, ed era ovviamente ricca di glutammato. Il *De re coquinaria* (circa 230 d.C.), una raccolta di ricette attribuita a Marco Gavio Apicio, la cita come condimento indispensabile di molti piatti.

Apprezzato in Oriente, odiato in Occidente

Se appartenete a quel vasto gruppo di persone che vedono nel glutammato una «schifezza chimica», forse dovreste considerare l'ipotesi che il vostro sia un pregiudizio culturale. Pensateci: tutte le osservazioni e obiezioni spesso sollevate contro il glutammato valgono anche per il normale sale da cucina. Il cloruro di sodio stimola un sapore fondamentale. Anche il glutammato. Il cloruro di sodio intensifica la percezione di altri sapori fondamentali. Anche il glutammato. Il cloruro di sodio è naturalmente presente nei cibi. Anche il glutammato. Troppo sale rovina il cibo. Idem per il glutammato. E così via.

Il cloruro di sodio tuttavia è ormai ben radicato nella nostra cultura culinaria, e non ci verrebbe mai in mente di «incolparlo» di «alterare la percezione del gusto in modo artificiale». Voi salate l'acqua della pasta, vero? Non state forse alterando di proposito il «sapore vero» della pasta?

Alla stessa maniera, anche l'accusa di «mascherare la mancanza di sapore delle materie prime» è debole: equivale a sostenere che la farina di grano duro con cui viene prodotta la pasta è di «bassa qualità» solo perché non è buona se viene cucinata senza sale.

È verissimo che il glutammato può mascherare la povertà di alcune materie prime, ma questo vale anche per il sale e lo zucchero. Che colpa ne ha il povero glutammato se madre natura ci ha fornito di recettori specifici per apprezzarlo? La colpa semmai è di chi usa materie prime di scarsa qualità. Il proverbiale «pizzico di sale» si aggiunge quasi ovunque, anche nelle torte per esaltare il dolce e gli altri sapori, ed è solo un fatto culturale che ci induce a considerare il sale parte integrante della ricetta e a escludere il glutammato.

Nelle cucine orientali il barattolino del glutammato si trova spesso accanto a quello del sale, e dal 1909 è considerato un ingrediente fondamentale. Se volete provarlo lo trovate nei negozi di generi alimentari asiatici, confezionato in buste di plastica trasparenti. È bianco cristallino e assomiglia al sale.

Non intendo certo sostenere che il brodo fatto con il dado sia equivalente a quello che si ottiene da un bel pezzo di carne: la differenza c'è e si sente. Però a mio parere è assurdo demonizzare a priori una molecola. Ovviamente va usata in modo corretto, come abbiamo imparato a fare con il sale e lo zucchero.

Il glutammato, per esempio, esalta anche il sapore salato, per cui serve una quantità minore di sale per insaporire un piatto, a tutto vantaggio di chi ha bisogno di ridurne l'apporto nella dieta.[5]

Visto che molti consumatori considerano il glutammato con sospetto, in alcuni casi la sua presenza viene «occultata» da altre diciture (legali, intendiamoci) come «proteine idrolizzate» oppure «estratto di lievito». Le si ritrova per esempio sulle confezioni di alcuni «dadi biologici», spesso affiancate dalla scritta, corretta ma scientificamente ridicola, «non contiene glutammato aggiunto», come se quello aggiunto fosse diverso da quello già presente. Come ho già spiegato, l'acido glutammico è abbondante in natura e può essere ricavato anche dalla degradazione delle proteine. Che vengano dalle cellule del lievito o dalla soia non fa alcuna differenza: sempre di acido glutammico si tratta.

Quindi se un produttore orgogliosamente vi dice: «Noi non usiamo glutammato», ma sull'etichetta leggete «estratto di lievito», fatevi una grassa risata. Tuttavia non dovete sentirvi (troppo) ingannati, non più di quanto vi accada per il fatto di non trovare sull'etichetta del parmigiano la scritta «contiene glutammato *naturale*». Casomai bisognerebbe riflettere sulla «fobia antichimica» ormai largamente diffusa nella popolazione che altera persino la percezione di quello che mangiamo. Nel caso del glutammato, la fobia ha una storia le cui origini risalgono a circa quarant'anni fa.

L'origine di una sindrome molto studiata

Una volta si diceva «l'ha detto la tv». La versione moderna di questa frase è «l'ho letto su internet». Se cercate sul web notizie sul glutammato, troverete molte pagine palesemente «terroristiche», soprattutto nei siti di «informazione alternativa», che imputano al glutammato le peggiori nefandezze: dal morbo di Alzheimer ai danni al cervello nei bambini, dal diabete alla cecità, passando per gli immancabili tumori. Ovviamente nessuno di questi siti, che di solito fanno riferimento a qualche complotto mondiale, vi ricorda che un etto di ottimo parmigiano contiene 1,2 grammi di glutammato libero e che il nostro corpo produce e metabolizza il glutammato naturalmente. Ma veniamo alla cosiddetta «sindrome da ristorante cinese».

Moltissimi studi sono stati fatti per investigare le cause di questa sindrome che si manifesterebbe con un fastidioso mal di testa, debolezza, asma, palpitazioni, rossore in viso e altri sintomi che apparentemente alcune persone accusano dopo aver mangiato in un ristorante cinese.

L'origine della storia risale a una lettera (non a un articolo scientifico!) inviata nel 1968 dal dottor Robert Kwok alla prestigiosa «The New England Journal of Medicine»: «Manifesto una strana sindrome ogniqualvolta mangio in un ristorante cinese, specialmente quelli che servono cibo della Cina del Nord».[6] Dopo aver descritto i sintomi, Kwok osserva che «la causa è oscura», e prosegue suggerendo alcune possibili spiegazioni: un ingrediente della salsa di soia, il vino usato in cottura, il glutammato di sodio o il troppo sale utilizzato nella cucina cinese (che spesso causa anche una certa sete dopo il pasto). Da buon scienziato, Kwok suggerisce di investigare l'origine dei sintomi senza propendere a priori per nessuna ipotesi.

Quella lettera richiamò l'attenzione della stampa dell'epoca (non c'era ancora il web), e da allora i giornali e l'immaginario popolare occidentale cominciarono ad associare il glutammato alla sindrome da ristorante cinese. Quell'ingrediente infatti era praticamente sconosciuto al pubblico americano dell'epoca e rappresentava quindi, a differenza del sale o della salsa di soia, un ottimo bersaglio. Ciò che non si conosce fa sempre un po' paura. Il buon senso avrebbe suggerito una maggiore cautela, visto che non risulta che in Cina milioni di persone soffrano di mal di testa lancinanti, per non parlare dei consumatori di Grana Padano e di Parmigiano Reggiano. Comunque, si sa che quando un mito comincia a diffondersi è difficile smontarlo, specialmente quando molte persone *desiderano* credere al mito per trovare un colpevole dei fatti che non riescono a spiegare.

Gli scienziati però si misero all'opera e arrivarono le prime smentite (una del nostro Silvio Garattini, del 1970)[7] che dimostravano l'assenza di correlazioni tra il mal di testa e il consumo di glutammato. Ma come accade per le leggende urbane complottiste, ogni smentita della scienza ufficiale veniva interpretata come segno dell'esistenza di qualche oscura macchinazione dei produttori di glutammato. Nel frattempo la Cina continuava allegramente a produrre e consumare un milione di tonnellate di glutammato ogni anno.

Studi mal fatti e confusione

A dir la verità la colpa dell'attuale cattiva fama del glutammato è anche degli scienziati, che pubblicarono vari studi mal fatti in cui si pretendeva di dimostrare, ad esempio, che una buona fetta della popolazione soffriva di questa sindrome. Studi successivi mostrarono l'inadeguatezza di quei lavori, ma il lento procedere della scienza, apparentemente contraddittorio, spesso non è apprezzato dalla stampa non specializzata e dal grande pubblico, che vuole certezze assolute e immediate.

Chi fosse interessato a questa lunga storia di studi e controstudi può leggere la rassegna del 2006 intitolata *Reconsidering the effects of monosodium glutamate: a literature review* (Un riesame degli effetti del glutammato monosodico: una rassegna degli articoli pubblicati).[8] Come abbiamo visto, questo tipo di indagine fa il punto della situazione sugli articoli scientifici pubblicati fino a una certa data per riassumere lo stato della ricerca in un determinato campo.

Leggendo la rassegna si scopre che il primo studio che ha associato il glutammato alla sindrome da ristorante cinese era stato condotto su sei soggetti soltanto, e non era neppure uno studio in cieco. Di nessun significato scientifico dunque: gli esperimenti in doppio cieco (nei quali né il soggetto né il ricercatore sanno che cosa viene somministrato) sono fondamentali in questo campo. Sono stati eseguiti studi rigorosi di questo tipo su soggetti che accusavano asma e altri sintomi attribuiti al consumo di glutammato. I partecipanti sono stati divisi in due gruppi: ai componenti di un gruppo è stato somministrato in cieco del glutammato, mentre gli altri sono stati trattati con un placebo (cioè una sostanza senza nessun effetto). Nei due gruppi non sono emerse differenze nelle reazioni dei soggetti.

Altri studi, in buona fede intendiamoci, non avevano tenuto conto di alcuni aspetti risultati a posteriori fondamentali. Fare ricerca in questo campo è sicuramente molto difficile, e quindi non deve stupire la lunga serie di studi apparentemente contraddittori. Non basta certo nutrire per qualche tempo dei topi con un «pastone» a concentrazioni molto elevate della sostanza sotto osservazione per poter trarre conclusioni valide per gli esseri umani. Ricordate la questione del «pesto cancerogeno»?

La rassegna citata riassume così quarant'anni di studi:

> L'MSG possiede la vasta reputazione di scatenare una serie di sintomi, dal mal di testa alla secchezza delle fauci al rossore in viso. Dalla prima segnalazione della cosiddetta «Sindrome da ristorante cinese», quarant'anni fa, studi clinici non hanno dimostrato una relazione tra il consumo di MSG e la varietà di sintomi della sindrome. In più, il glutammato è stato descritto come agente scatenante asma e forte emicrania, ma non ci sono dati consistenti a supporto di questa relazione. Sebbene alcuni rapporti suggerissero che una parte della popolazione

poteva essere sensibile all'MSG, questo fatto non è stato confermato dagli studi con il placebo.

Insomma, chi sta male dopo aver mangiato al ristorante cinese deve forse dar la colpa al troppo sale, alla cattiva qualità degli ingredienti, ai troppi fritti, ai grassi o ad altri fattori, ma non al glutammato.

Una volta raggiunto l'ambiente fortemente acido dello stomaco, il glutammato si trasforma in acido glutammico, un normale prodotto della degradazione delle proteine che ingeriamo. Dall'ingestione di 80 grammi di proteine il nostro corpo ricava mediamente 15 grammi di acido glutammico, per cui è difficile immaginare che un grammo in più aggiunto al cibo possa causare più problemi, ad esempio, di una succulenta fiorentina da mezzo chilo o di una doppia porzione di melanzane alla parmigiana.

Nel 2002 l'EUFIC, l'organizzazione europea che si occupa di sicurezza alimentare e qualità degli alimenti (organismo cofinanziato dalla Commissione europea e da alcune aziende alimentari) si è così espressa sul glutammato:

> Nonostante vi sia un ristretto numero di persone che dichiarano di essere sensibili al glutammato monosodico, studi scientifici hanno messo in evidenza che non vi sarebbe alcun legame diretto tra tale sostanza e reazioni allergiche o intolleranze. [...] In passato, il glutammato monosodico era ritenuto il responsabile della «sindrome da ristorante cinese» [...]. Tuttavia, un test clinico in doppio cieco [...] effettuato su persone che dichiaravano di soffrire della «sindrome» non confermò che il glutammato monosodico fosse l'agente responsabile. Altri studi hanno dimostrato che le reazioni di tipo allergico che insorgono dopo aver consumato pasti di provenienza asiatica sono solitamente attribuibili a ingredienti come i gamberetti, le arachidi, le spezie e le erbe aromatiche.[9]

L'allarme sul glutammato che uccide

Veniamo al «complottismo» da tavola. Esiste un genere letterario ben diffuso che consiste nello scrivere un libro accusando la sostanza X di causare le patologie Y e Z. È un settore editoriale molto fiorente, soprattutto negli Stati Uniti. Con l'arrivo del web tutto si è amplificato. Potete trovare libri e siti contro il glutammato, l'aspartame, il timerosale nei vaccini o i vaccini *tout court* (una leggenda urbana li ritiene responsabili dell'autismo), ma anche contro il semplice zucchero (cercate con Google «zucchero veleno bianco» e vedrete) e tantissime altre sostanze. Molto spesso questi pamphlet sono ospitati in siti di «medicina naturale», «naturopatia» e via discorrendo, oppure in siti che si occupano di «complotti» e «lottano» affinché l'ignaro lettore possa venire a conoscenza di ciò che governi e multinazionali (potevano mancare?) vogliono nascondere: dalle scie chimiche alle «cure naturali» contro il cancro, passando per omeopatie, urinoterapie, cristalloterapie, fusioni fredde, energia dalla canapa indiana, invasioni aliene e via dicendo.

Sul web l'informazione cattiva scaccia spesso quella buona, o quantomeno la rende più difficile da trovare. Se cercate con Google le parole «glutammato» e «il gusto che uccide» compariranno diverse centinaia di pagine con informazioni allarmanti su questa sostanza. Dalla ricerca in lingua inglese ne saltano fuori addirittura migliaia, quasi tutte riconducibili a una intervista con il dottor Russell Blaylock che accusa addirittura il glutammato di uccidere.[10]

Russell Blaylock: chi è costui? Perché lancia queste accuse? Be', sul perché ci sono pochi dubbi: potete acquistare i suoi libri *Excitotoxins: the taste that kills* per 17,95 dollari, *Health and nutrition secrets* per 22,95 dollari e *Natural strategies for cancer patients* per 15 dollari. Il loro autore ci ricorda che ha anche una newsletter a pagamento, «www.BlaylockReport.com».[11]

Veniamo ora ai contenuti dell'intervista:

> «Il glutammato si ritrova in natura in altri alimenti, tipo i pomodori e le alghe». Come risponde a questa obiezione?
> Certo, è così, ma vede, tutti questi tipi di glutammato sono legati. Si trovano negli oligopeptidi e nei polipeptidi. Sono legati agli aminoacidi. Non sono aminoacidi liberi. Se li si prende in un unico gruppo proteico complesso, li si assorbe nel tratto gastrointestinale molto lentamente. E nel tratto gastrointestinale non ci sono aminoacidi liberi se si mangiano i pomodori. Il livello di aminoacidi liberi è zero.[12]

Dietro la grande quantità di termini tecnici si nasconde il tentativo di convincere il lettore che il glutammato non esiste negli alimenti, il che è falso: è presente persino nel latte materno. In un altro punto dell'intervista Blaylock racconta:

> Mi trovavo nella libreria Miss di Oxford. C'era lì un ragazzo che a un certo punto è caduto ed è morto. Lo abbiamo portato in ospedale e abbiamo cercato di rianimarlo, ma non ci siamo riusciti. Aveva solo ventisei anni, e aveva appena mangiato un enorme piatto di minestra al ristorante. Ho parlato con la gente che si trovava lì, hanno risposto che usavano un sacco di proteine idrolizzate e di glutammato. La gente pranza, inizia con una minestra, assume subito un alto livello di glutammato, e poi cade a terra, stroncata dall'aritmia.

Ovviamente Blaylock si guarda bene dal documentare adeguatamente questi fatti e di fornire prove a supporto della pericolosità delle minestre. Quando si parla di argomenti scientifici è obbligatorio documentare quello che si dice. Le semplici opinioni valgono zero se non sono adeguatamente supportate. La competenza di chi si presenta come esperto in un certo campo può essere facilmente verificata: se avete qualche minuto di tempo, prendetevi la briga di andare a verificare su PubMed,[13] il database mondiale di articoli scientifici biomedici, la competenza del dottor Blaylock[14] sul glutammato e argomenti simili. Il suo articolo di ricerca più recente (dice di essere un neurochirurgo) risale al 1981! Compaiono solamente otto articoli a partire dal 1974, nessuno dei quali riporta ricerche sull'acido glutammico.

A dosi da cavallo fa male ai topi

Ma esistono studi seri che attestano l'esistenza di danni attribuibili al glutammato? Certo, come per tante altre sostanze che assumiamo giornalmente. Il glutammato somministrato per diverse settimane nella proporzione di venti grammi ogni cento di cibo (una dose da cavallo!) ha provocato danni agli occhi nei ratti. Lo stesso si è registrato somministrandolo puro a stomaco vuoto.[15]

Insomma, la faccenda è simile a quella del «pesto cancerogeno» che abbiamo già visto. Molti studi sulla tossicità delle sostanze vengono eseguiti in questo modo, e in assenza di uno studio epidemiologico i risultati non sono trasferibili automaticamente agli esseri umani, che grazie al cielo mangiano in modo diverso. «È la dose che fa il veleno»: è questa la frase da ricordare quando si applicano all'alimentazione umana i risultati delle ricerche di laboratorio sui ratti.

Nel 1988 esperti della FAO e dell'OMS hanno esaminato tutta la letteratura scientifica sul glutammato e hanno prodotto un documento ufficiale[16] seguito nel 1991 dalla valutazione della Commissione europea. La conclusione era che il glutammato non rappresentava un rischio per la salute. Nell'aggiornamento pubblicato nel 2006 si legge:

> L'assunzione di glutammato dal cibo nelle nazioni europee è generalmente stabile e varia da 5 a 12 g/giorno [...]. Un'assunzione massima di 6 grammi per kg di peso corporeo è considerata sicura. L'uso generale di glutammato come additivo può quindi essere considerato innocuo per l'intera popolazione. Anche in casi di alte dosi, non fisiologiche, il glutammato non entra nella circolazione fetale. Ulteriori ricerche dovranno tuttavia essere condotte per accertare gli effetti di alte dosi [...]. In situazioni di appetito ridotto (ad esempio negli anziani), l'appetibilità può essere migliorata utilizzando piccole dosi di glutammato di sodio.[17]

Poiché il glutammato è un neurotrasmettitore importante, non stupisce che in alcune patologie possa causare o essere associato a scompensi fisiologici. Spesso queste ricerche sono citate dai siti allarmistici senza però tenere in considerazione che il glutammato è presente naturalmente negli alimenti, e che il nostro corpo lo produce da sé. Anche il cloruro di sodio, il sale da cucina, è una sostanza importantissima per il nostro organismo e deve essere consumato senza eccessi, pena scompensi anche gravi.

Spesso le stesse argomentazioni usate per accusare il glutammato vengono riprese per esaltare una sostanza parente, la glutammina, presente in prodotti come gli integratori per sportivi:

> La L-glutammina è un aminoacido non essenziale molto importante rivalutato dalla moderna medicina dello sport per la prerogativa di questo particolare aminoacido di passare in tempi rapidi la barriera ematoencefalica (una barriera di protezione del cervello) fornendo un eccellente carbu-

> rante sia per il cervello sia per i muscoli. Una volta passata la barriera encefalica la glutammina può essere convertita in acido glutammico che risulta essere uno straordinario carburante cerebrale in grado di dare lucidità di riflessione e di azione, questo soprattutto per la sua azione disintossicante sull'ammonio.[18]

Per qualcuno il glutammato è uno «straordinario carburante cerebrale», per altri causa il tumore al cervello. E tutto sulla base degli stessi argomenti. Curioso, vero?

Spero che ciò che ho scritto non venga interpretato come un «peana» al glutammato o come un invito a consumarlo smodatamente. Ho solo voluto mettere nel giusto contesto la faccenda, sfatare un mito e spiegare che il suo uso nelle dosi a cui siamo abituati non è tale da suscitare allarmi, e che non c'è nessuna differenza tra il glutammato «naturale» e quello «sintetico».

Se non avete ancora avuto una crisi di rigetto per il glutammato potete leggere il rapporto dell'autorità australiana per la sicurezza alimentare[19] o l'articolo apparso il 10 luglio 2005 su «The Guardian» dal titolo *Se il glutammato fa tanto male, perché in Asia non hanno tutti il mal di testa?*[20]

Basta, ora vado a mangiarmi un pezzo di parmigiano stravecchio...

---

[1] M. J. Oruna-Concha, L. Methven, H. Blumenthal, C. Young, D. S. Mottram, *Differences in glutamic acid and 5'-Ribonucleotide contents between flesh and pulp of tomatoes and the relationship with umami taste*, in «Journal of Agricultural and Food Chemistry», vol. 55, 2007, pp. 5776-5780.

[2] A. Ault, *The monosodium glutamate story: the commercial production of Msg and other amino acids*, in «Journal of Chemical Education», vol. 81, 2004, p. 347.

Il glutammato e la sindrome da ristorante cinese 263

[3] K. Ikeda, *New seasonings*, in «Chemical Senses», vol. 27, 2002, pp. 847-849.
[4] S. Yamaguchi, K. Ninomiya, *Umami and food palatability*, in «The Journal of Nutrition», vol. 130, 2000, pp. 921S-926S.
[5] Il livello di diluizione di soglia, sotto il quale il glutammato non è percepito, è di circa 0,3 grammi per litro di acqua: più basso di quello del sale (circa due grammi per litro) e dello zucchero (cinque grammi per litro). Se la quantità media di sale da cucina contenuta in una zuppa o un brodo è di circa dieci grammi per litro, il glutammato viene utilizzato in concentrazioni che vanno da uno a cinque grammi per litro. Tuttavia, se sono presenti anche piccole quantità di 5'-ribonucleotidi, che di per sé non hanno granché sapore, si possono usare quantità sei-otto volte inferiori di glutammato per ottenere la stessa intensità di sapore.
[6] R. Kwok, *Chinese restaurant syndrome*, lettera pubblicata in «The New England Jounal of Medicine», vol. 278, 1968, p. 796.
[7] P. L. Morselli, S. Garattini, *Monosodium glutamate and the Chinese restaurant syndrome*, in «Nature», vol. 227, 1970, pp. 611-612.
[8] M. Freeman, *Reconsidering the effects of monosodium glutamate: a literature review*, «Journal of the American Academy of Nurse Practitioners», vol. 18, 2006, pp. 482-486.
[9] http://www.eufic.org/article/it/salute-e-stile-di-vita/allergia-intolleranza-alimentare/artid/glutammato-monosodico
[10] Russel Blaylock ha un suo sito internet: www.russellblaylockmd.com. Le sue teorie sono divulgate sul web attraverso diversi siti in italiano, ad esempio http://www.disinformazione.it/eccitotossine.htm e http://www.laleva.org/it/2007/12/glutammato_aspartame_e_eccitotossine_gli_effetti_devastanti.html
[11] La citazione è tratta da un'intervista a Blaylock pubblicata su www.disinformazione.it/eccitotossine.htm
[12] *Ibidem.*
[13] http://www.ncbi.nlm.nih.gov/sites/entrez
[14] http://www.ncbi.nlm.nih.gov/sites/entrez?Db=pubmed&Cmd=Search&Term="Blaylock RL"[Author]&itool=EntrezSystem2.PEntrez.Pubmed.Pubmed_ResultsPanel.Pubmed_RVAbstractPlusDrugs1
[15] R. Walker, J. R. Lupien, *The safety evaluation of monosodium glutamate*, in «Journal of Nutrition», vol. 130 (4S Suppl), 2000, pp. 1049S-52S.

[16] http://jn.nutrition.org/cgi/reprint/130/4/1049S.pdf

[17] K. Beyreuther, H. K. Biesalski, J. D. Fernstrom, P. Grimm, W. P. Hammes, U. Heinemann, O. Kempski, P. Stehle, H. Steinhart, R. Walker, *Consensus meeting: monosodium glutamate. An update*, in «European Journal of Clinical Nutrition», 2006, pp. 1-10. Reperibile su http://www.uni-mainz.de/FB/Medizin/nc-patho/MSG-update.pdf

[18] Ad esempio http://www.wfn.it/articolo.htm

[19] http://www.foodstandards.gov.au/_srcfiles/MSG Technical Report.pdf

[20] http://www.guardian.co.uk/lifeandstyle/2005/jul/10/foodanddrink.features3

Lo zucchero, veleno bianco

Puro, bianco, mortale

Negli ultimi anni lo zucchero è entrato nel mirino di medici e nutrizionisti perché il suo abuso pare essere correlato a vari problemi di salute. Sembriamo molto diversi dall'*Homo sapiens sapiens* cacciatore-raccoglitore di cinquantamila anni fa: abbiamo costruito astronavi per andare nello spazio e macchine enormi per indagare l'infinitamente piccolo, abbiamo cominciato a decifrare i segreti del DNA, ma i nostri geni sono ancora sostanzialmente quelli del nostro progenitore preistorico, che quando era fortunato e riusciva a mangiare non aveva a disposizione la quantità di zuccheri – saccarosio, glucosio e fruttosio – a cui noi siamo abituati. È legittimo quindi chiedersi se il loro uso, o abuso, possa avere conseguenze negative sulla salute. Vari studi hanno cercato di capire la relazione tra il consumo di zuccheri e l'obesità, ad esempio, o tra il primo e l'insorgenza della carie dentale.

Anche se le ricerche sono ancora in atto e non è ancora stata detta l'ultima parola, l'Organizzazione mondiale della sanità raccomanda cautelativamente che gli zuccheri «liberi» (escludendo quindi i carboidrati complessi come ad esempio l'amido contenuto in pasta e riso) non rappresentino più del 10 per cento dell'assunzione giornaliera di energia totale.

Negli anni Ottanta alcuni libri dai toni un po' scandalistici e catastrofici – che personalmente apprezzo molto poco quando si tratta di temi scientifici – hanno messo sotto accusa lo zucchero, il comune saccarosio: il best-seller di John Yudkin, per esempio, uscì in inglese con un titolo molto forte, la cui traduzione è «puro, bianco e mortale» (*Pure, white and deadly*, Penguin 1988). Una delle accuse era quella di fornire «calorie vuote», sbilanciando la dieta e portando i consumatori a ridurre l'assunzione di micronutrienti, come vitamine e sali minerali, essenziali per il buon funzionamento dell'organismo.

Il termine «calorie vuote» non ha molto senso dal punto di vista scientifico e infatti non è molto utilizzato nelle pubblicazioni specializzate, ma è in qualche modo entrato nell'uso sulla stampa divulgativa. Le calorie misurano l'energia che viene resa disponibile quando il nostro corpo metabolizza una determinata sostanza. Un grammo di zucchero, qualsiasi tipo di zucchero, fornisce 4 kcal (chilocalorie), mentre un grammo di grassi, di qualsiasi tipo, fornisce 9 kcal. Il termine «calorie vuote» si riferisce al fatto che lo zucchero, nelle sue varie forme (saccarosio, fruttosio ecc.), essendo una sostanza pura, non è associato a vitamine, minerali o altre sostanze importanti per l'organismo, che di solito si trovano ad esempio in un frutto o in un cereale integrale.

Il consumo di zucchero pro capite è aumentato enormemente negli ultimi decenni. Adulti e bambini consumano sempre più dolci e bibite gassate. Ma lo zucchero viene aggiunto anche ai cereali per la colazione, ai succhi di frutta e a tanti altri alimenti. Un dubbio legittimo che i ricercatori hanno cercato di chiarire era se in qualche modo diete a maggiore consumo di zuccheri (escludendo quelli naturalmente presenti nel latte) fossero associate a un minor contenuto di micronutrienti, come vitamine e minerali essenziali quali il ferro o il calcio. I ricercatori usano l'espressione *displace from diet*, «spostare dalla dieta», per indicare l'ipotesi che chi consuma molti zuccheri impoverisca la sua dieta di altre sostanze nutrienti. Detto più terra terra, mangiando e bevendo più «schifezze» (troppe bevande dolcificate, ad esempio) forse si assume una quantità minore di alimenti più completi dal punto di vista nutrizionale.

Ricerche per fare un po' di chiarezza

Già negli anni Novanta sono apparsi i primi studi per cercare di gettare luce sulla questione. Una prima indagine, del 1991, pur con varie incertezze, forniva un qualche supporto all'ipotesi delle «calorie vuote»,[1] ma segnalava il rischio che insorgessero ambiguità sul modo di misurare gli zuccheri e i micronutrienti ingeriti, e che le conclusioni potessero dipendere dal metodo scelto.

Ricerche di questo tipo si sono succedute negli anni. Generalmente si segue un gruppo di persone per un certo periodo, alle quali si chiede di compilare un accurato diario alimentare annotando ogni cibo ingerito. A partire dal diario si calcola, con stime statistiche, l'assunzione di zuccheri, proteine, vitamine e così via. I risultati sono spesso contrastanti, anche perché – come dice il dottor House nel telefilm – le persone quando parlano di cibo mentono più ancora di quando parlano di sesso, per cui sono necessarie correzioni statistiche a posteriori. A volte si è rilevata una relazione inversa tra ingestione di zuccheri e di alcuni micronutrienti: gli uomini che avevano una dieta ricca di zucchero assumevano meno vitamina E. Questo però non valeva per le donne. In altri casi invece non si è osservata nessuna relazione.

Secondo uno studio del 1997 l'assunzione ottimale di micronutrienti si ottiene addirittura con un consumo «medio» di zuccheri, al contrario di quanto sostenuto dall'ipotesi delle «calorie vuote»: i ricercatori avevano riscontrato che a un consumo di zuccheri inferiore alla media corrispondeva anche una minore assunzione di minerali e vitamine.[2]

A volte emerge invece una correlazione positiva tra zuccheri e altre sostanze, ad esempio la vitamina C o il calcio. In realtà il fatto è spiegabilissimo: molti succhi di arancia, o di frutta in generale, vengono zuccherati, quindi consumando succo di arancia aumentiamo sia l'assunzione di zuccheri sia di vitamina C. Discorso analogo per il calcio: molti bambini fanno colazione con latte e cereali (che spesso contengono molto zucchero e più grassi di quanto si immagini), quindi anche in questo caso la correlazione è positiva. Nel caso della vitamina C, la correlazione non si presentava se il particolare gruppo di persone studiato era composto da grandi bevitori di bevande dolcificate gassate invece che di succhi di frutta.

L'articolo saggiamente conclude che «diete proporzionalmente povere di zuccheri tendono a essere ricche di grassi, e quindi ci potrebbe essere un effetto non desiderato nell'auspicare diete povere di zuccheri. Per ridurre le malattie cardiovascolari e l'obesità si dovrebbe invece dare più enfasi all'aumento dell'attività fisica».[3]

Insomma, la teoria delle «calorie vuote» pareva mostrare la corda, anche per il semplice fatto che nessuno mangia lo zucchero da solo. Se ci pensate, lo stesso ragionamento potrebbe valere ad esempio per l'olio, che contiene quantità trascurabili di vitamine e minerali. Anche in questo caso si tratta di «calorie vuote»: ma chi si beve l'olio da solo?

Le ricerche si sono susseguite fino ai giorni nostri con conclusioni spesso contraddittorie, il che è normale quando si studiano fenomeni complessi, in cui non si riescono a tenere sotto controllo tutti i fattori, e la nutrizione è un campo terribilmente complicato. Magari un certo studio non ha tenuto conto di qualche variabile, oppure il gruppo di persone esaminato non era ben bilanciato, o chissà che altro. Non c'è nessun bisogno di immaginare che i ricercatori siano in malafede.

Sull'ipotesi delle «calorie vuote» sono state pubblicate nel 2007 ben due rassegne sistematiche.[4] Dopo aver analizzato tutti i lavori disponibili, entrambe le rassegne concludono che l'ipotesi non è ben fondata: le variabili in gioco sono troppe perché abbia una validità generale. Le prove disponibili non permettono conclusioni sicure su quale sia il livello ottimale di zuccheri aggiunti al fine di assumere un livello adeguato di micronutrienti. Di sicuro però il consumo di quantità elevate di zuccheri aggiunti non porta alcun vantaggio.

Attenzione: la conclusione non è che gli zuccheri sono «assolti» – ho visto titoli campati per aria sui giornali del tipo: «le ricerche dimostrano che lo zucchero fa bene» – bensì il fatto che continuare a parlare di «calorie vuote» non ha molto senso.

Non è vero dunque che chi consuma molti zuccheri assume una proporzione minore di sostanze nutrienti, perché anche chi segue diete troppo ricche di dolci può consumare tutti gli altri nutrienti.

Gli zuccheri non «spostano» gli altri nutrienti dalla dieta. Semmai il problema è che mangiamo troppo in rapporto all'esercizio fisico che facciamo, e dovremmo quindi mangiare meno. In generale. Ma questo è spesso impopolare da dire. Stiamo allevando una generazione di bambini ciccioni («ponderalmente e volumetricamente svantaggiati» per chi ama il politicamente corretto), con genitori magari convinti che le merendine artigianali di kamut con zucchero di canna biologico e miele siano da preferire a quelle industriali perché «più nutrienti» e migliori dal punto di vista calorico. Genitori di bimbi sovrappeso o obesi che si preoccupano se il pupo non mangia «abbastanza», si rifiutano a volte di riconoscere il problema e magari si offendono quando maestre ed educatori glielo fanno notare. Nessuno sembra prendere in considerazione l'idea che una mela sarebbe l'alternativa più sana alla merendina zuccherata.

La produzione della sostanza che soppiantò il miele

Il dolcificante più diffuso nell'antichità era il miele. Solo nel sesto secolo, pare, in India fu «scoperto» lo zucchero granulato tramite la bollitura del succo della canna. Oggi circa i tre quarti della produzione mondiale (146 milioni di tonnellate nel 2004) provengono dalla canna. Il saccarosio della barbabietola da zucchero è chimicamente indistinguibile da quello di canna e ha le stesse proprietà, ma si può identificarne l'origine tramite un'analisi al ^{13}C (carbonio 13), contando cioè quanti atomi di carbonio hanno una massa in più delle solite dodici unità. L'analisi è simile a quella usata per datare alcuni manufatti archeologici, solo che in quel caso si misura il ^{14}C (carbonio 14).

Lo zucchero viene prodotto nelle piante dalla fotosintesi a partire da acqua e anidride carbonica. Potremmo dire che è energia solare immagazzinata. È più o meno presente in tutte le piante, ma solo dalla canna e dalla barbabietola è economicamente conveniente estrarlo.

Lo zucchero di canna venne portato in Europa dai mercanti arabi. Nel 1747 il chimico tedesco Andreas Sigismund Marggraf scoprì il saccarosio nella barbabietola, e un suo studente, Franz Achard, introdusse nel 1802 il primo processo industriale di estrazione dello zucchero, in seguito adattato anche alla canna. Le barbabietole del tempo avevano un contenuto di saccarosio molto basso, del 4,5 per cento. Ora, dopo due secoli di selezioni e miglioramenti genetici, si è arrivati al 16-18 per cento. Il resto è acqua (75 per cento), fibre (5-6 per cento) e altre sostanze (2-3 per cento).

Dopo essere stata tagliata, un'operazione che in molte parti del mondo è compiuta ancora a mano, la canna da zucchero viene pulita e trasportata immediatamente (poiché si deteriora in fretta) allo stabilimento di produzione, dove viene frantumata e schiacciata per estrarre il sugo con l'impiego di acqua. Il residuo legnoso, chiamato *bagasse*, viene seccato e utilizzato come combustibile, il che rende quasi autosufficiente dal punto di vista energetico l'impianto di produzione. Il sugo della canna viene filtrato. Si aggiunge poi del latte di calce – chiamato anche calce spenta o più propriamente idrossido di calcio $Ca(OH)_2$ – allo scopo di neutralizzare gli acidi organici presenti che altrimenti inizierebbero velocemente a trasformare il saccarosio in glucosio e fruttosio. Il sugo viene scaldato a circa 95 °C. Grazie al latte di calce le impurità e i residui precipitano (si dice che il sugo viene «chiarificato») formando una fanghiglia che viene separata per gravità o centrifugazione. Queste impurità comprendono tra le altre cose glucosio e fruttosio, ceneri inorganiche, amminoacidi, pectine, fibre e altre proteine.

Il succo a questo punto viene riscaldato per far evaporare parte dell'acqua, che raggiunge una concentrazione pari al

35 per cento circa. Ora nella soluzione, insieme ad acqua, zucchero e qualche impurità, ci sono degli ioni calcio in eccesso (come quelli che trovate indicati come Ca^{++} sulle etichette dell'acqua minerale) provenienti dal latte di calce. Per eliminarli normalmente si soffia nel liquido dell'anidride carbonica che reagisce con gli ioni calcio e forma il carbonato di calcio che si deposita (i chimici dicono «precipita»), come succede nella vostra lavastoviglie.

Solo ora inizia la fase di cristallizzazione attraverso cui il saccarosio viene separato dalla melassa in varie fasi successive di centrifugazione ed evaporazione, sino a produrre lo zucchero grezzo di canna che possiamo comperare al supermercato. La melassa viene principalmente utilizzata come mangime animale.

La raffinazione è il processo per cui lo zucchero grezzo viene separato dai residui di melassa per ottenere il saccarosio bianco cristallino. Lo zucchero grezzo viene lavato in acqua calda e sottoposto a un'ulteriore fase di chiarificazione. Si aggiunge ancora idrossido di calcio per far precipitare gli ultimi residui di melassa. Per eliminare i riflessi giallastri rimasti nel saccarosio si fa passare la soluzione sul carbone attivo, che assorbe alcune sostanze rimaste in soluzione. È lo stesso processo che si utilizza per rendere potabile l'acqua dei nostri rubinetti o negli acquari casalinghi. Una serie di cristallizzazioni e centrifugazioni portano allo zucchero bianco che ben conosciamo.

Dalla barbabietola solo zucchero bianco

I metodi di produzione a partire dalla barbabietola da zucchero e dalla canna da zucchero sono molto simili; differiscono solo nelle fasi iniziali.

Dopo essere state raccolte e lavate, le barbabietole vengono tagliate in tante fettucce e messe in un apparecchio con acqua calda (60-80 °C), che denaturerà le membrane delle cellule e scioglierà il saccarosio e altre sostanze. La concentrazione di zucchero a questo punto è solo del 10-15 per cento e contiene molte impurità che devono assolutamente essere eliminate: sali inorganici (0,5 per cento) e sostanze organiche (1,4 per cento) come acidi, saponine, betaine, pectine, altre proteine, acido glutammico, fenoli, enzimi ecc. Questo liquido, chiamato sugo grezzo, ha un colore che va dal marroncino al nero a causa di tutte le sostanze organiche disciolte e dei processi di ossidazione innescati dagli enzimi, che devono essere rimossi. Per eliminare eventuali microrganismi resistenti al calore si aggiunge un po' di disinfettante, ad esempio anidride solforosa (SO_2). A questo punto, come avviene per il succo proveniente dalla canna, si aggiunge dell'idrossido di calcio che fa precipitare una parte delle sostanze indesiderate. La CO_2 viene fatta gorgogliare nel succo per far depositare il carbonato di calcio che porterà con sé altre impurità.

Si aggiunge poi ancora anidride solforosa, circa 50 grammi per metro cubo, per prevenire ulteriori reazioni di brunimento e di degradazione del succo. Si procede con le fasi di evaporazione e cristallizzazione, esattamente come per lo zucchero di canna. Lo zucchero bianco ha una purezza superiore al 99,7 per cento. Il calcio precipita durante la fase di evaporazione mentre il contenuto residuo di anidride solforosa deve essere per legge inferiore a 15 mg/kg.

Il dilemma del mattino

Confessatelo, quando la mattina al bar state per mettere lo zucchero nel cappuccino o nel caffè avete sempre un momento di esitazione: «Prendo la bustina con quello bianco o con quello grezzo? Ho sentito dire che quello di canna è più sano!».

Abbiamo già visto che il saccarosio, il comune zucchero da tavola, viene estratto sia dalla canna da zucchero sia dalla barbabietola. La molecola è esattamente la stessa. Uguale. Identica. Indistinguibile dal nostro corpo.[5] Diversi sono però i residui e le impurità che, prima della raffinazione finale, sono ancora presenti nel prodotto grezzo e che alla fine rimangono nella melassa. I residui della barbabietola non sono molto gradevoli e il saccarosio viene completamente purificato. Quelli presenti nella canna da zucchero, con quel vago sentore di liquirizia, sono invece molto più apprezzabili dal palato. Lo zucchero di canna quindi può subire vari gradi di raffinazione e portare a prodotti leggermente diversi: dallo zucchero bianco, identico a quello di barbabietola, a prodotti più scuri. Quello in bustine che troviamo al bar, con cristalli ben visibili e leggermente giallognoli, è del tipo denominato «demerara» e contiene una percentuale molto alta – attorno al 99 per cento – di saccarosio cristallino. In origine il nome indicava la provenienza dello zucchero, la regione Demerara della Guyana britannica, ora invece è utilizzato per definire la tipologia di zucchero anche se proviene da altre zone, ad esempio le Isole Mauritius. Negli Stati Uniti si chiama «turbinado» e viene prodotto in gran parte nelle isole Hawaii. La definizione commerciale «zucchero di canna» viene spesso usata per indicare lo zucchero grezzo di tipo demerara: è un'imprecisione, perché – come abbiamo detto – dalla canna da zucchero si estrae anche lo zucchero bianco raffinato.

Dal punto di vista calorico il cosiddetto zucchero grezzo è praticamente identico al normale zucchero bianco e a volte è addirittura un suo derivato, ottenuto con l'aggiunta a posteriori di una piccola percentuale di melassa per colorarlo. Ciò consente di controllare la dimensione dei cristalli e di non interrompere il processo di purificazione. Fermandosi a uno stadio precedente della raffinazione si ottiene lo zucchero del tipo «muscovado», più scuro e contenente circa il 95 per cento di zuccheri. Se non lo trovate al supermercato provate a cercarlo nel circuito «equo e solidale».

La presunta superiorità dello zucchero di canna

Spesso si sente dire che lo zucchero grezzo di canna è ricco di minerali e dunque è più salutare di quello raffinato. Vediamo.

Prendiamo come riferimento il database delle tabelle nutrizionali dello United States Department of Agriculture (USDA)[6] e andiamo a vedere quali minerali e vitamine contiene lo zucchero grezzo (tabella 1).

Consideriamo il potassio: secondo la tabella, 100 grammi di zucchero grezzo contengono 133 milligrammi di potassio. Però! Visto che lo zucchero raffinato non ne contiene, c'è una bella differenza, no? Be', calma, non è che ci mangiamo un etto di zucchero grezzo di canna al giorno. In ogni caso, chiediamoci se questo dato è nutrizionalmente rilevante. L'agenzia americana FDA (Food and Drug Administration) ha stabilito dei valori giornalieri «suggeriti» per vari micronutrienti[7] (vitamine, sali minerali) che ognuno di noi dovrebbe assumere in una dieta bilanciata. La «dose di riferimento giornaliera» (RDI, *reference daily intake*) per il potassio è di 4700 milligrammi. Questo significa che per raggiungere la quantità suggerita dovremmo mangiare tre chili e mezzo di zucchero al giorno! Forse sono un po' troppi.

Nutrienti	Unità	Contenuto in 100 grammi
Carboidrati	g	98,09
Zuccheri totali	g	97,02
Saccarosio	g	94,56
Glucosio (destrosio)	g	1,35
Fruttosio	g	1,11
Minerali		
Calcio, Ca	mg	83
Ferro, Fe	mg	0,71
Magnesio, Mg	mg	9
Fosforo, P	mg	4
Potassio, K	mg	133
Sodio, Na	mg	28
Zinco, Zn	mg	0,03
Rame, Cu	mg	0,047
Manganese, Mn	mg	0,064
Selenio, Se	mcg	1,2
Vitamine		
Vitamina C	mg	0,0
Thiamina	mg	0,000
Riboflavina	mg	0,000

Tabella 1. Vitamine e minerali contenuti nello zucchero grezzo di canna (fonte: United States Department of Agriculture)

Se preferite possiamo confrontarci con altri alimenti: 100 grammi di banana contengono in media 358 milligrammi di potassio. Per assumere la stessa dose tramite lo zucchero grezzo dovremmo mangiarne 270 grammi. Non so voi, ma io nel caffè metto a malapena mezzo cucchiaino di zucchero. Diciamo un grammo. Dovrei bermi più di cento caffè al giorno per raggiungere la dose di potassio consigliata, e credo che a quel punto avrei ben altri problemi.

Lo stesso discorso vale per gli altri minerali: calcio,[8] ferro[9] e magnesio.[10] Per quanto riguarda le vitamine e gli altri nutrienti presenti nello zucchero grezzo, il loro contributo nutrizionale a tutti gli effetti è nullo.[11]

Solitamente nessuno raggiunge il quantitativo di nutrienti suggerito con un solo alimento. Per altri cibi può avere senso pubblicizzare il contenuto di minerali, senso che invece non c'è, se non per ragioni di marketing, per lo zucchero grezzo.

In altre parole: chi segue una dieta bilanciata non ha certo bisogno delle infime quantità di minerali contenute nello zucchero grezzo, e chi segue una dieta sbilanciata non potrà certo trarre giovamento dalle quantità minime di nutrienti presenti nello zucchero.

Questi calcoli valgono per lo zucchero di canna grezzo «bruno», quello con più impurità, «pastoso» e un po' appiccicaticcio. Oltre al saccarosio contiene anche un poco di glucosio e fruttosio. Dal punto di vista delle calorie è praticamente equivalente allo zucchero bianco.[12] Insomma, l'idea che lo zucchero di canna sia «migliore» di quello bianco è un mito. Lo ribadisce anche l'INRAN, l'Istituto nazionale di ricerca per gli alimenti e la nutrizione:

> Non è vero che il valore calorico e le caratteristiche nutritive dello zucchero grezzo siano diverse da quelle dello zucchero bianco. Lo zucchero grezzo (che si ricava sia dalla canna da zucchero che dalla barbabietola) è semplicemente uno zucchero non totalmente raffinato: le differenze di colore e sapore dipendono dalla presenza di piccole quantità di residui vegetali (melassa) che non vantano particolari significati nutrizionali.[13]

Lo stesso discorso, parlando di calorie e di apporto trascurabile di minerali, lo si può fare anche per il miele.[14]

Chi ha paura del «raffinato»?

Nonostante la mancanza di prove scientifiche, sul web e sulle riviste vengono spesso decantate le lodi dello zucchero di canna grezzo, o di quello integrale. Il lettore è confuso dai vari tipi di zucchero nominati – grezzo, integrale, muscovado, bruno, di canna – perché non esiste una nomenclatura accettata universalmente in base per esempio alla quantità di melassa contenuta nei vari zuccheri, che varia da produttore a produttore. Per «zucchero integrale» si intende di solito il succo di canna bollito ed essiccato, come il «panela» che a volte si trova nel circuito equo e solidale. Lo zucchero grezzo invece ha subito una raffinazione parziale.

Le qualità dello zucchero integrale vengono esaltate con frasi di questo tipo: «Si tratta di un alimento molto più equilibrato; il suo effetto sulla glicemia è molto più "modulato" rispetto a quello della zucchero raffinato. Ricco di sali minerali e oligoelementi, lo zucchero integrale conserva anche tracce di vitamine del gruppo B e vitamina PP».[15]

In realtà, come abbiamo visto, non paiono esserci particolari vantaggi dal punto di vista nutrizionale. Come mai l'equivoco continua a diffondersi? In parte è un problema di linguaggio. Si dice che gli alimenti integrali siano da preferire – verissimo – per tutta una serie di motivi. Solo che tipicamente ci si riferisce ai cereali e non allo zucchero. Il consumo di una certa quantità di cereali integrali, o delle loro farine, viene spesso consigliato da medici e nutrizionisti, e le differenze dal punto di vista dietetico sono ben documentate a livello scientifico. Per lo zucchero, invece, sono insignificanti.

Un altro problema è legato alla definizione dello zucchero bianco come «raffinato», una parola che a me, chimico, non evoca nessun particolare messaggio negativo, nessuna emozione contrastante: significa semplicemente «purificato», «privato delle impurità». Se vogliamo, per me può avere una valenza positiva. Ai non addetti ai lavori, però, il termine «raffinato» evoca, almeno inconsciamente, inquietanti impianti petrolchimici di raffinazione (cioè di purificazione) del petrolio. Gli scienziati troppo spesso sottovalutano il potere delle parole. Cosa faccio io? Consumo sia zucchero bianco sia zucchero integrale (solitamente il muscovado equo e solidale) per il semplice motivo che hanno sapori differenti e funzioni culinarie diverse: quello bianco è migliore nel caffè, mentre quello integrale ha un gusto gradevole nell'impasto di torte e biscotti.

Una contrapposizione che conviene all'industria

Possiamo quindi essere certi che lo zucchero integrale sia identico a quello bianco? La scienza non fornisce certezze. Tutto quello che si può dire è che *allo stato delle conoscenze attuali* non paiono esserci differenze sostanziali per il consumo umano. Tutta la pubblicità a favore dello zucchero di canna grezzo o integrale si basa sul contenuto di quei micronutrienti (magnesio, calcio ecc.) che risultano assolutamente irrilevanti.

Potrebbe contenere tracce qualche sostanza non ancora identificata benefica per l'organismo? Certo, esattamente come potrebbe contenere qualcosa di tossico per l'organismo. Per le api, ad esempio, lo zucchero integrale e la melassa risultano velenosi.[16] Non è chiaro esattamente quali siano le componenti tossiche: forse altri zuccheri presenti oltre a glucosio fruttosio e saccarosio, forse altre impurità. Non si sa. Fatto sta che per nutrire le api si consiglia di usare il saccarosio puro, *pardon*, «raffinato».

Con questo non voglio minimamente suggerire che lo zucchero non raffinato possa causare problemi ai mammiferi, visto che la melassa viene anche utilizzata come mangime animale: però non ha senso affermare in generale che «grezzo è meglio». Se dovessi inventare una campagna pubblicitaria per indurvi a preferire lo zucchero raffinato a quello grezzo potrei subdolamente farvi vedere delle api morte e instillarvi il dubbio. In fondo questo è lo schema adottato in modo indiretto da molte pubblicità che puntano sulla «maggior salubrità» di un certo prodotto rispetto ai concorrenti. Salubrità che spesso e volentieri è tutt'altro che dimostrata dal punto di vista scientifico.

Non c'è dubbio invece che la contrapposizione tra zucchero bianco e grezzo convenga all'industria. Il secondo, non essendo completamente raffinato, ha costi di produzione inferiori ma prezzi di vendita uguali o superiori. In un impianto di produzione di zucchero di canna l'energia arriva sostanzialmente dalla cellulosa dello scarto che viene bruciato. Se poi sia «meglio», dal punto di vista dei km 0, uno zucchero non raffinato proveniente dall'altra parte del mondo o uno zucchero bianco da barbabietola prodotto in Europa non saprei.

Nei supermercati si trovano in vendita anche i *cru*[17] di zucchero, identificati in base alla provenienza, manco fossero caffè o vino. C'è quello brasiliano, quello della Guyana e così via. Sono confezionati in eleganti scatole finto-rustico e appartengono tutti al tipo demerara. La tabella nutrizionale stampata sulla scatola rivela che contengono una percentuale di saccarosio del 99,5 per cento. E sono venduti a prezzi esagerati, ovviamente.

Spesso sono proprio i produttori a diffondere informazioni fuorvianti. Sul retro di una bustina di zucchero di canna demerara leggo:

> Lo zucchero integrale di canna contiene, oltre al saccarosio, la quantità ottimale di componenti naturali che ne esaltano il potere dolcificante, lo rendono un alimento equilibrato e completo e gli conferiscono il caratteristico e gradevole aroma.

Un alimento equilibrato e completo? Davvero? Come no! In generale diffidate delle affermazioni «salutistiche» delle etichette dei prodotti alimentari. Non sono quasi mai giustificate dal punto di vista scientifico. Il loro scopo è vendere il prodotto, non divulgare una corretta informazione. I messaggi di questo tipo dovrebbero essere vietati in mancanza di dati scientifici certi.

Su tutti i banconi dei bar si trovano ormai le bustine di zucchero di canna: ciò significa che molte persone lo usano. Ora, a parte che il sapore del caffè viene alterato dal retrogusto alla liquirizia e che i cristalli più grossi si sciolgono con difficoltà, ho il sospetto che per molti mettere il demerara nel caffè o nel tè sia un modo per lavare la coscienza a buon mercato: pensiamo di aver fatto qualche cosa di buono per il nostro organismo e quindi possiamo concederci un croissant – magari quello al miele e kamut che sembra più salutare – senza provare sensi di colpa. Una cosa simile succede per esempio con le bevande gassate «diet» o «light» (dolcificate con sostanze diverse dallo zucchero): alcuni studi hanno mostrato che tra il gruppo di controllo (che beve bibite normali) e quello che consuma bevande senza zuccheri non si registrano variazioni di peso. Poiché le bevande light contengono una quantità inferiore di zuccheri liberi, il mancato effetto dimagrante viene spiegato con il fatto che chi sceglie queste bevande si autocompiace e indulge in porzioni più grandi di altri alimenti, come torte o pasta.

Allarme rosso sul web: lo zucchero uccide

Che l'eccesso di consumo di zucchero possa dare problemi è noto, ma c'è chi considera lo zucchero raffinato un vero e proprio «veleno bianco». Sul web si trovano più di 19.000 pagine dedicate a questo argomento. Eccone un esempio:

> Il succo zuccherino proveniente dalla prima fase della lavorazione della barbabietola o della canna da zucchero viene sottoposto a complesse trasformazioni industriali: prima viene sottoposto a depurazione con latte di calce che provoca la perdita e la distruzione di sostanze organiche, proteine, enzimi e sali di calcio; poi, per eliminare la calce che è rimasta in eccesso, il succo zuccherino è trattato con anidride carbonica. Il prodotto quindi subisce ancora un trattamento con il velenosissimo acido solforoso per eliminare il colore scuro, poi viene sottoposto a cottura, raffreddamento, cristallizzazione e centrifugazione. Si arriva così allo zucchero grezzo. Da qui si passa alla seconda fase di lavorazione: lo zucchero viene filtrato e decolorato con carbone animale e poi, per eliminare gli ultimi riflessi giallognoli, viene colorato con il colorante blu oltremare o con il blu idantrene (proveniente dal catrame e quindi cancerogeno). Il prodotto finale è una bianca sostanza cristallina che non ha più nulla a che fare con il ricco succo zuccherino di partenza e viene venduta al pubblico per zuccherare (avvelenare) gran parte di ciò che mangiamo.[18]

Qual è il problema di questa descrizione? È che cerca di spaventare facendo leva sulla parte emotiva invece che su quella razionale. Chi non ha argomenti oggettivi di solito si affida alla suggestione del linguaggio: «perdita e distruzione», «velenosissimo acido», «complesse trasformazioni industriali». Si mescolano fatti veri – per esempio che lo zucchero viene trattato con il latte di calce – con informazioni false, per esempio che viene «colorato» con il blu oltremare. Ma quando mai? Questa è una bufala vera e propria. Ho già spiegato come si produce il saccarosio puro: gli eventuali riflessi giallognoli residui dovuti alla presenza di melassa si eliminano con l'innocuo carbone attivo, che viene utilizzato anche negli acquedotti per rendere potabile l'acqua del rubinetto. Notate l'inserimento dell'aggettivo «cancerogeno» per scatenare la paura e la risposta emotiva, o il termine «industriale» accostato a «trasformazioni». Alcuni fatti veri sono dipinti a tinte fosche, sempre allo scopo di creare allarme. Si insinua che l'uso di «sostanze chimiche» renda il prodotto «velenoso». Niente di più falso: molte materie prime alimentari, dalla trippa alla gelatina, sono trattate con acidi o basi che vengono successivamente eliminati.

Il «velenosissimo acido solforoso» (in realtà anidride solforosa) è ammesso solo in tracce (inferiori a 15 mg/kg), mentre in moltissime preparazioni alimentari l'anidride solforosa viene comunemente utilizzata come conservante. E che dire del vino che la contiene anche naturalmente?[19] La calce poi si usa tradizionalmente per trattare le olive e vari altri alimenti. Vedete come si riesce, estrapolando i dati dal giusto contesto, a far sembrare pericolosa qualsiasi cosa? Vi ricordate la burla sul pericolosissimo DHMO, cioè l'acqua?

L'articolo da cui ho tratto il brano riportato, purtroppo presente su migliaia di siti web, continua con una sequenza impressionante di affermazioni, a volte falsità e bufale colossali, tutte senza uno straccio di riferimento bibliografico. Questi esempi di «terrorismo zuccherino» sono stati anche riportati sulla stampa senza che nessuno si sia preoccupato di controllare le fonti. Se volessi spaventare qualcuno potrei invertire il gioco e dire che è lo zucchero integrale a essere pieno di sostanze tossiche e velenose, che fortunatamente vengono eliminate con la raffinazione. Potrei portare ad esempio la morte delle api o dire che la melassa contiene cromo, un metallo molto velenoso. Insomma, appigliarsi al lato emotivo delle persone è molto facile. Ecco un altro esempio:

> Che cosa è rimasto del primo succo scuro ricco di vitamine, sali minerali, enzimi, oligoelementi che avrebbero dato tutto il loro benefico apporto di vita, di energia e di salute? Nulla! Anzi, per poter essere assimilato e digerito, lo zucchero bianco ruba al nostro corpo vitamine e sali minerali (in particolare il calcio e il cromo) per ricostituire almeno in parte quell'armonia di elementi distrutta dalla raffinazione.[20]

Molti di questi documenti fanno riferimento a un libro di Günther Schwab intitolato *La cucina del diavolo* (che ho comprato solamente per essere sicuro di riportare la citazione esatta). Eccone un passo: «Lo zucchero, quale prodotto naturale "vivo", è nutrimento necessario e di valore completo, insuperabile e insostituibile per le necessarie sostanze plastiche minerali, che contiene in forma organica. Negli zuccherifici però viene sottoposto a un lungo e complicato processo industriale». Segue il solito racconto da museo degli orrori per spaventare il lettore:

> Il prodotto così ottenuto, già senza vita, passa quindi alla raffineria. Il risultato finale di questo processo raffinato e complicato è una sostanza chimica chiamata saccarosio, $C_{12}H_{22}O_{11}$, smerciato nei negozi come zucchero cristallino, in polvere, a quadretti, in pani o candito. Ecco che, con scaltrezza e perfidia, abbiamo ridotto a strumento di morte una sostanza vivente della natura.[21]

L'autore verrebbe bocciato all'istante a un esame di chimica: «sostanze plastiche minerali che contiene in forma organica»? Sembra la «supercazzola» di Tognazzi o il *grammelot* di Dario Fo: parole che suonano piene di significato ma che non vogliono dire assolutamente nulla. Comunque, la strategia comunicativa principale è descrivere il prodotto di partenza come se fosse un organismo vivo, il che è completamente privo di senso ma serve a innescare una carica emotiva, fino all'esplosione finale in cui si afferma che lo zucchero, come in un romanzo di Agatha Christie, è morto. Anzi è «strumento di morte». È un libro utile soltanto per capire come nascono le leggende urbane o come funzioni la disinformazione.

Altri siti web utilizzano lo stesso trucco retorico, sostenendo ad esempio che lo zucchero «è il prodotto finale di una lunga trasformazione industriale che uccide e sottrae tutte le sostanze vitali e le vitamine presenti».[22] Segue poi una serie di affermazioni non dimostrate e senza alcun riferimento serio sui presunti danni di cui lo zucchero bianco sarebbe responsabile: dalla lesione al sistema nervoso al tumore, dalla distruzione di tutte le vitamine del gruppo B alla decalcificazione delle ossa.

Sul web c'è anche chi sostiene che «lo zucchero raffinato è assai dannoso quando viene ingerito dagli esseri umani perché fornisce soltanto quelle che gli esperti di nutrizione chiamano calorie vuote o nude; esso manca dei minerali naturali presenti nella barbabietola e nella canna».[23] Probabilmente l'autore di questo testo ha letto e male interpretato il dibattito scientifico (serio) sulle «calorie vuote» e sull'ipotesi che lo zucchero «sposti» i micronutrienti dalla dieta.

La cosa più ridicola di tutti questi siti e libri è che alla fine suggeriscono di utilizzare lo zucchero di canna grezzo. In questo quadro non può mancare l'immagine della multinazionale cattiva, che fa presa su molte persone. Un sito per la vendita di prodotti «dimagranti» sostiene per esempio che «certe cose non si studiano proprio perché sono così vere e così facilmente dimostrabili da essere pericolose per l'industria alimentare e per quella farmaceutico-sanitaria».[24]

Perché certe affermazioni vengono credute sulla parola, senza prove di nessun tipo, basta che nella storia ci sia un «cattivo»? E più le affermazioni sono «gravi» (causa il tumore ecc.) meno si mettono in discussione. Si accettano come verità rivelate, si innescano catene di sant'Antonio e si spediscono email ad amici e conoscenti. Migliaia di siti web hanno replicato queste assurdità. Basta davvero un po' di «complottismo» per riuscire a far credere qualsiasi cosa?

---

[1] A. J. Rugg-Gunn, A. F. Hackett, G. N. Jenkins, D. R. Appleton, *Empty calories? Nutrient intake in relation to sugar intake in English adolescents*, in «Journal of Human Nutrition and Dietetics», vol. 4, 1991, pp. 101-111.

[2] S. A. Gibson, *Do diets high in sugars compromise micronutrient intakes?*, in «Journal of Human Nutrition and Dietetics», vol. 10, 1997, pp. 125-133.

[3] *Ibidem.*

[4] K. L Rennie, M. B. Livingstone, *Associations between dietary added sugar intake and micronutrient intake: a systematic review*, in «British Journal of Nutrition», vol. 97, 2007, pp. 832-841; S. A. Gibson, *Dietary sugars intake and micronutrient adequacy: a systematic review of the evidence*, in «Nutrition Research Reviews», vol. 20, 2007, pp. 121-131.

[5] È però possibile distinguerli in un laboratorio di analisi ben attrezzato. Il saccarosio viene prodotto dal metabolismo della canna da zucchero e dalla barbabietola. Semplificando potremmo dire che queste piante lo producono in maniera diversa. Questo porta a un diverso contenuto medio di un isotopo del carbonio, il ^{13}C, più pesante del più comune

^{12}C. Andando a misurare il contenuto di carbonio 13 nello zucchero si può risalire a quale pianta lo ha prodotto. Queste differenze comunque non hanno alcun effetto pratico sulle proprietà dello zucchero.

[6] L'enorme e generalmente affidabile database nutrizionale dell'USDA è disponibile all'indirizzo http://www.nal.usda.gov/fnic/foodcomp/search

[7] http://web.archive.org/web/20080718001321/http://www.iom.edu/Object.File/Master/21/372/0.pdf

[8] Lo zucchero di canna contiene 83 milligrammi di calcio ogni 100 grammi. La dose giornaliera suggerita è di 1000 milligrammi: per raggiungerla occorre mangiare un chilo e due etti di zucchero di canna. Meglio mangiare 100 grammi di parmigiano assumendo così già più della dose suggerita: 1184 milligrammi. In alternativa, la mozzarella ne contiene 505.

[9] Un etto di zucchero grezzo bruno secondo le tabelle dell'USDA contiene 0,71 milligrammi di ferro. Al giorno ne servono 18. Un etto di lenticchie ne contiene 7,54 mentre un filetto di manzo quasi due. Tra l'altro non basta che il ferro sia contenuto in un alimento perché sia assimilato dal nostro organismo.

[10] Un etto di zucchero grezzo contiene 9 milligrammi di magnesio. Siamo ben lontani dai 400 suggeriti. Già gli spinaci vanno molto meglio con 87. Le lenticchie contengono ancora più magnesio degli spinaci: 122 milligrammi ogni etto.

[11] Anche prendendo in considerazione i parametri suggeriti da altri organismi – ad esempio il DRI (*dietary reference intake*) oppure il LARN (livelli di assunzione raccomandata nutrienti) della Società italiana di nutrizione umana – le conclusioni non cambiano.

[12] Lo zucchero di canna demerara in bustine ha invece una percentuale più alta di saccarosio cristallino (attorno al 98-99 per cento) e quindi i residui, e i nutrienti, sono ancora inferiori a quelli che abbiamo visto.

[13] INRAN, *Linee guida per una sana alimentazione italiana*, 2005, disponibile su http://www.inran.it/servizi_cittadino/stare_bene/guida_corretta_alimentazione/LineeGuida.pdf. Il testo sfata anche il mito che lo zucchero sia responsabile dell'iperattività infantile: «Non è vero che il consumo di zuccheri provochi disturbi nel comportamento del bambino. Approfonditi studi hanno smentito l'ipotesi che lo zucchero (saccarosio) provochi alterazioni del comporta-

mento, quali iperattività. Inoltre, il consumo dello zucchero non ha influenza sulle capacità di apprendimento».

[14] Le proprietà del miele e delle varie sostanze che contiene non sono ancora completamente chiarite. Ad esempio è stato riscontrato che ha un effetto curativo su ulcerazioni e ferite.

[15] http://www.lifegate.it/alimentazione/articolo.php?id_articolo=911

[16] R. J. Barker, *Considerations in selecting sugars for feeding to honey bees*, in «American Bee Journal», vol. 117, 1977, pp. 76-77. Disponibile anche su http://www.beesource.com/resources/usda/considerations-in-selecting-sugars-for-feeding-to-honey-bees

[17] Il termine francese *cru* una volta indicava l'origine geografica di un vino di un territorio particolarmente vocato. Ora il termine viene liberamente applicato anche ad altri prodotti di cui è garantita l'origine, ad esempio il cioccolato proveniente solo da una particolare piantagione del Venezuela o il caffè di una zona del Brasile.

[18] Tratto da http://www.alberosacro.org/lo-zucchero-bianco.htm, ma presente in moltissimi altri siti web.

[19] Le soglie massime fissate dall'Unione europea sono di 160 mg/litro per i vini rossi, 210 mg/litro per i vini bianchi (in Italia è 200 mg/litro), con limiti ancora più alti per vini dolci e spumanti. Almeno dieci volte superiori a quelli dello zucchero.

[20] http://www.veganitalia.com/modules/news/makepdf.php?storyid=430

[21] G. Schwab, *La cucina del diavolo*, Macro Edizioni, Cesena 1995, p. 20.

[22] http://www.viveremeglio.org/0_tavola/06_zucchero.htm

[23] http://blogeko.libero.it/2006/zucchero_raffinato_danni_salute_canna

[24] http://www.dieta-dimagrante.com/zucchero.htm

Per un'agricoltura più sostenibile*

* Aggiunta alla nuova edizione

Il futuro è biologico?

Un'etichetta vincente

Dopo una crescita un po' in sordina per tutti gli anni Novanta del secolo scorso, più veloce in Europa che negli Stati Uniti, nel nuovo millennio l'agricoltura biologica è balzata al centro dell'attenzione mediatica, pur rappresentando una parte estremamente piccola della produzione agricola, sia nei paesi avanzati sia in quelli in via di sviluppo. In precedenza il grande pubblico non si era mai preoccupato di come un pomodoro venisse coltivato, o da dove arrivasse il latte della prima colazione. Questi argomenti, prima relegati nelle riviste specializzate di settore, hanno guadagnato rapidamente spazio sui giornali e in televisione, anche se spesso sono stati trattati in modo superficiale, poiché sia i giornalisti sia il pubblico, ormai completamente staccati dal mondo agricolo, non hanno quasi mai idea di come si producano gli alimenti.

L'interesse per il biologico è cresciuto, e così il fatturato, provocando reazioni contrastanti. Molti scienziati non sopportano la semplificazione con cui la produzione agricola viene descritta e «venduta» ai consumatori. Pare che il biologico sia diventato all'improvviso la panacea per la salute, la biodiversità, il gusto e così via, e che i prodotti convenzionali siano al limite del tossico. Il lavoro di coloro che si dedicano da decenni a capire e migliorare il funzionamento complesso dei sistemi agricoli viene vanificato da organizzazioni e soggetti economici che hanno tutto l'interesse a dipingere sempre in modo roseo la produzione biologica, e non si fanno scrupoli, come abbiamo visto nei capitoli precedenti, a selezionare solo le pubblicazioni scientifiche favorevoli, senza citare le altre. Il biologico viene incastonato in una cornice idilliaca che promette solo vantaggi. Per il consumatore diventa spesso un sinonimo di qualità. Fioriscono prodotti biologici di ogni tipo, dai saponi ai vestiti, fino al paradosso del «bicarbonato bio», una contraddizione in termini, visto che il bicarbonato è un prodotto chimico industriale di sintesi. L'etichetta «bio» – seguita a ruota per popolarità da «eco» – viene applicata a tutto perché fa vendere.

Miti urbani e promesse infrante

Nel 2001 Anthony Trewavas, professore di fisiologia vegetale e biologia molecolare all'Università di Edimburgo, pubblica su «Nature», forse la rivista scientifica più prestigiosa al mondo, un articolo al vetriolo dal significativo titolo *Miti urbani dell'agricoltura biologica*.[1] Trewavas, e con lui molti altri scienziati, si scaglia non tanto contro il biologico in sé, ma contro i miti mediatici costruiti attorno a questo tipo di produzione.

Paradossalmente, il successo economico del settore fa storcere il naso anche ai puristi della prima ora. Persino uno degli alfieri mondiali del biologico, Michael Pollan, autore del best-seller *Il dilemma dell'onnivoro*,[2] attacca nel 2001 con un articolo sul «New York Times» il cosiddetto «complesso biologico-industriale», il bio su larga scala che spedisce i suoi prodotti a migliaia di chilometri di distanza.[3] L'accusa è di aver assunto i tratti tipici della grande produzione agricola convenzionale e di aver svenduto le promesse iniziali di sostenibilità sfruttando l'immagine rassicurante dell'azienda agricola di famiglia, dove le poche vacche da latte hanno un nome e le galline scorrazzano per il cortile. In realtà le fattorie biologiche industriali di cui parla Pollan sono posti dove «migliaia di vacche che non vedono mai un filo d'erba passano le loro giornate confinate su un pezzo di terra secco e recintato, mangiando granaglie (certificate biologiche) attaccate a macchine mungitrici tre volte al giorno».

Queste critiche verranno corroborate dagli sviluppi degli anni successivi, quando le grandi multinazionali agroalimentari come Nestlé, Coca-Cola, Kraft, Cargill, General Mills e altre assorbiranno molte aziende biologiche. Il consumatore spesso non sa che, acquistando per esempio un succo d'arancia bio, il profitto potrebbe finire nelle capienti tasche di Coca-Cola.

Se le critiche di Trewavas al biologico si focalizzano sugli aspetti scientifici, quelle di Pollan hanno un taglio più culturale. Il dibattito sui media è aspro. Gli scienziati continuano a produrre singoli studi: sul pomodoro di quella zona, sulle mele di quella valle, studiando sempre solo alcuni aspetti specifici. I critici a tutti i costi del biologico citano gli studi che dimostrano forti riduzioni delle rese rispetto all'agricoltura convenzionale per disegnare scenari da incubo: la popolazione aumenta e, se il biologico diventasse il metodo prevalente di produzione, fame e carestie si abbatterebbero sull'umanità. Per cercare di controbattere alle critiche i paladini del biologico citano le ricerche nelle quali si riscontrano rese comparabili.

Anche gli acquirenti del biologico sono cambiati. Se nei primi anni prevalevano i consumatori attenti agli aspetti ambientali, ora è il momento dei cosiddetti «salutisti», più interessati al loro benessere che a quello del pianeta. Costoro sono convinti, senza il supporto di alcuna prova scientifica certa, che il biologico porti benefici alla salute e sia in qualche modo più «sicuro». In realtà è vietato pubblicizzare tali prodotti come «più sani», «più nutrienti» o «più sicuri», ma questo, come ricorda ancora Pollan, ha scarsa importanza: «Basta dire che è "biologico", senza aggiungere altre informazioni. Saranno quei consumatori che prestano attenzione ai media e agli scandali sulla sicurezza alimentare a trasferire sulla parola le loro aspettative salutistiche».

Sono quindi i consumatori stessi a riempire di significato il termine. Per qualcuno il biologico è più salutare, per altri più sano, più gustoso, più sostenibile, più nutriente e così via, per la felicità degli addetti al marketing, che non devono sforzarsi per imporre una visione di cui molti sono già fermamente convinti.

Sono passati più di dieci anni dagli articoli di Pollan e Trewavas. Ora è forse giunto il momento di abbandonare le feroci polarizzazioni, cercando di gettare uno sguardo più globale.

Ma quanto mi rendi?

Numerosi studi hanno sottolineato la necessità di cambiare profondamente il sistema di produzione del cibo a livello mondiale: l'agricoltura deve rispondere alla doppia sfida di nutrire una popolazione in crescita, con l'aumento della richiesta di diete a base di carne e ricche di calorie, minimizzando allo stesso tempo l'impatto ambientale globale. L'agricoltura biologica – un sistema finalizzato alla produzione di cibo con il minimo danno agli ecosistemi, agli animali e agli esseri umani – viene spesso proposta come una soluzione. I critici tuttavia sostengono che, a causa delle rese più basse, richiederebbe più terra dell'agricoltura tradizionale per produrre la stessa quantità di cibo, provocando un aumento della deforestazione e una maggiore perdita di biodiversità, il che pregiudicherebbe i benefici ambientali delle pratiche biologiche.

Così inizia un articolo pubblicato nel 2012 dalla rivista «Nature»,[4] destinato sicuramente a dare un contributo importante alla mai sopita discussione, a livello mondiale, se l'agricoltura biologica sia davvero in grado di uscire, numeri alla mano, dalla nicchia produttiva attuale per diventare il metodo prevalente di coltivazione, anche in vista del probabile aumento del costo dei combustibili fossili. La discussione su questi temi è spesso molto accesa, con i «contendenti» di entrambi gli schieramenti spesso più interessati a mantenere una posizione di principio che ad accettare nuove evidenze scientifiche. L'articolo di «Nature» interviene nel dibattito, il più delle volte troppo emotivo, cercando di analizzare in modo ampio e rigoroso l'argomento delle rese, alla luce del fatto che da qui al 2050 è prevista una richiesta doppia di cibo da parte della popolazione mondiale, che raggiungerà i nove miliardi. E questa domanda deve essere soddisfatta senza distruggere altri habitat naturali come foreste, savane e praterie. In altre parole, la risorsa scarsa da preservare è la terra coltivabile, ancor prima di ogni considerazione sui combustibili fossili.

In passato studi spesso contrastanti sulle prestazioni dell'agricoltura biologica hanno occupato i titoli dei giornali. In alcuni casi non si sono riscontrate differenze di rese tra i due sistemi agricoli, mentre in altri le coltivazioni biologiche arrivavano a produrre anche il 50 per cento in meno. A prima vista appare difficile conciliare questi due estremi. In realtà, leggendo i vari articoli pubblicati, si scopre che la contraddizione è solo apparente, perché gli studi non sono confrontabili tra loro. Le rese infatti sono diverse, a seconda delle colture.

L'articolo di «Nature» è una meta-analisi che esamina tutti gli studi di qualità pubblicati in precedenza come se fossero un'unica grande ricerca. È lo stesso tipo di approccio che abbiamo già descritto nel capitolo dedicato alle rassegne sistematiche sulle differenze nutrizionali tra alimenti biologici e convenzionali. Analizzare tutti gli studi congiuntamente permette di uscire dalla visione ristretta dei singoli articoli per costruire un quadro globale.

In sintesi, le rese per ettaro dell'agricoltura biologica sono solitamente più basse di quelle dell'agricoltura convenzionale, ma dipendono molto dal tipo di coltura e dalle condizioni ambientali. Se per i legumi le rese sono inferiori solo del 5 per cento, per alcuni cereali si arriva anche al 34 per cento. Globalmente le coltivazioni biologiche producono il 25 per cento in meno.

Quando si parla di rese per ettaro a un pubblico occidentale si rischia sempre di essere trattati con sufficienza e sorrisini di compatimento, data l'abbondanza e lo spreco sulle nostre tavole. Ma nei paesi poveri e in via di sviluppo la produzione agricola, con le sue rese mediamente molto inferiori, non basta a sfamare tutti. Ecco perché gli autori chiariscono subito che «le alte rese sono essenziali per la sicurezza alimentare sostenibile su una superficie agricola limitata». In altre parole, non è possibile eludere la questione delle rese se si propone l'agricoltura biologica come modello da diffondere ovunque nel mondo e se si vuole evitare la perdita di biodiversità causata dall'aumento delle superfici coltivate. È vero che nei paesi industrializzati si spreca moltissimo cibo, ma l'aumento di popolazione avviene proprio nelle aree in cui le rese sono attualmente più basse e dove le perdite avvengono direttamente sul campo, a causa dell'attacco di parassiti, e nelle fasi di trasporto, non certo nel frigorifero di casa.

Che le lenticchie o le olive siano coltivate in modo biologico o convenzionale alla fine fa poca differenza a livello globale, mentre ne farebbe molta nel caso del frumento, che è la base alimentare per molte popolazioni. In particolare, se le rese medie sono solamente il 3 per cento in meno per la frutta biologica e l'11 per cento in meno per i semi oleosi, le perdite di produttività per i cereali e gli ortaggi si attestano rispettivamente intorno al 26 e al 33 per cento. I ricercatori ritengono che questi cali si possano spiegare almeno in parte con una minore disponibilità di azoto e di fosforo, specialmente in certi tipi di terreno. In alcuni casi, e questa è una buona notizia, con l'adozione delle migliori pratiche agricole le rese dei sistemi di produzione biologica possono aumentare sino ad avvicinarsi a quelle dell'agricoltura convenzionale, con perdite che scendono a un accettabile 13 per cento.

Ma qui occorre fare ancora una distinzione. I ricercatori hanno scoperto che nei paesi industrializzati l'agricoltura biologica rende il 20 per cento in meno, mentre nei paesi poveri e in via di sviluppo la riduzione arriva addirittura al 43 per cento. Il motivo è dovuto al fatto che in questi paesi le rese dell'agricoltura convenzionale erano spesso misurate in coltivazioni irrigate o in stazioni sperimentali di ricerca e quindi risultavano molto più alte della media. Nei pochi casi in cui il confronto tra le due tipologie di coltivazioni è stato fatto nelle situazioni «tipiche» di un luogo, le differenze risultavano assai meno pronunciate.

Costi e benefici

Risultati simili sono emersi anche da un altro studio pubblicato di recente,[5] dove le rese della produzione biologica sono state stimate mediamente il 20 per cento in meno rispetto a quelle dell'agricoltura convenzionale. Un valore confrontabile a quello dell'articolo di «Nature», che si conclude così:

> La nostra analisi rivela che le differenze di resa tra agricoltura biologica e convenzionale esistono, ma sono altamente dipendenti dal contesto [...]. In breve, i risultati dimostrano che in alcuni casi – con particolari tipi di coltura, condizioni ambientali e pratiche gestionali – i sistemi di produzione biologica possono oggi avere rese quasi analoghe ai sistemi convenzionali, ma spesso non riescono a ottenerle. Le disparità di resa tra i due sistemi potrebbero essere ridotte con miglioramenti tecnici capaci di aggredire i fattori che limitano le rese nell'agricoltura biologica e/o la sua adozione nelle situazioni agroecologiche in cui può dare il meglio. [...]
> Nei paesi industrializzati la questione centrale è se i benefici ambientali della produzione biologica compensino gli svantaggi dovuti a una ridotta produttività (che si traducono, per esempio, in prezzi più alti ed esportazioni minori di cibo). [...] Nei paesi in via di sviluppo una delle questioni chiave è se l'agricoltura biologica possa contribuire ad alleviare la povertà dei piccoli agricoltori e ad aumentarne la sicurezza alimentare. Da un lato, è stato suggerito che l'agricoltura biologica possa migliorare i redditi degli agricoltori a causa del minor costo degli input [tutto ciò che serve per

coltivare, dai pesticidi al carburante per le macchine agricole, *nda*], ai prezzi più stabili e più alti, e alla diversificazione del rischio. Dall'altro lato, nei paesi in via di sviluppo l'agricoltura biologica è spesso orientata all'esportazione e soggetta ai processi di certificazione degli organismi internazionali, e la sua redditività può variare da un luogo all'altro e nel tempo.

Chi «crede» nel biologico forse rimarrà deluso dai risultati dell'analisi, che ne attestano i vantaggi in alcuni casi ma non in altri. L'estensione generalizzata di questo sistema, che alcuni auspicano, avrebbe un impatto negativo sull'ambiente e sulla biodiversità e contraddirebbe i principi stessi dell'agricoltura biologica, visto che richiederebbe più terra soprattutto per coltivare cereali e ortaggi. Sulla base degli stessi risultati, gli agricoltori convenzionali potrebbero essere meno motivati ad abbandonare fertilizzanti e fitofarmaci di sintesi. E in effetti, dopo la crescita sia del numero di aziende agricole certificate sia delle aree dedicate alla produzione biologica, è dal 2001 che in Italia non si assiste a un ulteriore incremento.[6] Superfici e aziende, negli ultimi dieci anni, non sono cresciute. Spesso molti dei prodotti venduti provengono dall'estero. Forse questo è un segno che dove poteva essere conveniente il bio in Italia è stato adottato, mentre è stato scartato per prodotti con rese più basse non compensate da adeguati prezzi di mercato.

Le conclusioni dell'articolo di «Nature» ribadiscono il valore di un approccio misto:

> Invece di continuare il dibattito ideologico «biologico contro convenzionale», dovremmo valutare sistematicamente i costi e i benefici delle diverse opzioni. Alla fine, per raggiungere una sicurezza alimentare sostenibile, avremo probabilmente

bisogno di molte tecniche diverse – inclusa l'agricoltura biologica, quella convenzionale, e anche sistemi «ibridi» – per produrre più cibo a prezzi accessibili, garantire il sostentamento per gli agricoltori e ridurre l'impatto ambientale dell'agricoltura.

Insomma, l'agricoltura biologica non sfamerà il mondo, ma ci sono situazioni in cui le rese sono analoghe a quelle dei sistemi tradizionali. È quindi necessario valutare caso per caso. Se la produzione di fragole o di lenticchie biologiche non risente di cali sostanziali di rese, lo stesso non vale per un cereale come il frumento che, allo stato attuale, non potrebbe essere coltivato nelle quantità necessarie senza fare ricorso a fertilizzanti e agrofarmaci di sintesi.

In futuro, se il dibattito uscirà dalle secche in cui si è arenato, si dovrà cercare per ogni prodotto, senza preclusioni ideologiche, quale sia la forma di coltivazione più adatta per bilanciare le varie esigenze: economiche, sanitarie, sociali e ambientali.

Misurare l'impatto ambientale

Nel 2012 è stata pubblicata un'importante meta-analisi che raccoglie i risultati di 71 studi indipendenti sull'impatto ambientale dell'agricoltura biologica in Europa.[7] A differenza delle singole ricerche, che spesso si focalizzano su un solo aspetto, qui è stato possibile valutare molti fattori diversi: la qualità del suolo, la biodiversità presente sui campi, il rilascio di composti azotati nella falda acquifera, il consumo energetico e così via, in modo da riunire i vari pezzi del puzzle per rivelare il quadro completo, con le sue luci e le sue ombre, dando un'immagine più realistica di quella che si avrebbe mostrando solo i pezzi luminosi o quelli più oscuri. Ecco una delle conclusioni a cui sono arrivati gli studiosi:

> Le pratiche di agricoltura biologica sono state promosse, tra l'altro, per la loro capacità di ridurre l'impatto ambientale dell'agricoltura. [...] I risultati mostrano che le pratiche dell'agricoltura biologica hanno generalmente un impatto positivo sull'ambiente per unità di superficie, ma non necessariamente per unità di prodotto.

Uno dei problemi ambientali legati alle coltivazioni è che l'uso di fertilizzanti a base di azoto può causare una contaminazione delle falde e dei corsi d'acqua con conseguente eutrofizzazione. Le piogge, l'irrigazione e lo sciogliersi della neve contribuiscono infatti a convogliare i nitrati in eccesso non assorbiti dalle piante nei depositi d'acqua sotterranea. I suoli gestiti a biologico hanno un contenuto maggiore (mediamente il 7 per cento in più) di materia organica e possono quindi essere più ricchi di humus. Poiché questi terreni richiedono meno fertilizzante, il rilascio di azoto per unità di area è inferiore del 31 per cento rispetto all'agricoltura convenzionale. A causa delle basse rese, però, il rilascio per unità di prodotto risulta superiore. In altre parole, un'azienda agricola biologica che produce ortaggi può, a parità di superficie coltivata, rilasciare meno azoto nella falda, ma ogni singolo ortaggio raccolto nei suoi campi ha un «peso» sulla falda maggiore del suo analogo prodotto in modo convenzionale. Come si vede, la produttività di un sistema agricolo ha anche implicazioni non immediatamente evidenti sull'impatto ambientale.

A causa delle rese più basse (-25 per cento rispetto ai sistemi agricoli convenzionali), il settore biologico richiede in Europa l'84 per cento di terra in più sia per le coltivazioni sia per gli allevamenti e, mediamente, il 21 per cento in meno di energia per unità di prodotto. Il valore medio in questo caso non è molto indicativo, perché le variazioni sono molto ampie (dal 63 per cento in meno al 40 per cento in più), a seconda di cosa si produce. Il più alto impiego di energia per l'agricoltura convenzionale è solitamente dovuto alla produzione e al trasporto dei fertilizzanti di sintesi, specialmente azotati.

Un altro aspetto importante è l'emissione di gas serra come l'anidride carbonica. Anche qui non si può fare a meno di distinguere i vari casi: la produzione biologica di olive e carne di manzo, per esempio, causa meno emissioni di gas serra, mentre per il latte, i cereali e la carne di maiale è vero il contrario. Anche analizzando altri aspetti come l'eutrofizzazione o la biodiversità, il messaggio principale è sempre lo stesso: dipende da cosa si coltiva o si alleva. Non si possono fare affermazioni di carattere generale, proprio quelle che piacciono molto a chi vuole semplificare il discorso.

Germogli assassini

Se per le rese e l'impatto ambientale sono stati i due articoli pubblicati nel 2012 a rimettere la discussione nei giusti binari, nel 2011 è stato un fatto di cronaca a sfatare il mito che il cibo biologico sia in qualche modo «più sicuro» per la salute. Il 22 maggio in Germania le autorità hanno notato un aumento significativo del numero di pazienti affetti da sindrome emolitico-uremica e diarrea emorragica. Questa sindrome è causata da un tipo particolare di batterio (*Escherichia coli*) che, al contrario di tanti suoi «cugini» che vivono tranquillamente nel nostro intestino, produce una sostanza nociva per il nostro organismo, la tossina di Shiga. Secondo il Robert Koch Institut (l'ente federale tedesco che si occupa della prevenzione e del controllo delle malattie), il ceppo responsabile questa volta pare essere l'O104:H4. Non è una novità che ci siano ceppi di questo batterio che possono essere molto pericolosi. Abbiamo già raccontato il caso del latte crudo contenente l'*Escherichia coli* O157:H7 che aveva mandato all'ospedale una decina di bambini per sindrome emolitico-uremica.

In Germania le indagini preliminari puntano il dito contro i cetrioli biologici spagnoli prodotti nelle province di Almeria e Malaga. L'azienda biologica Frunet Bio è una delle accusate. Visto che l'*E. coli* vive normalmente nell'intestino animale, qualcuno ipotizza come plausibile veicolo dell'infezione il concime non adeguatamente trattato: il letame, per esempio, deve essere fatto «maturare» per un certo periodo prima di essere utilizzato. Non si riscontrano però casi di infezione in Spagna, mentre con il passare del tempo aumentano i morti in Germania. I ricoveri riguardano anche altri paesi come la Svezia, ma di persone che sono state in Germania.[8] Analisi successive più accurate confermano la presenza sui cetrioli di batteri *E. coli* che producono le tossine Shiga, ma non sono del sierotipo (questo è il nome tecnico) incriminato, cioè l'O104. Nel giro di poche settimane il numero di morti sale ad alcune decine e le autorità sanitarie tedesche brancolano nel buio.

Quando ci si trova di fronte a un problema di sanità pubblica come questo, molti si immaginano gli scienziati febbrilmente al lavoro dietro microscopi e apparecchi complicatissimi. In realtà, il lavoro preliminare da svolgere è più simile a un'indagine poliziesca. Nel momento in cui, in una zona geografica abbastanza ristretta, vengono ricoverate più di duemila persone colpite da diarrea emorragica e da sindrome emolitico-uremica, e di queste alcune decine muoiono, la prima cosa che si deve fare è cercare di capire che cosa hanno in comune: se hanno mangiato la stessa cosa o sono state nello stesso posto. Le analisi cliniche dei pazienti mostrano che erano infetti dal batterio in questione, ma questo non spiega come e dove hanno contratto l'infezione, un dato fondamentale per bloccare la sorgente del contagio, che continua a mietere vittime.

Ci sono migliaia di persone che stanno male, ma non hanno mangiato tutte nello stesso posto. Se fosse così, la faccenda sarebbe già risolta. Occorre dunque scoprire che cosa hanno mangiato prima di stare male, incrociare i risultati, escludere le correlazioni non significative e confrontare i dati con ciò che hanno fatto le persone che invece non sono state male.

Le interviste hanno subito escluso come possibili fonti di infezioni la carne poco cotta e il latte non pastorizzato, spesso implicati in passato in casi di questo genere. Le indagini preliminari del Robert Koch Institut mostravano una correlazione significativa tra gli ammalati e il consumo di cetrioli, pomodori e insalata crudi.[9] Anche il profilo dei colpiti era anomalo: c'era una maggiore presenza rispetto al solito di giovani donne magre. Questo non significa necessariamente che il batterio colpisca in modo più virulento le persone con queste caratteristiche, ma probabilmente solo che quel gruppo ha avuto un contatto maggiore con la fonte dell'infezione. È plausibile immaginare che, statisticamente, siano soprattutto le donne magre a consumare ortaggi crudi e altri alimenti «salutistici».

Alla fine il colpevole è stato individuato nei germogli di legumi coltivati da un'azienda agricola biologica della

Bassa Sassonia, la Gärtnerhof Bienenbüttel.[10] La «pistola fumante» è stata trovata in una confezione scartata di germogli provenienti da quell'azienda. A luglio l'epidemia era ormai terminata, con 855 casi di sindrome emolitico-uremica, 2987 casi di gastroenterite acuta e 53 morti. Questo drammatico bilancio, passato piuttosto in sordina in Italia, ha colpito i consumatori tedeschi, che forse ora ci penseranno due volte prima di considerare «più sicuri» gli alimenti biologici.

Aspettative irrealistiche

Il fatto che i germogli assassini fossero biologici ha avuto qualche influenza sul contagio? No. Sarebbe disonesto affermarlo, perché sarebbe potuto accadere anche in un'azienda agricola convenzionale. Ogni anno vengono riportate infezioni batteriche, anche letali, causate dagli alimenti più diversi, prodotti nelle maniere più varie. Ma è proprio questo il punto: il fatto che un alimento sia biologico non lo rende «più sicuro». Sono le aspettative del consumatore, pompate dal marketing, a essere irrealistiche. Il biologico è solo un metodo di coltivazione, con punti di forza e varie debolezze. Non lo si deve mitizzare, come invece è stato fatto per motivi commerciali.

Si può morire di germogli biologici, perché non c'è nulla nei protocolli della coltivazione biologica che possa magicamente impedire una contaminazione accidentale, ed è quindi irrealistico aspettarselo. Pensate a cosa sarebbe successo se, per esempio, 53 persone fossero morte per aver mangiato soia o mais OGM. Sono pronto a mangiarmi il cappello e a scommettere che qualcuno avrebbe chiesto il blocco totale di quel tipo di produzione, cogliendo la palla al balzo. Qualcuno vuole mettere al bando l'agricoltura biologica perché ha causato 53 morti? Ci mancherebbe! Ma una lezione la possiamo trarre: smettiamola di caricare i vari metodi di produzione agricola di caratteristiche che, per loro natura, non hanno e non possono avere. Un'infezione può originare da un germoglio biologico, da un cetriolo convenzionale o da lattuga geneticamente modificata, se mai ce ne sarà una. E cerchiamo di guardare al futuro, dopo aver scoperto che un ortaggio può essere letale, a prescindere da come è stato coltivato; che un prodotto biologico può essere più nutriente di uno convenzionale, ma anche viceversa; e che l'agricoltura convenzionale può avere un impatto ambientale minore, grazie alle maggiori rese, ma non sempre.

Conclusioni e sfide

È il momento di pensare a come si evolveranno i metodi di produzione del cibo fra qualche anno. Gli autori della meta-analisi sull'impatto ambientale hanno le idee chiare:

> Non c'è un unico sistema, biologico o convenzionale, ma una gamma di sistemi diversi, e così l'impatto ambientale dipende più dalle scelte dell'agricoltore che da un sistema generale di produzione.
> A nostro parere non ci sarà un singolo modo di coltivare migliore di altri in assoluto. Piuttosto occorrerà mettere a punto un sistema ottimale da una serie di pratiche particolari che tengano in considerazione le circostanze specifiche, i limiti e gli obiettivi.

Anche questi ricercatori, così come i loro colleghi su «Nature», ritengono che in futuro ci sarà bisogno di un approccio misto, che prenda il meglio dalle varie tecniche sviluppate sino ad ora, per raccogliere le sfide che il futuro ci prospetta:

> A nostro parere, la sfida principale per il biologico al fine di migliorare la sostenibilità globale è di aumentare le rese senza causare danni all'ambiente. Nelle aziende biologiche le basse rese sono dovute soprattutto a una carenza di nutrienti nel suolo e a problemi di parassiti, malattie ed erbacce.
> Le sfide chiave per l'agricoltura convenzionale sono il miglioramento della qualità del suolo, la riduzione dell'uso di pesticidi e fertilizzanti minerali e la protezione e l'incremento della biodiversità. Noi crediamo che un risultato ottimale possa essere raggiunto tramite un approccio integrato, in cui la lotta contro le erbacce, i parassiti e le malattie è condotta principalmente con la prevenzione, per esempio tramite la rotazione delle colture e l'uso di semi puliti, e i pesticidi sono utilizzati solo se danno un vantaggio reale.
> [...] Al fine di incrementare la sostenibilità dell'agricoltura in Europa, gli sforzi di ricerca e le politiche dovrebbero focalizzarsi sullo sviluppo di sistemi agricoli che producano alte rese con un basso impatto ambientale, selezionando singoli aspetti e tecniche sia dai sistemi biologici sia da quelli convenzionali.

L'approccio integrato sembra offrire migliori soluzioni che non le due metodologie prese separatamente. Per questo occorre superare la polarizzazione biologico/convenzionale, anche perché, come abbiamo visto, la realtà è troppo complessa per essere ingabbiata in uno slogan.

L'irruzione del biologico, e persino dei suoi miti, ha mostrato che non si potevano continuare a nascondere sotto il tappeto alcuni problemi dell'agricoltura convenzionale. Problemi che, una volta sotto gli occhi dei consumatori, hanno creato una spinta al miglioramento anche produttivo, rimettendo in discussione pratiche date per scontate per decenni. Ma soprattutto hanno richiamato l'attenzione dei consumatori su questi temi.

I tentativi di andare oltre il dualismo biologico/convenzionale sono già in atto. Da qualche anno, per esempio, è possibile trovare nei nostri supermercati frutta e verdura da «agricoltura integrata», una forma intermedia tra quella convenzionale e quella biologica, che privilegia la lotta ai parassiti sfruttando gli antagonisti naturali degli insetti dannosi e impiega i mezzi chimici solo come ultima risorsa. Non tutti sono contenti dell'apparizione sul mercato di nuovi metodi di produzione sostenibile che potrebbero fare concorrenza al biologico. Ecco cosa ha dichiarato Andrea Ferrante, presidente nazionale dell'Aiab (Associazione italiana per l'agricoltura biologica), in merito alla nuova normativa di legge che disciplina il sistema di qualità nazionale di produzione integrata:

> La messa in atto di un sistema integrato può rappresentare l'ennesimo regalo all'agrochimica che confonderà il consumatore. Trovando sul mercato un altro marchio nazionale che certificherebbe una cosiddetta produzione «ambientalmente sostenibile», infatti, il consumatore finale distinguerà più difficilmente i prodotti che sono veramente biologici da quelli realizzati ispirandosi a criteri di sostenibilità ambientale. Tanto più che l'uso di fertilizzanti chimici e pesticidi per l'agricoltura integrata non viene assolutamente messo in discussione, ma viene solo razionalizzato.[11]

Come ho cercato di spiegare, questo tipo di razionalizzazione serve anche a mantenere le rese a un livello accettabile, il che, come abbiamo visto, ha effetti sulla sostenibilità ambientale. La necessità di combinare gli elementi migliori dei vari sistemi di produzione è ormai riconosciuta da molti scienziati. C'è chi addirittura ipotizza che anche le nuove biotecnologie, superate le resistenze attuali, potranno giocare – in un futuro non troppo lontano – un ruolo nella costruzione di una nuova agricoltura sostenibile:

> Lo sviluppo di nuove piante può offrire molte soluzioni efficaci per rendere più sostenibili i sistemi di produzione agricola. A questo proposito, il ricorso agli OGM può rappresentare un'opportunità, perché consente di accelerare lo sviluppo di nuove varietà con caratteristiche positive. Con le colture geneticamente modificate è possibile, per esempio, ridurre l'uso di pesticidi, convertire siti contaminati in terreni agricoli sicuri, o utilizzare i nutrienti del terreno in modo più efficiente. La tecnologia transgenica suscita molte preoccupazioni, ma non ci sono prove che il processo di modificazione genetica in sé comporti potenziali rischi per l'ambiente e la salute umana. I rischi, piuttosto, sono associati alle nuove caratteristiche della pianta, e quindi simili a quelli che si corrono con qualsiasi altra coltura. Prima di poter essere adottate nell'Unione europea le colture GM sono sottoposte a severe valutazioni di sicurezza, quindi si potrebbe affermare che sono ancora più sicure di quelle convenzionali. Come per tutte le tecnologie, i potenziali effetti degli OGM dipendono dal modo in cui vengono utilizzati. Se impiegati con saggezza possono portare benefici per l'ambiente, altrimenti possono causare conseguenze negative.[12]

Nessuno ha la sfera di cristallo, e troppo spesso le previsioni su come e cosa si sarebbe coltivato in futuro si sono rivelate ingenue. Nei fumetti degli anni Sessanta apparivano immaginarie fattorie del futuro dove tutto era automatizzato e controllato da «cervelli elettronici», come si chiamavano all'epoca. Robot e scienziati in camice bianco camminavano tra enormi pannocchie, coltivazioni idroponiche di alghe, bistecche sintetizzate in provetta e grigie fabbriche asettiche dove i prodotti agricoli venivano trasformati in pillole supernutrienti dai sapori mutevoli creati chimicamente. Oggi, a cinquant'anni di distanza, continuiamo a mangiare bistecche e non pillole, e nei campi ci sono ancora gli agricoltori. Non è il caso quindi di sbilanciarsi troppo in previsioni futuristiche. Però i segni di una convergenza verso un modo diverso e più sostenibile di produrre il cibo, combinando senza preclusioni gli elementi migliori dei sistemi attuali, ci sono tutti. Staremo a vedere.

---

[1] A. Trewavas, *Urban myths of organic farming*, «Nature», 22 marzo 2001 (http://www.artsci.wustl.edu/~anthro/articles/Urban%20myths%20of%20organic%20farming.htm).

[2] M. Pollan, *Il dilemma dell'onnivoro*, Adelphi, Milano 2008.

[3] M. Pollan, *Behind the organic-industrial complex*, «New York Times», 13 maggio 2001 (http://www.nytimes.com/2001/05/13/magazine/13ORGANIC.html?).

[4] V. Seufert, N. Ramankutty, J. A. Foley, *Comparing the yields of organic and conventional agricolture*, «Nature», 10 maggio 2012 (http://www.nature.com/nature/journal/vaop/ncurrent/full/nature11069.html).

[5] Tomek de Ponti, Bert Rijk, Martin K. van Ittersum, *The crop yield gap between organic and conventional agriculture*, «Agricultural Systems», aprile 2012 (http://www.sciencedirect.com/science/article/pii/S0308521X1100182X).

[6] Sinab, *Bio in cifre 2011* (http://www.sinab.it/share/img_lib_files/1966_bio-in-cifre-2011-pubblicazione.pdf).

[7] H. L. Tuomisto, I. D. Hodge, P. Riordan, D. W. Macdonald, *Does organic farming reduce environmental impacts? A meta-analysis of European research*, «Journal of Environmental Management», 15 dicembre 2012 (http://www.ncbi.nlm.nih.gov/pubmed/22947228).

Il futuro è biologico? 311

[8] *Outbreak of Shiga toxin-producing E. coli in Germany*, 7 June 2011 (http://www.ecdc.europa.eu, sezione «Activities/Scientific Advice»). La notizia è apparsa sul portale dell'European Centre for Disease Prevention and Control.

[9] C. Frank e altri, *Large and ongoing outbreak of haemolytic uraemic syndrome, Germany*, 26 maggio 2011 (http://edoc.rki.de/oa/articles/retz2JQQeKQQ/PDF/23biStyp7ZDrU.pdf).

[10] Robert Koch Institut, *Final presentation and evaluation of epidemiological findings in the EHEC O104:H4 Outbreak, Germany 2011*, settembre 2011 (http://www.rki.de/EN/Home/EHEC_final_report.pdf?__blob=publicationFile).

[11] V. Amorosi, *Etichetta di origine: approvata finalmente la legge che la rende obbligatoria a tutela del made in Italy*, 18 gennaio 2011 (http://www.greenme.it, sezione «Mangiare/Alimentazione&Salute»).

[12] Tuomisto, Hodge, Riordan, Macdonald, *Does organic farming reduce environmental impacts?* cit.

Epilogo

Avrei potuto continuare a scrivere altre trecento pagine, parlando delle patate al selenio, dell'aspartame, dei presunti danni causati dai forni a microonde, del Parmigiano Reggiano prodotto da anni usando mangimi geneticamente modificati o dei probiotici negli yogurt. Ma non è necessario. Ora avete qualche mezzo in più per giudicare l'informazione che vi bombarda ogni giorno, dai giornali agli scaffali dei supermercati. Sono sicuro che la prossima volta che qualcuno vorrà terrorizzarvi parlando di qualche sostanza chimica vi chiederete: «Ma non sarà come per il DHMO?». Se lo farete ne sarò contento, perché vorrà dire che lo scopo principale per cui ho scritto questo libro, darvi gli strumenti per dubitare criticamente, sarà stato raggiunto.

Appendice

Pesticidi nel cibo: alcuni dati

Una ricerca in Lombardia

Presso l'ospedale Luigi Sacco a Milano è attivo il Centro internazionale per gli antiparassitari e la prevenzione sanitaria, noto anche come ICPS (International Centre for Pesticides and Health Risk Prevention). Il centro è responsabile per la Lombardia del piano di monitoraggio dei residui di pesticidi sugli alimenti di origine vegetale ed è coordinato a livello nazionale dal ministero della Sanità. Alcuni suoi ricercatori hanno pubblicato uno studio che riporta i risultati delle analisi su 3508 campioni, di cui 266 da agricoltura biologica, effettuate in Lombardia dal 2002 al 2005:

> I risultati mostrano come la grande maggioranza dei prodotti da agricoltura biologica sono in conformità con la legislazione di riferimento, e non contengono residui rilevabili di pesticidi. Una quantità limitata di campioni aveva una concentrazione di residui inferiore ai limiti massimi di legge. Solo in un campione il livello di residui era superiore al consentito, tuttavia non poneva alcuna preoccupazione per la salute pubblica, come dimostrato dai risultati di una stima del rischio alimentare associato.[1]

Scendendo nei dettagli, il 27 per cento dei prodotti convenzionali conteneva residui di pesticidi, ma soltanto nell'1 per cento dei casi (36 campioni) i livelli erano superiori ai limiti di legge. Insomma, il 99 per cento dei campioni rispettava le norme e non poneva rischi sanitari. Addirittura il 73 per cento dei campioni non riportava *alcun* residuo. Diamo spesso per scontato che i prodotti dell'agricoltura convenzionale siano sempre in qualche modo «contaminati», ma non è così.

Nei prodotti biologici esaminati la percentuale di campioni del tutto esenti da pesticidi saliva al 97,4 per cento, mentre soltanto il 2,6 per cento dei test risultava positivo. In particolare, le analisi positive riguardavano mandarini, riso, kiwi, patate, limoni e mele. Tranne in un caso – le patate – i residui riscontrati erano inferiori ai limiti di legge, che sono gli stessi validi per i prodotti tradizionali. Quel campione di patate invece, oltre a superare i limiti, riportava anche residui di ben quattro pesticidi diversi. Sforare la soglia tuttavia non significa che vi sia un rischio immediato per la salute pubblica. I ricercatori hanno infatti stimato che, persino nell'ipotesi che dei bambini consumassero ogni giorno quelle patate in quantità molto superiori alla norma, l'assunzione dei pesticidi riscontrati rimarrebbe molto al di sotto dei valori di sicurezza.

A qualcuno può venire spontanea la domanda: «Ma se quei pesticidi non sono ammessi per il biologico, come fanno a trovarsi nel prodotto finale?». I ricercatori formulano alcune ipotesi: magari il suolo su cui crescono le colture biologiche era contaminato in precedenza, oppure ci sono state delle infiltrazioni di sostanze chimiche attraverso il terreno. Magari l'agricoltore ha usato prodotti non autorizzati, oppure il vento ha portato sul suo campo sostanze spruzzate sui campi vicini, o ancora ci sono stati dei trattamenti durante il trasporto, lo stoccaggio e la trasformazione.

Poiché i limiti di legge per i residui non sono tali da destare, secondo l'opinione scientifica corrente, alcun timore

Pesticidi nel cibo: alcuni dati 319

per la salute umana, i ricercatori osservano che «nel tentativo di confrontare cibo convenzionale e biologico in termini di rischio potenziale per la salute dovuto all'esposizione alimentare ai residui di pesticidi, non si possono trarre facili conclusioni perché in entrambi i casi la presenza di residui al di sopra delle soglie di legge è molto bassa». E aggiungono:

> Vi è una diffusa convinzione che i prodotti dell'agricoltura biologica sono più sicuri e più sani del cibo convenzionale. È difficile trarre delle conclusioni in merito, ma ciò che deve essere chiaro al consumatore è che «biologico» non significa automaticamente «sicuro». In assenza di adeguati dati di confronto, sono necessari ulteriori studi in questa area di ricerca.[2]

Insomma, non si può dire che i prodotti biologici siano generalmente più sicuri di quelli convenzionali perché in entrambi i casi i parametri di legge sono rispettati. Per qualsiasi prodotto, la sicurezza dei prodotti alimentari è garantita dal rispetto dei limiti consentiti e non dal tipo di produzione.

La situazione in Italia

Volendo dare un'occhiata alla situazione italiana nel suo complesso possiamo fare riferimento al rapporto presentato nel 2007 dal ministero della Salute, che ha analizzato 6845 campioni di frutta e verdura senza distinguere sulla base dell'origine dei vegetali (da agricoltura biologica o convenzionale) visto che entrambi debbono rispettare gli stessi limiti di legge.[3] La percentuale di irregolarità, cioè di prodotti contenenti residui superiori alle soglie consentite, è risultata dell'1,1 per cento:

I campioni ortofrutticoli regolamentari, intesi come somma di campioni privi di residui (4563) e di campioni con residui inferiori al limite di legge (2206), sono stati 6769, pari al 98,9 per cento del totale; nell'ambito dei campioni regolamentari il 66,7 per cento è risultato privo di residui, mentre il 32,2 per cento con residui entro i limiti previsti dalla legge.

In particolare, è la frutta ad avere una percentuale leggermente superiore di campioni con residui superiori al limite di legge (1,4 per cento) mentre gli ortaggi (0,7 per cento di campioni irregolari) hanno addirittura l'84 per cento dei campioni senza residui rilevabili.

Il documento riporta anche i risultati delle analisi sui cereali (0,2 per cento di campioni irregolari), sull'olio (1,3 per cento) e sul vino (nessun campione irregolare).

Questi numeri mostrano, a mio parere, come la frutta e la verdura in commercio in Italia nella stragrande maggioranza dei casi siano prodotte rispettando i limiti di legge e quindi non pongono, dal punto di vista dei pesticidi, problemi alla salute.

È curioso rilevare come, tra la frutta, hanno presentato maggiori irregolarità, in ordine decrescente, cachi, fragole, clementine, albicocche, pere e limoni, mentre non hanno presentato alcuna irregolarità mandarini, banane, olive, ananassi e pompelmi.

Tra la verdura «irregolare» troviamo, sempre in ordine decrescente, sedano rapa, prezzemolo, sedano, ortaggi a foglia, indivia, cetriolo e peperone. Nessuna irregolarità riscontrata invece per patate, carote, cipolle, finocchi, fagiolini, melanzane, spinaci, cavoli, radicchio, cavolfiori, meloni, cicoria, piselli e lenticchie.

L'occasionale superamento dei limiti di legge non deve creare allarme. Il rapporto del ministero precisa:

Relativamente al livello di esposizione della popolazione italiana con la dieta, le stime di assunzione elaborate con i dati relativi ad anni precedenti, ma simili nei risultati, indicano che i residui dei singoli pesticidi ingeriti ogni giorno dal consumatore rappresentano una percentuale molto modesta dei valori delle dosi giornaliere accettabili delle singole sostanze attive e molto al di sotto del livello di guardia preso come riferimento per assicurare la qualità igienico-sanitaria degli alimenti.

Il ministero riporta inoltre che nel 14,7 per cento dei campioni analizzati era presente più di un pesticida. Vari prodotti con residui di pesticidi superiori alla norma erano di provenienza straniera. Andiamo quindi a vedere un rapporto analogo per l'Unione europea.

In Europa

Nel 2009 l'EFSA (l'Autorità europea per la sicurezza alimentare, con sede a Parma) ha pubblicato il suo primo rapporto annuale sui residui di pesticidi sugli alimenti nell'Unione europea, relativo all'anno 2007.[4] Sono stati analizzati 74.305 campioni di circa 350 prodotti alimentari diversi. Il 96,01 per cento dei campioni sono risultati conformi ai limiti di legge mentre nel 3,99 per cento dei casi sono stati superati i limiti legali per uno o più pesticidi. Negli alimenti per bambini, che hanno limiti più restrittivi, le irregolarità riguardavano solo lo 0,6 per cento.

Se si considerano gli alimenti biologici, la percentuale di prodotti con residui nella norma è del 98,76 per cento, mentre l'1,24 per cento era fuorilegge. Quest'ultimo dato ha stupito prima di tutto le associazioni che promuovono l'agricoltura biologica. Il noto portale dell'agricoltura biologica Green Planet titolava: *Pesticidi negli alimenti, ma che ci fanno nel bio?*[5]

Questi risultati, avverte l'EFSA, sono da intendere come indicativi e non come veramente rappresentativi della situazione degli alimenti in vendita in Europa. I valori reali però non si dovrebbero scostare di molto, e possiamo sicuramente concludere che la quasi totalità rispetta i limiti di legge ed è quindi sicura per quel che riguarda i residui di pesticidi.

Il rapporto dell'EFSA è ricco di dettagli. Scopriamo per esempio che le categorie più inclini a sforare i limiti di legge sono la frutta e la verdura per l'agricoltura convenzionale (4,19 per cento) e i prodotti trasformati per i cibi biologici (4,21 per cento), mentre i campioni fuori norma di frutta e verdura bio scendono allo 1,09 per cento. I dati mostrano anche come sia più probabile che un prodotto extraeuropeo superi i limiti di legge rispetto a un alimento prodotto in Europa.

Riguardo alla presenza di residui multipli, il rapporto EFSA riporta che la maggioranza dei prodotti (il 53,6 per cento) non ne conteneva. Nel gruppo restante si riscontravano residui di un solo pesticida (20,4 per cento) o di due o più (25,9 per cento).

Come abbiamo detto, un residuo di pesticidi superiore al limite di legge non necessariamente pone un rischio sanitario. La valutazione del rischio deve essere fatta stimando l'esposizione del consumatore e applicando a quella determinata sostanza fuori norma i limiti tossicologici di riferimento riportati in letteratura. In particolare si deve consultare un valore chiamato ADI (*acceptable daily intake*, in italiano tradotto con DGA, dose giornaliera ammissibile) e l'ARfD (*acute reference dose*, dose acuta di riferimento).

L'ADI rappresenta la quantità di sostanza, espressa in milligrammi per chilogrammo di peso corporeo, che può essere assunta giornalmente e per tutta la vita da una persona senza rischi significativi. L'ARfD invece è la quantità di sostanza, sempre espressa in milligrammi per chilogrammo di peso corporeo, che può essere assunta in un breve periodo di tempo, solitamente un giorno, senza correre rischi apprezzabili, anche tenendo conto di gruppi di persone particolarmente sensibili come i bambini. I livelli di residui di pesticidi ammessi sono fissati anche tenendo conto di questi valori di soglia di sicurezza e possono venire ridotti anche in seguito alle azioni di monitoraggio come quella presentata nel rapporto.

In presenza di campioni fuori norma, l'EFSA esegue una stima del rischio potenziale, sia per l'assunzione prolungata sia per quella a breve termine. A tale scopo si preferisce sovrastimare di molto il rischio, ipotizzando situazioni estreme in cui un potenziale consumatore assuma quantità giornaliere dell'alimento molto superiori alla media del campione con il più alto valore di residui. In più questo valore viene moltiplicato per un ulteriore parametro di sicurezza (per mele o pomodori, ad esempio, questo fattore è pari a sette) per tener conto di un'eventuale disomogeneità nella distribuzione dei residui. A questo punto i valori presunti di pesticida assunto vengono quindi confrontati con i livelli di soglia ADI e ARfD.

Dopo aver effettuato questo calcolo, si è visto che per tutti i pesticidi tranne uno la possibile assunzione cronica non desta preoccupazioni per la salute. L'unica eccezione è rappresentata da un insetticida, il diazinone: dal 2007 tutte le autorizzazioni che lo riguardano sono state revocate e i residui ammessi ridotti. Per tutti gli altri prodotti, il rapporto sostiene:

> Anche la valutazione dell'esposizione acuta (a breve termine) è stata basata sui peggiori scenari. Di conseguenza, le stime hanno

tenuto conto di un elevato consumo alimentare combinato con il residuo più elevato osservato nel programma di monitoraggio dell'Unione europea del 2007. Nella realtà è assai improbabile che si verifichino tali casi critici di assunzione. Supponendo che si presenti un tale scenario, per taluni dei risultati con riferimento a 52 combinazioni di pesticida/prodotto alimentare non potrebbe escludersi un potenziale rischio per i consumatori; per la maggior parte di questi sono già state ritirate le autorizzazioni o sono stati abbassati gli LMR [limiti massimi di residui, *nda*].[6]

In Nuova Zelanda

Risultati analoghi si riscontrano in vari paesi extraeuropei. Un gruppo di ricercatori neozelandesi ha analizzato i residui di pesticidi su un certo numero di alimenti (lattuga, patata, broccolo, pomodoro, banana, uva, vino) ottenuti sia in modo tradizionale sia secondo i protocolli dell'agricoltura biologica, che consente l'utilizzo di alcuni pesticidi di origine naturale ma non ammette quelli (la maggioranza) di origine sintetica. Dunque il consumatore in genere si aspetta che i prodotti bio siano privi di residui di pesticidi di sintesi. Lo studio ha riscontrato tracce di pesticidi nel 42 per cento degli alimenti prodotti in modo convenzionale (130 su 307) e nel 22 per cento degli alimenti biologici (9 su 41). Solo il 9,8 per cento dei campioni biologici presentava residui di più pesticidi contemporaneamente, mentre questa percentuale arrivava al 24 per cento per i prodotti convenzionali.[7]

Nei casi in cui è stato possibile confrontare direttamente prodotti convenzionali e biologici che presentavano residui di pesticidi, si è visto che nei secondi le concentrazioni medie erano più basse che nei relativi prodotti convenzionali. Tuttavia queste tracce sono generalmente più elevate di quanto ci si attenderebbe da una contaminazione occasionale. Nonostante la presenza di questi residui non rappresenti un rischio significativo per la salute umana, la loro presenza non è consistente con le aspettative dei consumatori verso i prodotti biologici.

Il tipo di contaminazione varia a seconda del tipo di prodotto: nessuno dei sei campioni di patate biologiche ha mostrato tracce di pesticidi. Al contrario ben sei campioni su undici (il 55 per cento) di pomodori bio ne riportavano tracce, una percentuale non troppo dissimile da quella rilevata per i pomodori convenzionali (46 per cento).

---

[1] S. Tasiopoulou, A. M. Chiodini, F. Vellere, S. Visentin, *Results of the monitoring program of pesticide residues in organic food of plant origin in Lombardy (Italy)*, in «Journal of Environmental Science Health. Part B», vol. 42, 2007, pp. 835-841.

[2] *Ibidem*.

[3] Ministero della Salute, *Controllo ufficiale sui residui di prodotti fitosanitari negli alimenti di origine vegetale, anno 2007*, disponibile su http://www.salute.gov.it/imgs/C_17_pubblicazioni_950_allegato.pdf

[4] http://www.efsa.europa.eu/it/scdocs/doc/EFSA_2007_Annual_Report_Pesticide%20Residue_en,0.pdf

[5] http://it.greenplanet.net/agroalimentare/studi-a-ricerche/24774-pesticidi-negli-alimenti-ma-che-ci-fanno-nel-bio.html

[6] http://www.efsa.europa.eu/EFSA/efsa_locale-1178620753820_1211902665715.htm

[7] P. Cressey, R. Vannoort, C. Malcolm, *Pesticide residues in conventionally grown and organic New Zealand produce*, in «Food Additives and Contaminants. Part B», vol. 2, 2009, pp. 21-26.

Ringraziamenti

Desidero ringraziare alcune persone che hanno contribuito, in modi diversi, a far sì che questo libro divenisse realtà.

Ringrazio Marco Cattaneo, il direttore della rivista di divulgazione scientifica «Le Scienze», per avermi dato fiducia e concesso la possibilità di scrivere in completa libertà, anche di argomenti impopolari e spigolosi, sulla rivista e sul relativo blog, dove alcuni degli argomenti presentati in questo libro sono stati inizialmente discussi.

Ringrazio Antonio Pascale per aver suggerito che avrei potuto scrivere un libro come questo.

Ringrazio Laura Salvai che è riuscita a trasformare un testo grezzo e imperfetto nel libro che avete tra le mani (e non c'è bisogno di dire che ogni errore eventualmente rimasto è da attribuire solamente all'autore).

Ringrazio mio padre Umberto e mia madre Iride, che pazientemente mi mette da parte i ritagli di riviste e giornali che pensa possano interessarmi.

Ringrazio mia moglie Paola e i miei figli Gabriele e Simone, per la pazienza e la comprensione che mi hanno dimostrato in tutti i sabati pomeriggio in cui non ho potuto seguirli nelle partite di calcio dei rispettivi campionati, impegnato com'ero a scrivere qualche capitolo di questo libro: non ero là per rallegrarmi dei loro goal o per consolarli delle sconfitte. Ho avuto però ogni tanto il conforto, in quei pomeriggi, delle leggendarie crostate di mia nonna Lucia.

Ringrazio poi tutti i commentatori del mio blog, http://bressanini-lescienze.blogautore.espresso.repubblica.it/, dove molte delle riflessioni esposte in questo libro sono state illustrate, discusse, suggerite, combattute, sminuzzate, digerite, contestate, passate al microscopio e rafforzate, per arrivare poi alla forma finale presentata in questo libro. In ordine sparso ringrazio dunque bacillus, Skeptical, yopenzo, zeb, Popinga, Franco Cifatte, Umberto, Franco Mistretta, exCommesso, Luca@S, Xesko Chef, Stella, Mikecas, Biola, grish, meristemi, Fante, Hanky, mammafelice, Emanuele, ADBlues, Gianpaolo, BiotecnologieBastaBugie, Lucia Del Chiaro, Lamberto, giulio (runner), cavoletto, Alfredo Clerici, laperfidanera, Massimo D'Alma, DerSchwarzeReiter, Luca Simonetti, lia, rico, Lola, nonsologrigio, walter rossi, Tommy David, babs, Luca, Sbisolo, giacomino, Lowchem, gumbo chicken, Fabio Pasquarella, l'escluso, Max, alberto, Mauro Avino, greenemer, Roberta, beppe, Bernhard Ries, Enrico Bucci, Andrea, YoNONpenzo2.0, Massimo Maraziti, perunz, Ferrigno, bl@ckboy, claudio, Fat Cook, gunnar, AlessandroVI, L@u, bqi002, Fluorite, Allan Bay, Coyote, marco ghibellino, Piersilvio, hector, bubeena, schlaks, zoomx, Mariano, Pablo R., pollo, amberle, viola, Orazio, Azabel, Virgi, ilveroautistadicraxi, pugaciev e Lopo.

Finito di stampare
nel febbraio 2018 presso
Rotolito SpA - Seggiano di Pioltello, Milano

Pamphlet, documenti, storie
REVERSE